무형문화재를 만나다

김광희
고려대학교 대학원에서 박사학위를 취득했으며, 『무형문화유산의 이해와 활용(북코리아)』을 지은 바 있다. 현재 한국문화재재단 공연기획팀장으로 재직 중이며, 서울특별시 무형문화재전문위원으로도 활동하고 있다.

나지혜 큐레이터
이화여자대학교와 홍익대학교에서 현대미술과 예술경영을 공부하고 뉴욕, 상하이, 서울 등에서 현대미술을 다루는 큐레이터로 활동하던 중 전통문화에 흥미를 느껴 이를 미술과 접목하여 생산하고 알리는 일에 주목하고 있다. 현재는 주홍콩한국영사관 문화홍보실에서 근무하고 있다.

권윤지
국민대학교 미술학부를 졸업하고 현재 시스플래닛의 아트팀과 함께하고 있으며, 일러스트레이터로 활동 중이다.

무형문화재를 만나다

2017년 2월 20일 초판 인쇄
2017년 2월 25일 초판 발행

글 김광희, 나지혜
그림 권윤지
교정교열 정난진
펴낸이 이찬규
펴낸곳 북코리아
등록번호 제03-01240호 | **전화** 02-704-7840 | **팩스** 02-704-7848
이메일 sunhaksa@korea.com | **홈페이지** www.북코리아.kr
주소 13209 경기도 성남시 중원구 사기막골로 45번길 14
우림 2차 A동 1007호
ISBN 978-89-6324-526-3(03300)

값 20,000원

무형문화재를 만나다

글 **김광희, 나지혜** 그림 **권윤지**

북코리아

서문

2016년 11월 '제주해녀문화'가 유네스코 인류무형문화유산으로 등재되었습니다. 이로써 우리나라는 '제주해녀문화'를 포함 '종묘제례 및 종묘제례악', '줄다리기', '판소리', '아리랑' 등 모두 19개 종목의 인류무형문화유산을 보유하게 되었습니다. 2017년에는 한국이 제12차 무형유산위원회 의장국을 맡게 되어 앞으로 유네스코 문화유산분야에서 주도적 입지를 강화할 수 있을 것으로 기대하고 있습니다.

그러나 이 소식을 알고 있는 사람은 많지 않을 것 같습니다. 올림픽의 금메달만큼이나 값진 세계적인 성적표가 국민에게 '생각보다' 큰 환영을 받지 못하는 것은 안타까운 일입니다. 한국인의 '정신'과 '민족성'이 담긴 전통문화가 세계적으로도 그 특수성을 인정받았고 우리는 그것을 함께 기뻐하고 나눌 필요가 있습니다.

한국의 '문화'를 떠올리면 흔히 'K-POP'이나 'K-Drama'를 먼저 생각하게 됩니다. 파급이 크고 세계적으로 인지도가 있어 낯선 외국인과의 만남에서도 노래 몇 소절로 공통의 화두를 마련할 수 있습니다. 그러나 우리에겐 흥미를 끄는 '현재'도 있지만 우리의 근간을 만들어 낸 '과거'도 있다는 사실을 잊어서는 안 될 것입니다.

"역사를 잊은 민족에게 미래는 없다"는 말이 있습니다. 현재를 만든 과거를 돌아볼 줄 알아야 하고 과거와 현재, 현재와 미래의 접합 점을 찾는 일이 필요합니다. 그 안에서 살아가는 지혜를 얻고 삶의 방식을 터득해야 만이 우리에게 성장과 발전이 있을 것입니다.

이 책은 그 뿌리를 이해하는 첫걸음 정도로 생각하면 될 것 같습니다. 알고 싶었지만 어렵고 생소했던 것들의 문턱을 낮추어보았습니다. 낮아진 턱이 도움이 되었으면 합니다.

주위를 돌아보면 '장인'들의 손길이 닿은 곳이 참 많습니다. 또한 사람들의 눈과 마음을 즐겁게 하는 예인들도 있습니다. 일상에서 놓치기 쉬운 '우리의 것'과 그것을 만들어 내는 '사람' 그리고 그 '정성'에 대한 이야기를 담았습니다.

2017년 1월

차례

3 연극

4 놀이

5 의식

6 무예

7 음식

8 공예

도자공예

금속공예

목칠공예

1

음 악

피리정악 및 대취타*

작은 고추가 맵다

우리 옛 속담에 "작은 고추가 맵다"는 말이 있다. 흔히 작고 초라해 보이지만 오히려 큰 사람보다 능력이 뛰어나거나 내면이 꽉 차 있는 사람을 비유할 때 쓰곤 한다. 이 속담은 사람을 겉모습만 보고는 판단할 수 없음을 시사한다. 우리의 악기 중에서도 작지만 그 소리와 울림이 큰 악기가 있다. 바로 '피리'이다. 피리는 가야금, 거문고, 북, 장구 등과 비교해보면 몸집은 작지만 큰 악기들이 섬세하게 표현할 수 없는 것들을 다양한 음색변화를 통해 내보인다. 한국음악에서 주 선율을 담당하는 악기로 사용되고 있으며 궁중음악뿐 아니라 민속음악까지 폭넓게 쓰인다.

---

* 국가무형문화재 제46호(지정일: 1971. 6. 10. 보유자: 정재국)

피리정악과 대취타

피리정악과 대취타는 피리로 정악과 대취타를 연주하는 것을 말한다. 우선 정악과 대취타에 대해 간단히 정의하면 다음과 같다.

정악

느낌 그대로 아정하고 고상한 음악을 말한다. 과거 궁중음악 역시 '정악'이라고 부른다. 거문고, 가야금 등의 현악기가 중심이 된다.

대취타

취악기(부는 악기), 타악기(치는 악기)로 이루어진 음악을 '취타'라 하며, 대취타는 왕의 행차나 군대의 행진 또는 개선 등에 취타와 세악을 대규모로 연주하는 것으로 '무령지곡'이라고도 한다. 태평소, 나발, 나각, 바라, 징, 북과 같이 소리가 비교적으로 큰 악기들로 편성되어 있다.

피리정악은 궁중음악 및 가곡의 선율을 피리로 독주한다. 피리 혼자 공간을 소리로 가득 메운다. 주로 '평조회상'이나 '상령산' 등의 정악곡을 연주한다. 피리 같이 불어서 소리를 내는 악기는 남이 불 땐 보기에 쉬워 보여도 막상 직접 해보면 호흡을 적절히 불어넣는 것이 어렵다. 또한 피리는 '관대'와 '서' 두 부분으로 나눈다. 호흡을 불어넣는 부분이 '서'인데, 서를 어느 정도 입술로 무는지에 따라 음정이 달라진다. 서를 입술에서 많이 빼면 음정이 떨어지고, 입술 안쪽으로 깊이 넣으면 음정이 올라간다. 이렇게 호흡과 그 깊이를 가늠하며 다루어야 하는 피리의 정악은 더욱더 고매하고 우아한 느낌을 준다.

대취타의 피리는 피리정악의 피리와는 다르다. 징, 자바라, 장구 등 묵직한 소리를 내는 타악기들과 나발, 소라, 태평소 등 피리와 비슷하게 부는 악기들과 같이 소리를 낸다. 그래서 피리정악처럼 그 소리를 혼자서 뽐내는 것보다 함께 잘 어우러짐이 중요하다. 취타대를 이끄는 집사가 지휘봉인 '등채'를 들고 "명금이하대취타 하랍신다" 하고 음악의 시작을 외치면 피리를 비롯한 악기들이 제몫을 하면서 왕의 행차나 군대의 행진 등에 어울리는 소리를 낸다.

1971년 대취타가 먼저 국가무형문화재로 지정되었다. 그 후 1997년 무형문화재 예능조사보고서에 따라 정악에서의 피리의 필요와 중요성에 대해 인지하게 되었고, 이에 정악 역시 국가무형문화재의 한 종목으로 선정되었다. 현재 피리정악 및 대취타 보유자 정재국*은 그 당시 피리의 명인으로 그 명성이 높았기에 그를 정악과 대취타를 피리로 통합시킬 수 있는 인물이라 생각하여 보유자로 추천하고 인정하게 되었다. 피리정악과 대취타는 정재국에 의해 한 종목으로 통합되었다고 볼 수 있다.

* 정재국 보유자는 1956년 국립국악원 국악양성소 2기로 입소하여 김준현과 김태섭 스승에게 사사받고 1966년부터는 국악원의 전임학사로 근무했다. 그때부터 현재까지 60여 년에 이르는 시간 동안 그는 국악 특히 피리에 있어 많은 업적을 달성했다. 우리나라 최초로 피리 독주회를 개최했고 피리구음정악보, 대취타 책자를 발간하여 후학들에게 새로운 길을 열어주고 보다 쉽게 피리에 접근할 수 있도록 했다. 듣는 이의 흥을 저절로 돋게 하고 피리가 가지고 있는 섬세함을 통해 희로애락을 표현할 줄 아는 정재국 보유자가 있기에 앞으로도 피리정악과 대취타가 많은 사람들의 손끝을 통해 전해오며 우리나라의 소중한 무형문화재로서 오랫동안 자리매김할 것이다.

거문고산조*

"처음 거문고를 만들었을 때 그 길이를 3자 6치 6푼으로 한 것은 1년 365일을 본딴 것입니다. 넓이를 6치로 한 것은 사방과 위아래인 육합을 본딴 것이며, 앞이 넓고 뒤가 좁은 것은 임금은 높고 신하는 낮은 것을 본딴 것이며, 줄이 다섯인 것은 쇠[金]와 나무[木]와 물[水]과 불[火]과 흙[土]의 오행을 본딴 것입니다. 큰 줄은 임금이 되고 작은 줄은 신하가 됩니다. 그 소리는 느린 것과 빠른 것으로 맑고 탁한 것을 삼습니다. 탁한 것은 너그러우면서도 늘어지지 않으니 그것은 임금의 도리를 말하는 것이며, 맑은 것은 깨끗하고 어지럽지 않으니 신하의 도리를 말하는 것입니다. 첫 줄이 궁(宮)이 되고 다음 줄이 차례로 상(商)과 각(角)과 치(徵)와 우(羽)가 됩니다. 뒤에 문왕(文王)과 무왕(武王)이 각각 한 줄씩을 더하니 문왕의 것은 궁 다음의 소궁(少宮)이 되고 무왕의 것은 상 다음의 소상(少商)이 되었습니다. 이로써 임금과 신하의 뜻이 서로 합치게 되었습니다. 임금과 신하의 뜻이 서로 부드럽게 합쳐져야만 나라의 모든 일이 순리대로 되고 풀리게 됩니다. 나라를 다스리는 이치가 이 거문고의 이치와 조금도 다르지 않다는 것을 알 수 있습니다."

김영수, 『맹자(상): 거문고의 가락에 실어』 중에서

고구려의 왕산악이 진나라에서 보내온 칠현금을 보고 그 모양을 그대로 둔 채 제도를 바꾸어 다시 만들었다고 전해지는 거문고는 우리 민족 고유의 현악기로 '현금(玄琴)'으로도 불린다. 나무통에 명주실로 6개의 줄을 매어 만든다. 연주할 때는 거문고의 위쪽을 무릎에 놓고 왼손으로 운율을 짚어가며 오른손으로 줄을 쳐서 소리를 낸다. 줄을 칠 때는 가느다란 대나무로 만든 술대를 사용한다. 우리나라에 존재하는 많은 국

---

* 국가무형문화재 제16호(지정일: 1967. 6. 16. 보유자: 김영재, 이재화)

악기 중에서 가장 넓은 음역대를 가지고 있다. 거문고를 연주하는 방법에는 정악과 산조 두 가지가 있다. 그중에서 거문고산조는 무형문화재 제16호로 지정되어 있다. 무형문화재로 지정된 산조는 대금산조, 가야금산조가 있다. 산조의 정의에 대해서는 대금산조에서 다룬다.

자유로움 속에 내재된 거문고의 우아한 절제미

산조는 정악에 비해 자유롭게 연주한다. 즉흥성이 강한 대신 연주자의 개성과 음악적 역량이 충분히 표출될 수 있다는 점에서 매력적이다. 거문고산조는 거문고로 산조가락을 연주하는 독주 음악이나 그 연주를 뜻한다. 자유로운 듯하지만 그 안에 질서가 있다. 흐트러지긴 했지만 망가짐이 없고 그로 인해 오히려 예상치 못했던 새로운 에너지들이 쏟아져 나온다. 또한 거문고 본래 가지고 있는 특유의 기품과 우아함으로 아름다움을 뿜어낸다. 거문고산조의 시조는 백낙준으로 그가 처음 틀을 잡기 시작했으나 후대에 많은 전수자들을 거치면서 가락과 리듬이 덧붙

여졌다. 처음 연주되었던 거문고산조보다 현재의 산조가 더 다양한 모습을 하고 있는 것이 산조가 가진 가장 큰 특징이라고 할 수 있다.

거문고는 삼국시대 이후부터 현대에 이르기까지 널리 사용되고 있는 악기다. 궁중을 비롯해 양반, 서민을 막론하고 모두가 듣기 좋아하는 소리를 가지고 있고 그 모습이 다양해 여러 형태의 음악을 연주해왔다. 오랜 기간 동안 우리의 곁에서 아름다움을 전한 것에 비해 우리는 그것에 대해 너무나 알고 있는 것이 없다. 거문고산조를 통해 거문고가 내는 자유분방한 소리에 귀 기울여보면 그것이 내뿜는 기운에 절로 힘이 솟아날 것이다.

대금정악*
대금산조**

죽부, 공명, 횡적

죽부, 공명, 횡적은 대금을 대표하는 세 단어다. 먼저 대나무로 많이 만들어져 대나무 죽(竹) 자를 써서 '죽부'라 하고, 공명을 일으켜 소리를 내는 원리를 가진 악기이므로 '공명악기'라 한다. 입술을 취구에 붙이고 공기를 불어넣으면 모서리에 입김이 부딪치면서 이 소리 중 반은 밖으로 빠져나가고 반은 대금의 안으로 들어가면서 공명이 되어 소리를 만들어낸다. 그래서 이런 공명악기에는 호흡이 중요하다. 처음 공명악기를 불어보는 사람은 흔히 호흡을 제대로 조절하지 못해 얼굴이 붉어지

* 국가무형문화재 제20호(지정일: 1968. 12. 21. 보유자: 조창훈)

** 국가무형문화재 제45호(지정일: 1971. 3. 16. 보유자: 김동표, 이생강)

고 호흡이 가파르게 변한다. 호흡을 적절히 잘 사용하고 구멍의 열고 닫음을 능숙하게 다룰 줄 알아야 한다. 그래야 이 공명악기의 소리가 뱃고동소리처럼 무언가 뿜어내는 듯한 깊은 울림을 가질 수 있다. 관악기는 세로로 부는 종적악기와 가로로 부는 횡적악기로도 구분할 수 있는데, 대금은 가로로 부는 대표적인 관악기다. 어깨에 살짝 얹어 소리를 낸다. 대금을 배우기 시작한 많은 이들이 가로로 소리를 내는 방식이 무겁고 힘들어 그만두기도 한다.

산조대금/정악대금

대금은 대나무로 만들고 호흡과 주파수를 통해 소리를 내며 가로로 부는 악기다. 대금은 연주하는 곡에 따라 정악대금과 산조대금으로 나눈다. 정악대금은 대체로 궁중음악에 많이 쓰이고 산조대금은 민요, 굿 등 민속음악에 많이 쓰인다. 그래서 정악대금을 '풍류대금'이라고 부르기도 하고, 산조대금은 '시나위대금'으로 부르기도 한다. 길이 면에서는 정악대금이 산조대금보다 조금 더 길다. 또한 산조대금은 정악대금보다 약 2율이 높다. 여기서 '율'이라는 것은 전통국악에 사용되는 12개의 음이다. 황종(黃鍾), 대려(大呂), 태주(太簇), 협종(夾鍾), 고선(姑洗), 중려(仲呂), 유빈(柳濱), 임종(林鍾), 이칙(夷則), 남려(南呂), 무역(無射), 응종(應鍾)의 총 12개다. 악보에 표기할 때는 앞자만 사용한다. 이 12음을 이해하고 나면 국어책 같아 보이는 대금의 악보를 읽을 수 있게 된다.

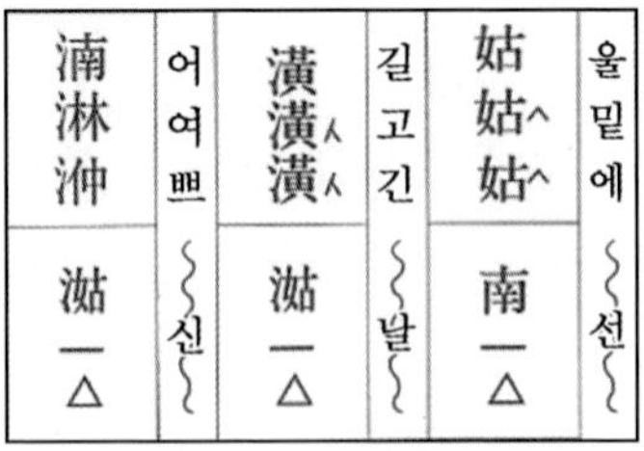

(가송의 대금세상 참조)

오선지에 그려진 음표들이 우리 식으로 써 있는 것뿐이다. 이렇게 대조해보면 좀 더 이해하기 쉽다.

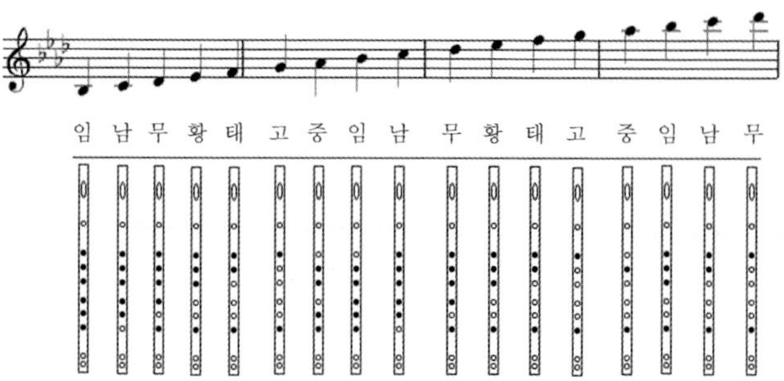

(가송의 대금세상 참조)

정악과 산조는 조금 다른 성격을 가지고 있기에 이에 맞는 적절한 악기가 필요했을 것이고, 그로 인해 시간이 지나면서 대금이 변형되었을 것이다. 어떤 필요에 의해 악기가 변형되었는지 알기 위해서는 산조와 정악을 이해해야 한다.

산조와 정악

산조와 정악을 이해하는 키워드는 산조의 흩어질 산(散)과 정악의 바를 정(正)에 있다. 산조는 기악의 독주나 합주로 연주하는 형태로 즉흥성이 강하다. 대표적인 민속음악으로 전라도 지역에서 특히 많이 발전했다. 악기에 따라 거문고산조, 가야금산조 등이 있다. 정악은 곧 아정(雅正)하고 고상하며 바르고 큰 음악이라는 말로, 과거 궁중음악의 일부를 포함하여 민간 상류층에서 연주되어오던 모든 음악을 지칭한다. 대금의 매력은 산조와 정악을 연주할 때 나타나는 각기 다른 스타일에서 드러난다. 태어난 모습은 같지만 시간이 지나면서 조금씩 변해온 대금은 궁중에서뿐만 아니라 민중에게도 사랑받았던 악기다. 대금은 생각보다 가까운 곳에서 만나볼 수 있다. 매년 열리는 무형문화재 공개 행사뿐 아니라 국립국악원, 지방의 국악원과 시민회관 등에서도 관련 공연이 자주 열린다. 예나 지금이나 누구나 쉽게 다가갈 수 있고, 남녀노소 신분과 계급을 가리지 않고 누구에게나 늘 열려 있으며, 기품과 에너지를 잃지 않는 대금의 꽉 찬 공명 소리를 직접 들어보았으면 한다. 실제로 들어보면 그 깊은 울림에 틀림없이 반하게 될 것이다.

가야금산조 및 병창*

가야금, 산조, 병창

무형문화재인 가야금산조 및 병창이 무엇인지 알기 위해서는 먼저 등장하는 악기인 가야금과 산조, 병창에 대한 이해가 필요하다.

가야금	산조	병창
『삼국사기』에 의하면 가야국의 가실왕이 중국의 쟁을 참고해 만든 악기다. 가야국의 '가야'와 '금(琴)'을 결합해 '가야금'이라고 불렀다. 가야금은 열두 달을 음률로 표현하기 위해 12현으로 제작되었다. 소리가 아름다워 다양한 전통악기와의 합주뿐 아니라 산조, 병창 등에도 폭넓게 사용되고 있다. *산조의 '산(散)'은 흩어질 산이다. 산조는 '자유롭게 흩어져 있는 가락'이라는 뜻으로, 우리나라 대표 민속기악 독주곡이다.	산조는 느린 장단에서 점차 빠르게 연주하는 것이 특징이다. 듣는 사람으로 하여금 긴장감을 더하게 한다. 산조는 연주하는 악기에 따라 거문고산조(무형문화재 제16호), 대금산조(무형문화재 제45호), 해금산조, 피리산조 등이 있다. 가야금산조가 가장 오래되었다.	악기를 연주하면서 판소리의 특정 대목이나 단가를 부르는 연행 형태다. 가야금병창과 거문고병창이 대표적이다. 일반적으로 산조와 밀접한 연관이 있다.

참고: 산조와 판소리에 관해서는 무형문화재 제5호 판소리(33p), 무형문화재 제16호 거문고산조(15p)에서도 다루었다.

* 국가무형문화재 제23호(지정일: 1968. 12. 21. 보유자: 이영희(가야금산조), 양승희(가야금산조), 문재숙(가야금산조), 안숙선(가야금병창),강정열(가야금병창), 강정숙(가야금병창))

가야금산조 및 병창

가야금과 산조, 병창에 대해 간단히 개념이 잡혔다면 이제 다음 단계인 가야금산조 및 병창에 대해 알아보자. 가야금산조 및 병창은 엄밀히 말하면 가야금산조와 가야금병창 두 가지 문화재가 하나로 통합되어 있는 것이다. 과거 가야금산조의 명인들은 기악 독주를 하며 즉흥적으로 판소리나 단가를 자신의 반주에 맞춰 노래했다. 이후 가야금 연주자들을 중심으로 가야금병창 문화가 발전해오면서 가야금병창과 산조는 오랫동안 같이 역사를 이어왔다. 그러나 오늘날에는 각자의 개성을 살려 분리되고 있는 추세이기도 하다. 같이 있으나 따로 있으나 매력적인 가야금산조와 병창의 문화재 지정 당시 문화재위원이었던 박헌봉의 조사보고서 일부 내용을 보면 가야금산조 및 병창이 어떤 이유로 국가무형문화재로 지정되었는지 알 수 있다.

> "우리 겨레의 대표적인 악곡인 산조가 허다한 수난을 겪어오다가 지금은 그 원형조차 보존이 어렵게 되어가고 있으니 시급히 국가적인 보존책을 마련하지 않으면 안 되겠기로 이에 김윤덕, 성금연, 박귀희 세 명의 산조와 병창을 국가무형문화재로 인정하여 그 보존의 길을 마련할 것을 주장하는 바이다. 김윤덕 씨는 가야금의 오묘하고도 멋있는 가락이 호남류의 본제라 할 것이요, 성금련 씨의 청신하고도 비단결 같은 아름다운 가락은

충청·경기류의 본제라 할 수 있고, 박귀희 씨는 영남 표본의 구성지고도 쾌활·심미한 병창의 묘법을 보존하여 각기 특색 있는 전통의 독보적인 존재를 들추어 이들의 재능을 무형문화재 인정의 이유로 밝히는 바이다."

우리 것, 우리의 소리

가야금산조 및 병창은 우리에게 참 가깝고도 먼 존재다. 음악 교과서에서부터 배우기 시작하고 찾아보면 공연을 볼 수 있는 곳이 매우 많다. 그러나 가까워 보이는 존재가 유난히 멀게 느껴지는 이유는 국악은 지루하다는 편견과 이해하기 어렵다는 섣부른 판단에서 온 것은 아닐까? 그 구성진 우리의 음악과 소리를 조금만 마음을 열고 들어보면 자신도 모르게 푹 빠져들어 저절로 '흥'이 오르게 된다. 장단이 빨라지거나 느려지는 흐름을 느껴보고 그 악기에 덧입혀 부르는 병창의 소리에 귀 기울이면 서양의 클래식이나 재즈보다 훨씬 좋아하게 될지도 모르겠다.

가곡*

절제와 은근의 미

2015년 12월 26일, 국립국악원의 마지막 '토요명품공연'에는 판소리와 처용무에 이어 가곡이 등장했다. 앞서 판소리 명창이 심청 이야기를 하며 목놓아 울고 극적인 내용에 따라 소리를 구성지게 해서인지 가곡 공연의 시작은 심심해 보였다. 남녀가 꼿꼿하게 앉아 있었고 그 뒤에는 악사들이 조용히 자리하고 있었다. 노래가 시작된 후에도 가객(노래를 부르는 사람)의 표정과 자세는 변함이 없었다. 시 낭송을 하는 사람처럼 덤덤했고 성악곡을 부르는 사람처럼 호연했다. 이 무던한 매력은 시간이 지날수록 더욱 가사에 귀 기울이도록 했고, 한국의 절제된 미를 느끼게 했다. 농담만으로 표현하는 한국 전통 수묵화처럼 색은 없지만 깊이가 있고 아름다웠다. 수묵화의 여백이 하늘이 되고 바다가 되듯이 가곡이 조용히 뿜어내는 공명은 관객으로 하여금 무한한 상상을 하도록 했고 갈수록 그 매력에 은근히 빠져들게 만들었다.

---

* 국가무형문화재 제30호(지정일: 1969. 11. 10. 보유자: 김경배, 조순자, 김영기)

선비정신을 본받아

가곡은 우리나라 고유의 정형시에 곡을 붙여 관현악 반주에 맞추어 부르는 우리나라 전통음악이다. 자연에 대한 애정과 예찬, 조선시대 선비들의 삶의 철학을 담은 것이 우리의 시조이고 그것에 가락을 붙여 노래로 만든 것이 가곡이다. 조선시대 선비들은 체면과 절제를 중요시했다. 개인의 수양을 바탕으로 도덕사회의 이상을 실천해나간 계층이 선비다. 그림과 글씨를 즐겼고 자연을 벗삼아 풍류를 즐겼다. 고귀한 인품을 지켜나가기 위해 늘 반성하고 본업에 매진했던 충실한 선비들의 정신을 표현한 것이 가곡이다. 가곡은 총 41곡으로 구성되어 있다. 그중에 남자가 부르는 남창이 26곡, 여자가 부르는 여창이 15곡이다. 여창은 남창 가곡을 여자가 부를 수 있도록 조금 변형시킨 것으로, 여자의 높은 가성을 섞어 노래한다. 실제로 가곡을 들어보면 남창이 우직한 선비의 모습 그대로라면 여창은 그에게 영감을 주고 삶의 에너지를 제공하는 자연과 같은 목소리가 난다. 가곡은 보통 남창과 여창이 번갈아 가면서 노래를 부르고 맨 마지막 「태평가」는 같이 부른다. 「태평가」 대목에서는 남창과 여창의 목소리가 한데 어우러져 자연 속에서 풍류를 즐기는 선비의 모습이 떠오른다.

가곡을 자세히 들어보면 "동창이~"를 곧바로 하지 않고 오랜 시간 뜸을 들인다. 길게 늘어뜨린 가사가 지루하게 들릴 수 있지만, 그것은 매사에 신중하고 서두르지 않으며 절제하는 선비의 정신이다. 언젠가부터 "빨리빨리"만 외치는 대한민국 사회에서 인내와 은근함은 반드시 필요한 요소다. 가객들은 3분의 짧은 노래부터 15분의 긴 노래까지 흐트러짐 없이 노래한다. 인생을 살아가는 데 필요한 삶의 지혜와 선비들의 철학, 그리고 시대를 막론하고 잊어서는 안 될 자연에 대한 소중함을 표현하고 있는 가곡은 오랜 시간을 두고 들어봐야 할 소중한 문화유산이다.

가사*

흔히 우리가 알고 있는 가사는 노랫말이다. 어떤 노래에 음정을 맞추어 써 내려간 가사를 '노래 가사'라 부른다. 여기서 소개하고자 하는 우리나라 국가무형문화재 제41호 가사는 노랫말을 뜻하는 것이 아니다. 우리나라 전통 성악곡의 한 갈래로, 산문에 가까운 긴 문체의 사설(글)을 담은 장편 가요를 뜻한다. 다시 말해 노랫말이 아닌 그 자체로 하나의 노래인 성악곡을 '가사'라고 부른다. 노래를 만든 이를 정확히 알 수는 없지만 구전으로 전해져 내려와 현재까지 전해지는 가사는 「백구사」, 「건곤가」, 「황계사」, 「어부사」, 「춘면곡」, 「상사별곡」, 「길군악(노요곡)」, 「권주가」, 「수양산가」, 「처사가」, 「양양가」, 「매화타령」의 12곡이며, 이를 '12가사'라고 한다. 12가사는 문학적으로도 높은 수준을 가지고 있고, 당시 우리의 생활상과 사상을 엿볼 수 있기에 고등학교 교육과정에서 다루어지고 있으며 수능시험에도 자주 출제된다.

---

* 국가무형문화재 제41호(지정일: 1971. 1. 8.)

내가 사랑하는 것 같이 임도 나를 생각하는가
날 사랑하던 끝에 남을 사랑하려는가
만첩청산 들어간들 어느 낭군이 날 찾으리
산은 첩첩 고개 되고 물은 충충 소이로다……

「상사별곡」 중

「상사별곡」의 내용을 살펴보면 임과 이별하고 독수공방하며 임을 그리워하는 여인의 심정이 절실하게 드러나 있음이 느껴진다. 봄날 늦게 일어나 창 앞에서 덜 익은 술 두세 잔을 기울이고 호탕하여 백마금편으로 야류원을 찾아가는 젊은이의 흥겨운 노래인 「춘면곡」, 중국 역대의 영웅 호걸들의 허무한 말로를 엮어 세상일에 너무 집착하지 말고 풍류를 즐기자는 내용을 담은 「수양산가」 등 12가사의 내용을 찬찬히 살펴보면 각기 다른 재미를 느낄 수 있다. 그리고 이것들이 음정을 가지고 누군가의 성대를 타고 뿜어져 나올 때 그 감동은 더 클 수밖에 없다.

가요를 듣다 보면 가끔 그 위로 누군가의 내레이션이 깔리거나 시작 전에 내레이션을 집어넣는 경우를 발견할 수 있다. 함축적으로 표현할 수 없는 긴 사설이 나지막이 깔릴 때 우리는 숨을 죽이고 귀를 기울인다. 가사는 가요와 다르게 처음부터 끝까지 길고 길게 하고 싶은 얘기를 덤덤히 풀어낸다. 형식이 자유롭기 때문에 부르는 사람에 따라 각기 다른 매력을 선보일 수 있고 특징을 한마디로 규정짓기 어렵다. 들을 때마다 새로울 수 있고, 내가 상상하고 생각할 수 있는 여유공간을 충분히 제공한다. 나의 이야기를 대입해서 듣고 스스로 재해석해 불러볼 수 있는 것도 가사의 큰 재미다. 일상과 풍류를 노래한 우리의 향토적인 전통성악곡 가사를 천천히 음미하며 들어보고 불러보는 것은 어떨까?

구례향제줄풍류*
이리향제줄풍류**

풍류(風流)

2014년 7월 30일부터 9월 14일까지 서울 예술의 전당 서예박물관에서는 해동풍류 최치원 전이 열렸다. '풍류'라는 단어를 역사상 가장 먼저 사용하고 해석한 인물인 최치원의 삶을 돌아보는 자리이자, 그의 삶을 재해석한 현대작가들의 작품들도 만나볼 수 있는 소중한 기회였다. 최치원이 정의했고 누구보다 그 자신이 풍류를 즐기고 사랑했기에 오늘날 '풍류'라는 단어는 최치원을 떠올리는 말이자 최치원 전시회의 제목으로도 사용되고 있다. 풍류는 과거에 예술적 소양을 갖춘 지식층과 부유

* 국가무형문화재 제83-1호(지정일: 1985. 9. 1. 보유자: 이철호)

** 국가무형문화재 제83-2호(지정일: 1985. 9. 1.)

층이 한자리에 모여 악기를 연주하고 시를 읊으며 자연을 벗삼아 즐긴 예술행위를 뜻하는 말이다. 전통 수묵화를 보면 정자에 앉아 악기를 연주하는 모습이나 시를 읊거나 써 내려가는 지식층들의 모습을 종종 발견할 수 있다. 이런 모습들을 "'풍류'를 즐기고 있다"고 표현한다. 국가무형문화재로 등록된 두 줄풍류의 큰 개념은 바로 이 멋스러운 행위에서 왔다고 볼 수 있다.

줄풍류

구례향제줄풍류와 이리향제줄풍류에서 '구례'와 '이리'는 지명이고, '향제'는 간단히 말하면 '스타일'을 뜻하는 말이다. 서울의 줄풍류와 차별성을 두기 위해 '향제'라는 단어를 사용했다. 그렇다면 줄풍류는 무엇일까? 풍류를 즐기는 방법은 여러 가지가 있지만 줄풍류는 악기를 통한 행위에 중점을 둔다. 그중에서도 줄이 달린 현악기를 이용한 악기들을 주로 이용해서 풍류를 즐기는 것을 '줄풍류'라고 한다. 여기서 중요한 포인트는 현악기를 주로 사용하는 것이지 전적으로 현악기만 사용하는 것은 아니다. 줄풍류는 보통 거문고, 가야금, 해금, 앙(양)금의 현악기와 관악기인 단소와 대금 그리고 장구(타악기)로 구성된다. 줄풍류라 해놓고 타악기와 관악기도 같이 연주되는 이유는 바로 우리의 음악적 가치관에 있다. 서양음악은 지휘자가 있어 그가 한 악단을 이끌어가는 역할을 하지만 우리 음악에는 지휘자가 따로 없다. 국악은 장구를 중심으로 해서 전체가 장단을 맞춰나가는 화합의 음악관을 가지고 있다. 그렇기 때문에 장구가 꼭 필요하다. 또한 단소와 대금이 그 음을 맞춰나가는 데 있어 적절한 지지대가 되어주어 곡을 더 매끄럽게 이어나갈 수 있다. 그래서 줄이 달린 현악기들이 중심이지만 여타의 것들이 없어서는 안 된다. 보통 줄풍류에서는 대표적으로 「영산회상(靈山會相)」이라는 곡을 많이 연주한다. 그래서 최근에는 풍류라는 말 자체가 영산회상과 동일한 의미로 쓰이기도 한다.

호남권을 중심으로 발달한 줄풍류

이리는 익산의 과거 지명으로 전라북도에 위치한 시이고, 구례는 전라남도에 있는 군이다. 두 곳 다 호남권에 속한 지역이다. 줄풍류에는 경상도 영제풍류, 충청도 내포제풍류 등도 있다. 다른 지역의 풍류가 대부분 전승이 끊어졌거나 끊어질 위기에 처해 있지만, 익산(구 이리)과 구례 지역에서는 줄풍류의 전승이 활발히 이루어지고 있다. 호남지역 향제줄풍류는 맛과 멋을 아는 그 지역의 특색답게 매우 농현한 음색을 가지고 있다. 힘을 쭉 빼고 덤덤히 연주하는 듯하지만 그 안에서 배포와 담대함이 느껴지고 보이지 않는 에너지가 분출된다. 무엇을 썰어내듯이 신중하게 한 음 한 음 잡아내면서 흐트러지지 않는 해금, 숨을 쉬듯 박자에 맞게 무심한 듯 톡톡 내려치는 양금, 악대가 흐트러지지 않게 잡아주는 장구. 그것들의 화합을 들으면 홀연히 호남지역의 농현함을 느낄 수 있을 것이다.

구례향제줄풍류/이리향제줄풍류

줄풍류는 선비를 비롯한 지식인이나 부유층에서 즐기던 문화였지만, 시간이 지남에 따라 그 대상이 더욱 확대되어 조선 후기쯤 이르면 일반인 중에서도 이 풍류를 즐기는 모임이 생겨나게 된다. 각 지방마다 어떤 사람이나 단체로부터 그 움직임이 시작되었는데, 구례와 이리 역시 작게 시작된 풍류 모임에서 비롯해 현재까지 이르고 있다. 점차 필요한 악기를 직접 제작하기도 하고 지방의 지주들이 이를 지원하기도 하면서 그 규모가 커졌다. 그러다가 1985년에 이르러 구례의 김무규와 이리의 강낙승이 예능인보고서에 언급되면서 그 지방의 풍류가 중점적으로 조사되었으며 그 가치를 인정받아 무형문화재에 이르게 된 것이다.

그리고 현재까지 그 전통은 무너지지 않고 많은 이들이 그 가치를 이어받아 굳건한 전승체계를 갖추고 있다.

풍류를 즐기는 방법 중 하나인 줄풍류. 그 작은 갈래의 행위가 무형 문화재에 이르기까지는 많은 이들의 노력이 뒷받침되었을 것이다. 다른 지역 줄풍류들의 전승이 끊어질 때에도 굳건히 그 자리를 지켜온 구례와 익산(구 이리) 지역의 풍류객들이 있어 앞으로도 우리는 자연이 즐겁고 악기의 소리가 아름다운 줄 아는 멋스러운 삶을 살 수 있을 것이다.

판소리*

'한(恨)'이 서린 소리

"이 서편소리는 말이다. 사람의 가슴을 칼로 저미는 것처럼 한이 사무쳐야 되는디 니 소리는 이쁘기만 허지 한이 없어. 사람의 한이라는 것은 한평생 살아가면서 가슴속에 첩첩이 쌓여서 응어리지는 것이다. 살아가는 일이 한을 쌓는 일이고 한을 쌓는 일이 살아가는 일이 된단 말이여. 너는 조실부모 한데다가 눈까지 멀었으니 한이 쌓이기로 말하자면 남보다 열 배 스무 배 더헐 텐데 어째 그런 소리가 안 나오냐……"

판소리를 주제로 한 대표적인 영화 「서편제」 중 아버지 유봉의 대사다. 이 영화에서 아버지 유봉은 딸의 소리를 좋게 하기 위해 눈을 멀게 만든다. 다소 극단적으로 보이지만 소리를 하는 데 있어 '한'이라는 것이 얼마나 중요한지를 보여주는 대목이다. 아버지가 딸의 눈을 멀게 하면서까지 가졌으면 했던 '한'이 대체 무엇일까?

'한'이라는 것은 한마디로 정의를 내리기 어렵지만, 굳이 한 단어로 표현하자면 '응어리' 정도가 적합할 것이다. 슬프거나 안타까운 마음이 가슴속에 맺혀 자꾸 딱지가 내려앉아 어느새 한 덩이의 응어리가 되어버린 것. 아마도 그것이 '한'은 아닐까? 그런 '한'을 품고 내뿜는 소리, 맺힌 것을 풀어내는 과정을 넘어서고 나면 득음(得音)의 경지에 이르게 되는 경이로운 소리. 그것이 바로 판소리다.

판소리는 비교적 이른 시기인 1964년에 무형문화재 종목으로 지정

* 국가무형문화재 제5호[지정일: 1964. 12. 24. 보유자: 박정자, 남봉화, 송순섭, 신영희, 정철호(고법), 김청만(고법)]

되었고, 2003년에는 유네스코 '인류무형문화유산'으로 선정되었다. 판소리를 주제로 한 영화와 뮤지컬 등이 상영·공연되었고, 해외의 유수한 축제와 행사에 초대되어 한국적인 이미지를 알리는 데 이바지했다. 그렇기 때문에 판소리는 다른 무형문화재에 비해 대중에게 조금 더 친숙하다. 그러나 판소리에 대해 정확히 알고 있는 사람은 많지 않은 듯하다. 예쁜 국악소녀 송소희가 광고에 나와 "아니라오~ 아니라오~" 하며 부르는 노래를 많은 사람들이 판소리라고 생각하는데, 그 소녀가 부르는 노래는 판소리가 아닌 '경기민요'다. 큰 줄기는 같지만 판소리는 이야기를 읊는 것에 더 많은 중점을 두고 있고, 경기민요는 조금 더 쾌활하고 구성지게 부르는 노래다. 친숙하고 가까이 있는 것일수록 그 내용을 깊이 있게 신경쓰고 알고 있기란 어려운 일이다.

TIP

판소리는 조선 중기 이후 남도지방 특유의 곡조를 토대로 발달한 것으로, 소리꾼 한 명이 고수 한 명의 장단에 맞추어 육성과 몸짓(발림)을 곁들여 창극조로 광대의 노래와 대사를 하는 것을 총칭한다. 판소리에는 '제'라고 하는 것이 있는데, 판소리가 전승과정을 거치면서 서로 간에 조금씩 다른 특성을 가지게 되었고, 판소리에서는 이를 '제'라고 부른다. '제'는 동편제, 서편제, 중고제의 세 가지로 나눌 수 있다. 동편제는 전라도 동북쪽, 앞에서 언급한 영화 제목이자 '제'의 이름이기도 한 서편제는 전라도 서남쪽, 중고제는 경기도와 충청도 쪽의 계보를 뜻한다.

'판'이라는 것은 큰 마당을 뜻하는 말로 사람이 모이는 장소, 열려 있는 넓은 공간을 말한다. 판소리는 많은 사람이 모여 있는 공개된 장소에서 불리는 것이 특징이다. 한마디로 판소리는 '판'이라는 공간과 소리를 합친 단어라고 할 수 있다. '판'을 구성하는 3요소는 소리꾼, 고수, 청중이다. 소리꾼은 말 그대로 소리를 하는 사람이고, 고수는 북을 치는 사람이고, 청중은 공연을 관람하는 사람이다. 소리꾼은 짧지 않은 시간 동안 쉴 새 없이 이야기를 해야 하는데 그 힘의 원천은 무엇일까? 그것은 바로 이 3요소에서 찾아볼 수 있다. 북을 치는 고수와 청중이 추임새를 통해 소리꾼과 소통하고 소리꾼은 이 추임새를 이어받아 흥을 돋우며 이야기를 이어나가는 에너지를 얻는다. 또한 손에 꼭 쥔 부채 역시 좋은 소리가 나올 수 있게 도와준다.

❁ 이 밖에 판소리를 더 잘 이해하기 위해 알아야 할 포인트

(1) 판소리의 4대 요소

- 소리: 판소리 공연 중 광대가 노래하는 것
- 아니리: 창이 아닌 말로서, 창 도중에 장면 변화나 정경 묘사를 하는 것
- 발림: 판소리 공연 중 광대가 몸짓으로 소리의 상황을 연출하는 것
- 추임새: 판소리 공연 중 고수(북치는 사람)가 '얼쑤', '어이', '잘한다', '그렇지' 등의 말로 광대의 기분을 돋워주는 것

(2) 판소리의 장단

판소리에 쓰이는 장단은 진양, 중모리, 중중모리, 자진모리, 휘모리, 엇모리, 엇중모리 등이 있다. 그 특징에 따라 다르게 쓰인다.

- 진양: 느린 장단으로, 사설의 내용이 한가하고 긴 대목에 주로 쓰인다.
- 중모리: 보통 빠르기의 장단이므로 서정적인 대목이나 상황을 평탄하게 서술하는 대목에 주로 쓰인다.

⊖	○	|	○	|	|	○	○	⊗	○	○	○
떵	궁	딱	궁	딱	딱	궁	궁	떡	궁	궁	궁

- 중중모리: 춤을 추는 듯한 흥겨운 느낌의 장단이므로 춤추는 장면이나 활발하게 걷는 장면에 주로 쓰이고, 때로는 통곡하는 장면 등에도 쓰인다.

⊖		|	◎		|	◎	○	⊗	◎		◎
떵		딱	구궁		딱	구궁	궁	떡	구궁		구궁

• 자진모리: 극적이고 긴박한 대목에서 자주 쓰인다.

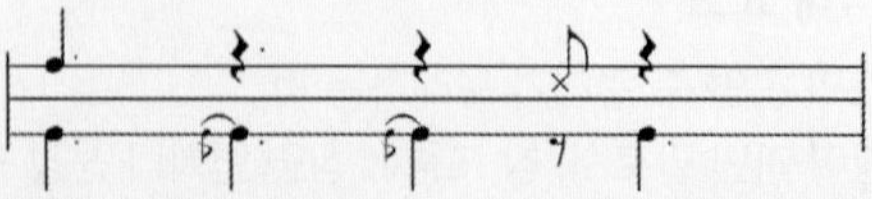

⊖			◎			◎		|	○		
떵			궁			궁		떡	궁		

• 휘모리: 매우 빠른 장단이므로 극적인 상황이 매우 분주하게 벌어지는 대목에서 쓰인다.
• 엇모리: 범상한 인물의 거동이나 신비스러운 장면을 묘사할 때 쓰인다.
• 엇중모리: 보통빠르기의 장단으로 흔히 뒤풀이에 쓰인다.

(3) 판소리는 다섯 마당

발생시기인 조선 숙종 무렵에는 모두 열두 마당이었으나 조선 후기 신재효가 체계를 다듬어 여섯 마당이 되었고, 현재는 「변강쇠타령」이 빠진 다섯 마당(흥보가, 수궁가, 적벽가, 춘향가, 심청가)이 전해오고 있다. 다섯 마당은 문학작품으로도 워낙 유명하기 때문에 내용에 대한 설명은 생략한다.

진주삼천포농악* 평택농악** 이리농악*** 강릉농악**** 임실필봉농악***** 구례잔수농악******

국립중앙도서관 사이트에서 '클래식'이라는 주제어를 검색하면 2,000여 권에 이르는 단행본을 찾아볼 수 있다. 이 책들의 내용을 살펴보면 보통 클래식의 역사와 연주 방법에 대해 다루고 있는 경우가 대부분이다.

클래식 공연은 관람객에게 많은 요구를 하는 편이다. 엄숙하고 장엄한 환경에 걸맞도록 옷도 말끔히 갖춰 입어야 하고, 공연장에서 시끄럽게 떠들면 안 되고, 박수를 치는 타이밍도 정해져 있다. 곡이 끝나기 전 중간중간 연주자들이 숨을 고르거나 한 악장이 끝났을 때 감정을 주체하지 못하고 일어나서 박수를 치면 주위의 따가운 시선을 느끼게 된다. 반드시 곡이 다 끝난 후에 밀려오는 감정을 박수로서 표현할 수 있다. 곡의 중간에 관람객의 입장은 허용되지 않는다. 절제된 감정과 변주 없이

---

* 국가무형문화재 제11-1호(지정일: 1966. 6. 29. 보유자: 박엽, 김선옥)
** 국가무형문화재 제11-2호(지정일: 1985. 12. 1. 보유자: 김용래)
*** 국가무형문화재 제11-3호(지정일: 1985. 12. 1. 보유자: 김현순)
**** 국가무형문화재 제11-4호(지정일: 1985. 12. 21. 보유자: 정희철)
***** 국가무형문화재 제11-5호(지정일: 1988. 8. 1. 보유자: 양진성)
****** 국가무형문화재 제11-6호(지정일: 2010. 10. 21.)

올곧게 진행되는 클래식 공연에서 관람객의 실수는 연주자의 감정을 흐트러뜨릴 수 있고 이는 자칫하면 공연을 망칠 수도 있기 때문이다. 그래서 어떤 사람들에게 클래식은 범접할 수 없는 영역이기도 하고 숨이 턱 막히는 답답한 공연일 수 있다.

그에 반해 우리 농악은 동네 사람들이 밭 매다가 고무신 신고 나와서도 덩실덩실하고 장구 치는 와중에 불쑥 춤을 춰도 된다. 이런 즉흥적인 참여가 방해되지 않고 오히려 더 신이 나게 한다. 부르는 노래 가사가 분명히 있고 장단 역시 악보 형태로 존재한다. 규칙은 정해져 있지만 얼마든지 바꿀 수 있다. 지휘자도 없는데 장구 장단 하나에 온 농악대가 자연스럽게 어우러진다. 듣다가 좋으면 "좋다~" 하고 여흥구를 넣어도 되고 너무 좋으면 밥그릇이라도 가지고 나와 같이 두드려도 된다. 이는 우리 전통음악이 기본적으로 '어울림'이라는 미학적 배경을 가지고 있기 때문이다. 물론 우리에게도 궁중음악이 있고 「영산회상」 같은 엄숙한 곡이 존재한다. 그러나 대부분 한국의 전통음악은 어울림과 변화미를 바탕으로 하고 있다. 그래서 같은 아리랑이 지역마다 다르게 존재하고, 동네마다 다르며, 심지어 매번 부를 때마다 다를 수 있다.

농악은 농촌에서 집단노동이나 명절 때 흥을 돋우기 위해 연주되는 음악이다. 기본적으로 공동체를 바탕으로 하고 있고 연대의식을 요구한다. 혼자서는 부를 수도 없고 신이 나지도 않는다. 이렇게 모두가 함께하는 농악은 그냥 신이 난다. 역사적 배경을 모르고 무슨 악기로 구성되어 있는지 모르지만 사람들을 절로 춤추게 하는 힘이 있다. 그러나 알고 들으면 더 좋다. 아리랑이 각 지방마다 다르게 부르는 특성을 가지고 있듯 농악 역시 각기 다른 지역에서 다른 역사, 문화와 융합되고 지역사람들의 개성 있는 정체성과 결합하여 조금 다른 방식으로 발전해왔다. 어떤 것들이 같고 다른지 알아보면 농악을 통해 지역문화를 이해하는 데도 도움이 될 것이다.

농악의 지역 구분

농악은 농경사회를 기반으로 발전했기 때문에 농사를 지었던 곳이라면 어느 곳이든지 존재해왔다. 그중에서도 진주삼천포, 평택, 이리(현 익산), 강릉, 임실필봉, 구례잔수 지역의 농악이 가치를 인정받아 무형문화재로 등록되었다. 이 밖에도 대구 비산 지역의 비산농악, 함안화천농악, 청주농악 등이 존재하는데 이들은 시·도 무형문화재로 등록되어 있다. 평택을 중심으로 한 충청·경기도 지방의 농악을 '웃다리농악'이라고 한다. 웃다리농악은 다른 농악보다 빠르고 힘이 있는 것이 특징이다. 강릉농악이 속한 영동지방의 농악은 풍물패가 악기를 두드리며 농사 과정을 몸동작으로 보여주는 것이 특징이다. 씨를 뿌리고 거두어들이는 등 한 해의 땀과 결실을 흥겹게 돌아볼 수 있다. 진주 지방은 이순신의 씩씩함을 닮아 농악 자체가 군악적인 요소를 가지고 있어 대취타의 느낌이 나기도 한다. 전라도의 경우에는 구례·익산 지역과 임실필봉 지역으로 다시 두 갈래로 나누게 되는데, 전자의 경우에는 멋의 고장답게 풍류를 느낄 수 있는 구성진 가락과 장구의 눈에 띄는 진두지휘가 특징이고 임실 지역을 중심으로 한 전라북도의 경우 '꽹~' 하는 소리가 나는 높은 음의 꽹과리가 중심이 되는 것이 특징이다.

2014년 11월 프랑스 유네스코 파리본부에서 우리 농악이 유네스코 인류무형문화유산으로 등재되었다. 등재된 날 유네스코 강당에서는 한국 농악 풍물패의 축하공연이 열렸다. 이때 참석한 풍물패는 진주삼천포농악대도 평택농악대도 아니었다. 각 농악 풍물패에서 한 명 혹은 두 명이 다시 한 풍물패를 만들었다. 서로 다른 특징을 가지고 있다고 하지만 이 풍물패는 '한국인', '신명', '흥'이라는 공통된 정체성으로 금방 하나가 되어 풍악을 울렸다. 늘 함께하는 것에 익숙하기 때문이었을 것이다. 흔히 꽹과리를 천둥번개에 비유하고 징을 바람에, 장구를 비의 소리에, 북을 땅과 구름에 비유한다. 농악은 그렇게 자연을 닮아 있다. 그날

프랑스 유네스코 파리본부에는 한번도 한국을 방문해본 적은 없지만 한국의 바람소리와 비의 소리를 덩실거리며 느낀 외국인이 많았다. 농악의 보이지 않는 화합의 힘이 우리가 농악을 아끼고 사랑해야 할 이유다.

남도들노래[*]
고성농요[**]
예천통명농요[***]

우리 조상은 노동을 할 때 노래를 부르면서 시름을 달래고 신명을 풀어냈다. 농사일은 고되고 지치지만 그것이 가족을 부양하는 힘이었고 먹고사는 동력이었다. 같은 일을 하는 동네사람들과 모여 노래를 부르며 신나게 일을 하면 어느 순간부터 고되지 않고 몸과 마음이 한껏 가벼워진다. 그것이 노동요가 존재해온 이유다. 노동요는 전국 방방곡곡의 많은 지역에서 불려져왔다. 그중에서도 전남 진도·나주 지방, 경상남도 고성, 경상북도 예천군 예천읍 통명동 세 곳에서 논일이나 밭일을 할 때 불렀던 노래인 남도들노래, 고성농요, 예천통명농요가 무형문화재로 지정되어 현재까지 전해져오고 있다. 작업을 하면서 부르는 노래이기 때문에 노래의 형식은 선소리꾼이 독창으로 메기면 여러 사람이 합창으로 받는다. 목청 좋은 사람이 구성지게 가락을 이끌어가고 사람들은 일을 하며 이를 제창으로 흥겹게 받아친다. 노래의 형식은 비슷하지만 지역적 특색이 다르기 때문에 각 지방의 농요는 약간씩 다른 모습을 하고 있다.

---

* 국가무형문화재 제51호(지정일: 1973. 11. 5. 보유자: 박동매, 이영자)

** 국가무형문화재 제84-가호(지정일: 1985. 12. 1. 보유자: 김석명)

*** 국가무형문화재 제84-나호(지정일: 1985. 12. 1. 보유자: 이상휴)

송포운가(松浦耘歌)

예천통명농요는 '송포운가'라고도 불린다. 송포운가는 예천읍의 '송포'라고 불리는 들판에서 농부들이 김매는 노랫소리를 말한다. 여기서 '운(耘)' 자는 '김을 매다'라는 뜻을 가지고 있다. 송포운가에는 모를 심을 때, 모를 다 심고 논에서 나올 때, 논을 맬 때, 또 다 매고 나오면서 부르는 노래가 각기 존재하는데 적절한 노랫말도 그렇거니와 그에 맞추어 하는 동작도 흥겹고 멋스럽다.

아부레이수나, 애벌매기, 상사디여를 배경지식 없이 들으면 정말 이해하기 쉽지 않다. 그러나 가사를 천천히 들여다보고 그 뜻을 조금이라도 음미하게 되면 노래가 다시 들린다. 이제 예천통명농요를 듣게 되면 단번에 "이것은 예천통명농요다"라고 알아맞힐 수 있을 것이다. 또한 가사의 뜻을 대강 알게 되었으니 그 소리의 흥겨움을 실제로 느껴볼 수 있다. 예천통명농요는 느리고 길게 빼는 음이 많이 나오는 것이 특징이다. 노래를 메기고 받을 때 앞소리의 끝과 뒷소리의 앞이 부분적으로 겹치게 부른다(돌림노래 형식). 이를 통해 이중창적 효과를 낸다. 예천통명농요를 들으며 이러한 이중창적 효과까지 찾아낼 수 있다면 농사일을 하지 않는 사람들에게도 신나고 재미있는 노래가 될 것이다.

모심기노래	「아부레이수나」 '쌍을 짓다'라는 뜻의 아부레이수나는 짝을 지어 모를 심는 모습을 표현한 것이다.
모를 다 심고 논에서 나오면서 부르는 노래	「도움소 노래」 도움소는 '돕자, 돕세'라는 뜻으로 '더움터'라고 부르기도 한다.
논을 맬 때 부르는 노래	「애벌매기 소리」, 「상사디여」, 「방애소리」 애벌매기: 초벌 김매기를 하다. 상사디여: 선창자가 소리를 메기면 다른 사람들이 후렴구를 받는 형식으로 부르는 것인데, 경상도에서는 '상사디여'라는 후렴구가 많이 쓰인다. 방애소리: 방아라는 말이 모음화되어 '방애'로 불린다.
논을 다 매고 나오면서 부르는 노래	「에이용 소리」 에이용 소리: 특별한 의미는 없지만 흥을 돋우는 역할을 한다.
논매기를 마치고 집에 돌아오면서 부르는 노래	「캥마쿵쿵노새」 '쾌지나칭칭나네'의 통명식 표현
타작소리	「봉헤야」 잘개타작소리: 곡식의 낟알을 거두며 흥겹게 부르는 노래

농사를 짓는 섬사람들의 노래

진도는 섬으로 물이 가깝게 있기 때문에 많은 사람들이 진도 사람들은 어업에 많이 종사하고 있을 것이라고 생각한다. 그러나 진도에는 넓은 평야가 있고 땅이 걸어서 농사를 더 많이 짓는다. 진도 지역 중에서도 특히 진도군 지산면 인지리 마을 주민을 중심으로 불려진 노래가 무형문화재 제51호 남도들노래로 지정되었다. 남도들노래는 모판에서 모를 찔 때 부르는 모뜨는 소리, 논에 모를 심을 때 부르는 못소리, 논에서 김을 맬 때 부르는 절로소리, 김매기가 끝나고 농부들이 마을에 들어올 때 부르는 길꼬냉이로 구성된다. 여흥으로 「진도아리랑」을 부르기도 한다.

모판에서 모를 찐다는 것은 모판에서 모를 한 모숨씩 뽑아내는 것을 말한다. 정상래의 소설 『소리』에는 그 모습을 더 생생하게 떠올릴 수 있는 대목이 나온다.

> 벌써부터 사람들이 허리를 굽혀 모를 찌느라 손놀림이 바빠지기 시작했다. 지난 사월부터 모판에 길러온 모는 일 년 농사에 가장 중요한 일. 피사리도 해가며 정성들여 길러온 모를 본논으로 옮겨 포기 지어 심는 일이 모내기였다.

이렇게 허리를 굽히고 하루 종일 고되게 일할 때 불렀던 모뜨는 소리는 쉬는 시간에 먹는 새참만큼이나 큰 힘을 주었을 것이다. 남도들노래가 다른 지역의 농요와 구분되는 또 하나의 특성은 남도 특유의 멋과 한을 앞세운 내용의 노래가 존재한다는 것이다. 논을 맬 때 부르는 중절로소리의 내용은 다음과 같다.

「중절로소리」
(받)이히야 아하하 하 하 아라/
(메)갈 제 보고 올 제 보니 두 번만 보면 정 많이 든다/
(메)간다간다 나는 간다 임을 따라서 내가 돌아간다/
(메)날 따라라 날 따라라 멀리 멀리 날 따라오게

흡사 「진도아리랑」을 떠올리게 할 만큼 애절한 가사를 담고 있는 논매기노래는 예천지역에서 논을 맬 때 불렀던 애벌매기나 방애소리와는 다른 모습을 하고 있다. 남도들노래는 노동요로서의 역할도 하고 있지만, 예전부터 소리꾼들이 많았던 진도 지역의 독특한 선율과 느낌을 그대로 간직하고 있다.

그때 그때 달라요, 시간별로 다른 모내기 노래

고성농요는 다른 농요들과 마찬가지로 농사의 흐름에 따라 「모찌기소리」, 「모심기소리」, 「도리깨타작소리」, 「삼 삼는 소리」, 「논매기소리」, 「물레소리」 등으로 구성되어 있다. 그중에서도 가장 큰 특색을 가진 것은 「모찌기소리」다. '모찌기 등지'라고도 부른다. 모를 심으면서 부르는 소리를 '모심기 등지'라 부르는데 처음에는 느린 '긴 등지'를 부르고, 점심때는 조금 빠른 '점심 등지'를 부르며, 해질 무렵에는 '해거름 등지'를 부른다. 느린 소리인 '긴 등지'는 그윽하고 처량하며, '점심 등지'와 같이 빠르고 짧은 등지는 경쾌하고 흥겹다. 아침, 점심, 저녁 시간에 따라 각기 다른 노래를 부른다.

더디다-더디다 점심채미가 더디다-
숟가락 단반-에-세니라고 더디나-
바가지 죽반에 끼니라고 더디나-
미나리 챗국에 맛본다고 더디나-
짜린치매 진치매 끄니라고 더디나
짚신 한짝 메트리 한짝 끄니라고 더디나-
작은에미 큰에미 싸운다고 더디나-
삼칸집 모랭이 도니라고 더디나-
동세야 동세야 한꾸네 가자 요내 점심도 다 되었네
후렴구: 더디고-더디다 점심채미가 더디다

점심때 부르는 점심 등지의 내용이다. 오전 내내 밭에서 힘들게 일하여 허기진 농사꾼들이 점심식사를 기다리는 모습이 생생하게 표현되어 있다. 같은 일을 해도 해가 떴을 때와 해가 중천일 때, 해가 저물었을 때 각기 다른 느낌을 받을 수 있는데 이것을 농요로 표현한 것이 매우 재미있는 특색이다.

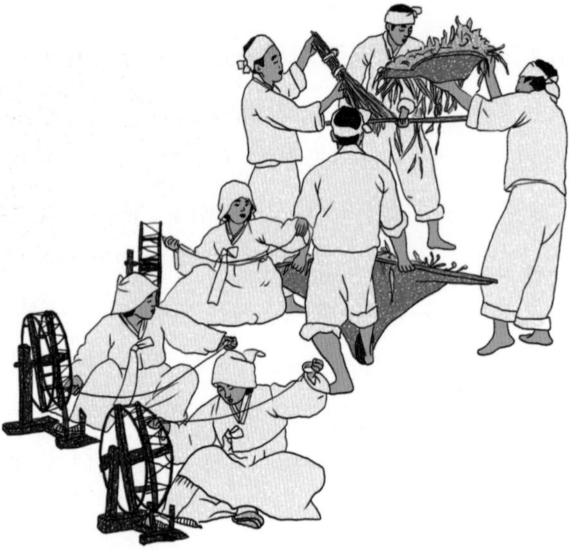

농요는 각기 다른 지방의 배경에 따라 조금씩 다른 모습을 하고 있지만, 농사일의 고됨을 달래주고 마을의 공동체 의식을 높인다는 점에서는 같다. 함께 노래를 부르며 피곤함을 이겨내고 논밭을 풍성하게 일궈온 우리의 조상이 있었기에 한국의 밥상이 더 달고 맛있는 게 아닐까?

선소리산타령*

서서 산을 노래하다

화각, 소목 등 무형문화재의 이름들이 한문으로 구성되어 있는 경우가 많아서 젊은 사람들이 무형문화재의 이름만 듣고 어떤 문화재일지 짐작해보는 것은 쉽지 않다. 선소리산타령은 그 이름만으로도 충분히 그 의미와 형태를 추측해볼 수 있는 쉬운 한글이름을 가지고 있다. 선소리산타령의 선소리는 '서서 부르는 소리'라는 뜻이고, 산을 소재로 해서 타령을 하기 때문에 '산타령'이라고 한다. 말 그대로 '서서 산을 노래하다'라는 뜻이다. 예부터 대한민국은 사계절이 뚜렷하고 산과 강이 아름다워 그것을 노래하는 문장이나 회화가 많이 존재해왔다. 선소리산타령은 이를 노래로 풀어내어 생기와 활력을 불어넣었다. 선소리산타령의 가사를 들어보면 금강산 일만이천봉, 관악산 등 익숙한 산 이름뿐 아니라 생소한 산과 강의 이름들이 등장해 듣는 것만으로도 상식이 풍부해진다. 가사가 산과 강을 노래하는 건전하고 건강한 노래여서 남녀노소 누구나 즐겁게 부를 수 있는 노래라고 할 수 있다.

---

* 국가무형문화재 제19호(지정일: 1968. 4. 18. 보유자: 황용주, 최창남)

시원한 동치미 같은 노래

음식을 먹고 소화가 잘 안 될 때 한국사람에게는 동치미 국물이 소화제 역할을 한다. 시원한 국물 한 사발에 답답했던 속이 확 풀린다. 살다 보면 가끔 소화가 안 되는 것처럼 답답하고 먹먹할 때가 있다. 그때 동치미처럼 막힌 속을 풀어주는 시원한 노래가 바로 선소리산타령이다. 한국인은 예부터 한이 많은 민족이라 하여 슬픈 노래들이 절대적으로 많이 존재하고 있다. 하지만 선소리산타령만큼은 다르다. 씩씩하고 밝으며 쾌활하기 때문에 노래를 부르는 사람이나 듣는 사람이나 모두 들썩거리고 신명이 난다. 선소리산타령은 우리나라의 대표적인 합창곡으로, 산타령패가 소고를 치면서 대형을 만들고 목청을 드높이면서 노래가 시작된다. 있는 목청껏 내질러 부르는 노래여서 꽉 막혔던 속내도 이 목청의 큰 울림을 통해 치료가 되는 듯하다.

선소리산타령, 좀 더 깊이 알아보자

선소리산타령은 '서서 부르는 시원한 노래'라는 특징 외에도 주목할 만한 많은 음악적 요소와 가치를 가지고 있다. 선소리산타령은 놀량, 앞산타령, 뒷산타령, 자진산타령, 도화타령, 개구리타령으로 구성되어 있다. 일정한 장단과 규칙이 없는 놀량으로 시작되어 각종 타령을 부른다. 보통 산타령은 장구로 장단을 맞추며 앞소리를 메기면 소고춤을 추는 여럿이 뒷소리로 받아내는 구성이다. 여기서 앞산, 뒷산을 살펴보면 그 기준은 서울이다. 앞산타령에서는 서울을 기준으로 앞에 있는 산과 강을 노래하고, 뒷산타령에서는 서울 뒤의 산과 강을 노래한다. 도화타령은 도화라는 기생이 고종황제의 총애를 받게 되자 이를 시샘한 엄비가 그녀의 얼굴을 바늘로 쪼아서 그 흉터가 부스럼처럼 생기자 내쫓았는데 이를 비꼬아 부른 노래라고 한다. 선소리산타령은 노래를 부르면서 계속해서 무리의 대형이 바뀐다. 대략 30명 정도의 인물이 한 무리가 되어 등장해 이들 무리가 합쳐지고 흩어지기를 반복한다. 이때 무질서 속의 질서가 존재해 대형은 계속해서 바뀌지만 통일성이 있고 질서미가 느껴진다.

요즘 시대는 참 개인적이다. 과거에 비해 형제자매도 많지 않고 이웃 간이나 동기, 동료들 간의 정도 예전같지는 못하다. 각자 살기에 바쁘고 눈앞에 놓인 많은 현실적 문제와 그 무게들이 타인과 함께하는 삶을 제한하고 있는 듯하다. 다들 마음에 돌덩이를 하나씩 가지고 산다는 요즘, 목청이 터져라 서서 한번 노래를 불러보자. 힘들게 하고 있는 사랑도, 일도 잠깐 밀쳐두고 공기 좋은 산과 강을 떠올리면서 다녀왔던 혹은 가고 싶은 풍경들을 목청껏 내질러보자. 그때 느껴지는 그 에너지가 바로 선소리산타령이 우리 문화재로서 존재하고 있는 이유일 것이다.

서도소리*

서도는 어디에 있는 곳일까?

우리나라는 산맥과 강을 지역의 경계로 삼고 있다. 이 경계를 기준으로 크게 북부지방, 중부지방, 남부지방으로 구분한다. 충청도, 전라도, 경상도는 충청남·북도, 전라남·북도, 경상남·북도로 다시 나뉜다. 서울 역시 강남, 강북, 강동, 강서로 나누어져 있지만 대체로 한강을 기준으로 남과 북으로 나눈 강남과 강북으로 구분한다. 이런 이유로 우리나라 국민은 어떤 지역을 이야기할 때 동서의 구분보다는 남북의 구분으로 하는 것이 익숙한 편이다. 그래서 서도소리라는 이름을 처음 들으면 더욱 모호해진다. 서도는 어느 곳의 소리일까? 여기서 알아야 할 것은 우리 모두 간과하고 있는 또 하나의 대한민국이 존재하고 있다는 것이다. 현재는 3.8선으로 갈라져 마음대로 드나들 수 없는 땅이 되었지만 불과 한 세기 전만 해도 자유롭게 넘나들던 그 땅, 지금은 '북한'이라 불리는 그곳에 서도가 존재하고 있다. 서도소리의 '서도'는 평안도를 뜻하

* 국가무형문화재 제29호(지정일: 1969. 9. 27. 보유자: 이춘목, 김광숙, 김경배)

는 관서지방과 황해도를 뜻하는 해서지방을 함께 지칭하는 말이다. 쉽게 말해 평안도와 황해도에서 불리는 소리가 바로 서도소리다.

서도소리의 구성

서도소리는 이북의 소리 중 유일하게 현재 문화재로 지정하여 보존하고 있는 음악이다. 그만큼 서도소리가 가지고 있는 음악적인 가치가 뛰어나다는 뜻이다. 서도소리의 구성을 자세하게 살펴보면서 그 이유를 짐작해보자.

① 시창과 송서: 과거 문인사회에서 애호된 독서성에 해당
② 잡가: 좌창과 입창으로 나누어지며, 관습적으로 뚜렷한 갈래의 소리로 인식된 소리
③ 민요: 전문예능인들의 손에 의해 다듬어져 널리 전파된 노래/민중향토 민요
④ 재담소리: 「배뱅이굿」과 같이 해학적인 재담

시창은 절구와 율시 등의 한시에 선율을 붙여 부르는 것이다. '창으로 시를 읊다'라고 기억하면 편하다. 송서는 다양한 성격의 한문이나 국문을 읊어나가는 것이다. 이 역시 '글을 암송하다'라는 뜻이다. 어떤 것이 잘 외워지지 않을 때 그것에 가락을 입혀본 적이 있을 것이다. 화학 원자기호나 역대 왕조의 이름을 죽 나열해서 외워야 할 때 매우 유용하다. 문자에 가락을 실어 읽으면 그 글귀가 쉽게 읽히고 오래 읽어도 왠지 노래 같아서 지루하지 않고 재미있게 느껴진다. 시창과 송서는 이런 장점을 잘 살려 과거 문인들이 많이 읽었던 한시, 한문 등을 노래로 부른 것이다. 많이 불리는 대표적인 작품으로는 「관산융마」, 「추풍감별곡」 등이 있다.

두 번째로 잡가는 크게 나누어 앉아서 부르는 '좌창'과 서서 부르는 '입창'이 있다. 좌창은 앉을 좌(坐)를 써서 실내에서 혼자 앉아 부르는 것

을 뜻하고, 입창은 실외에서 여럿이 서서 발림을 하는 노래를 말한다.

잡가에서 많이 불리는 노래는 「공명가」, 「배따라기」, 「영변가」, 「놀량」, 「앞산타령」, 「뒷산타령」 등이 있다. 여기서 한 가지 문제! 앞에서 앞산타령, 뒷산타령, 놀량 등에 대해 이야기를 했는데 어떤 무형문화재일까? 바로 제19호 선소리산타령이다. 서서 산을 노래했던 선소리산타령이 서도소리에도 한 파트로 존재하고 있다. 서서 부르는 입창 역시 산을 주제로 한 것이 많아서 앞산타령, 뒷산타령 등이 불리고 이것을 선소리산타령 혹은 입창이라고 부르고 있기에 그 성격이 비슷하다.

우리의 소리를 들여다보면 서로 영향을 주고받아서 비슷한 것이 많다. 민요는 우리에게 매우 익숙한 것이므로 따로 설명하지 않고 대표적인 노래만 소개하면 「수심가」, 「긴아리」, 「산염불」, 「난봉가」 등이 있다.

재담소리는 희극적인 대사인 '재담'과 노래를 뜻하는 '소리'를 합한 말로, 재담과 노래를 하는 것을 말한다. 재담소리에는 「배뱅이굿」이 대표적이다. 이 밖에도 서도소리에서 불리는 노래가 매우 많다. 현재 문화재로 지정된 것은 서도소리 중에서도 「수심가」, 「관산융마」, 「배뱅이굿」의 세 가지가 있다.

① 수심가: 임을 그리워하고 기다리는 심경을 읊은 서도민요.

> 강산불변재봉춘(江山不變再逢春)이요
> 임은 일거(一去)에 무소식이로구나.
> 생각을 하니 세월 가는 것 등달아 나 어이 할까요
>
> 「수심가」 중 일부 발췌

② 관산융마: 조선 영조 때의 문인 석북 신광수의 등과시다. 신광수가 한성시에서 2등으로 입선한 작품이다. 원제는 「등악양루탄관산융마」로서 두보의 「등악양루」를 주제로 지은 시다.

③ 배뱅이굿: 서울 살던 이 정승, 김 정승, 최 정승이 낙향하여 자식을 보려고 명산대찰에 불공을 드려 각각 세월네, 네월네, 배뱅이를 낳는 이야기로 시작한다. 세 집의 딸들은 곱게 자라 세월네, 네

월네는 시집가고 배뱅이만 뒤늦게 혼인을 앞두고 있던 차에 배뱅이 집에 시주하러 온 상좌중을 만나 몰래 사랑하게 된다. 상좌중이 떠나자 배뱅이는 상사병으로 죽게 되는데, 갑작스런 딸의 죽음에 배뱅이 부모는 팔도의 유명한 무당을 불러 기밀굿을 벌인다. 마침 그곳을 지나던 평양 건달이 주막집에서 들은 배뱅이의 내력을 가지고 거짓말로 배뱅이의 부모를 속여 많은 재물을 얻어 떠난다는 이야기다.

대표적인 서도소리로 지정된 「수심가」, 「관산융마」, 「배뱅이굿」을 살펴보면 임을 그리워하는 사랑을 읊는 민요도 있고, 누군가 시험장에서 고뇌하면서 썼을 아름다운 구절의 등과시도 있으며, 해학적인 재담까지 두루 존재하고 있다. 서도 사람들의 기질과 당시의 분위기를 추측해볼 수 있는 서도소리. 언젠가는 황해도, 평안도 그 서도 어디쯤에서 서도소리를 들을 수 있는 날이 올 것이다.

경기민요*

봄이 시작되면 어김없이 등장하는 노래들이 있다. 달달한 목소리로 부르는 흩날리는 벚꽃, 살랑이는 봄바람, 그리고 따뜻한 날씨와 함께 시작되는 연인들의 스토리는 봄 노래의 대표적인 소재다. 추운 겨울이 지나고 얼어붙어 있던 모든 생명들이 깨어나는 시기, 꽃이 새로 피고 동물들이 겨울잠에서 깨어나 다시 활동하기 시작하는 봄의 풍경은 아름답다. 산과 바다가 좋은 대한민국은 봄을 맞이하면 푸르고 아름다운 모습을 드러낸다. 그 푸르름에 꽃과 나비가 색을 칠하고 사람들은 그 멋을 즐기러 여행을 떠나고 사진을 찍는다. 콧노래가 절로 나오는 봄나들이 길에 추천하고 싶은 노래가 있다. 바로 「유산가」다.

「유산가」는 경쾌한 리듬의 유행가는 아니지만 익숙한 우리의 장단으로 구성된 경기민요 12잡가 중 하나로, 봄을 맞이한 한국의 절경을 담담히 담고 있다. 책을 읽어 내려가는 듯하지만 그 안에 리듬이 있고 흥이 있으며, 우리 민족 고유의 풍류의 멋이 있다.

> 화란춘성하고 만화방창이라 때 좋다 벗님네야
> 산천경개를 구경을 가세 죽장망혜단표자로 천리강산 들어를 가니
> 만산홍록들은 일년일도 다시 피어 춘색을 자랑노라 색색이 붉었는데.
> 창송취죽은 창창울울 한데 기화요초 난만중에 꽃 속에 자던 나비
> 자취 없이 날아간다.
>
> 경기민요 「유산가」 중

* 국가무형문화재 제57호(지정일: 1975. 7. 1. 보유자: 이춘희)

가사가 어려운 듯하지만 찬찬히 살펴보면 그 아름다운 표현에 푹 빠지게 된다. 꽃이 만개한 산천에 들어가는 모습, 산에 가득한 봄의 색들이 아름답고 그사이를 나비가 날아다니는 모습이 그려진다. 가사가 쉽게 뇌리에 박히지는 않지만, 몇 번을 들어도 질리지 않고 어느 봄 풍경에도 어울린다. 경기민요는 송소희가 광고에 나와 예쁜 모습으로 "아니라오~" 하고 부르면서 유명해졌다. 경기민요는 총 12잡가로 이루어진 서울경기지방의 민요다. 앞서 소개한 봄을 맞이한 한국의 절경을 노래하는 「유산가」, 적벽대전에서 패한 조조가 관우에게 구차한 목숨을 비는 「적벽가」, 놀부가 탐욕스럽게 제비를 후리는 「제비가」, 춘향이 이 도령과 처음 만나는 장면을 노래한 「신춘향가」, 춘향이 변학도 앞에서 매맞는 장면을 절절히 노래한 「집장가」, 춘향이 매를 맞은 후 옥중에서 한탄하는 「형장가」, 평양기생 월선에 대한 열정을 노래한 「평양가」, 뱃놀이할 때 부르는 「선유가」, 이 도령과 춘향이 오리정에서 이별할 때 주고받는 사랑의 노래인 「출인가」, 곤장 열 대를 치는 동안에도 굽히지 않았던 춘향의 절개를 엮은 「십장가」, 사랑하는 낭군을 한양으로 떠나 보내는 여인의 애절한 심경을 담은 「방물가」, 열두 달 내내 떠나간 임을 생각하는 「달거리」로 구성되어 있다.

자연과 사랑을 담고 있어 누구에게든 어느 시대에서도 공감할 수 있고 사랑받을 수 있는 요소가 충분하다. 다만 그 가사가 현대에 사용하는 어투와 차이가 있다 보니 입에 쉽게 익지 않는다. '후크송'이라고 해서 요즘 유행가는 한 구절이 계속해서 반복되고 기억하기 쉬운 비트로 구성되어 있는 경우가 많다. 한 번 들으면 중독되어 계속 따라 하게 되고 가사도 쉽게 외운다. 그 대신 잊는 것도 금방이다. 경기민요의 12잡가 내용은 처음 들으면 아리송하고 어렵다. 가사 하나하나가 자연스럽게 읽히기보다는 막히고 더듬거려진다. 어려운 한자어도 많다. 그러나 그것을 하나하나 풀어내며 가사를 음미하고 나면 뇌리와 가슴에 잔상과 느낌이 오랫동안 남는다. 한 편의 시 같기도 하고 그림 같기도 하며 노래를 부르거나 듣고 나면 영화 한 편이 끝난 듯한 대서사의 느낌을 주기도 한다. 구성진 장단에 우리말로 우리의 정서와 자연을 노래하는 경기민요는 남녀노소 누구나 부를 수 있는 건전하고 아름다운 우리의 노래다.

2

무 용

진주검무*

계루고 한 소리에 풍악이 시작되니 / 鷄婁一聲絲管起
넓디넓은 좌중이 가을물처럼 고요한데 / 四筵空闊如秋水
진주성 성안 여인 꽃 같은 그 얼굴에 / 矗城女兒顔如花
군복으로 단장하니 영락없는 남자 모습 / 裝束戎裝作男子
보랏빛 괘자에다 청전모 눌러쓰고 / 紫紗褂子靑氈帽
좌중 향해 절한 뒤에 발꿈치를 들고서 / 當筵納拜旋擧趾
박자소리 맞추어 사뿐사뿐 종종걸음 / 纖纖細步應疏節
쓸쓸히 물러가다 반가운 듯 돌아오네 / 去如怊悵來如喜

(중략)

한 칼은 땅에 두고 한 칼로 휘두르니 / 一龍在地一龍躍
푸른 뱀이 백 번이나 가슴을 휘감는 듯 / 繞胸百回靑蛇纏
홀연히 쌍칼 잡자 사람 모습 사라지니 / 焂忽雙提人不見
삽시간에 구름 안개 허공에 피어났네 / 立時雲霧迷中天
전후좌우 휘둘러도 칼끝 서로 닿지 않고 / 左鋋右鋋無相觸
치고 찌르고 뛰고 굴러 소름이 쫙 끼치누나 / 擊刺跳躍紛駭矚
회오리바람 소나기가 차가운 산에 몰아치듯 / 颷風驟雨滿寒山
붉은 번개 푸른 서리 빈 골짝서 다투는 듯 / 紫電靑霜鬪空谷

(중략)

백 사람이 칼춤 배워 겨우 하나 성공할 뿐 / 百人學劍僅一成
살찐 몸매 가진 자는 흔히 둔해 못한다네 / 豐肌厚頰多鈍魯
너 이제 젊은 나이 그 기예 절묘하니 / 汝今靑年技絶妙
옛날 소위 여중 호걸 오늘날에 보았는데 / 古稱女俠今乃覩
얼마나 많은 사람 너로 인해 애태웠나 / 幾人由汝枉斷腸
거센 바람 장막 안에 몰아친 걸 알 만하네 / 已道狂風吹幕府

정약용**, 「무검편증미인(舞劍篇贈美人)」

---

* 국가무형문화재 제12호(지정일: 1967. 1. 16. 보유자: 유영희, 김태연)

** 조선 후기의 실학자로, 18세기 실학사상을 집대성한 한국 최고의 실학자로 불린다.

한 편의 시로 표현한 진주검무

진주검무는 경상남도 진주지방에 전승되는 여성 검무로서 '검기무' 또는 '칼춤'이라고도 하며, 대궐 안 잔치 때 행하던 춤의 하나다. 신라사람들이 나라를 위해 죽은 소년을 애도하는 의미에서 춤을 추었다는 설과 논개의 얼을 달래기 위해 진주기생들이 칼춤을 춘 데서 비롯되었다는 설이 있다. 유래는 정확하지 않지만 진주검무는 진주지역을 대표하는 예술로 자리 잡았다. 정약용이 19세 때 경상우도 병마절도사인 장인 홍화보가 있는 진주에 들르자 그의 방문을 환영하기 위해 홍화보는 촉석루에서 악공과 가인을 불러 연회를 열었다. 이때 진주검무를 추는 가인에게 다산 정약용이 지어 헌사한 시가 바로 「무검편증미인(舞劒篇贈美人)」이다. 이 한 편의 시를 통해 진주검무의 의상과 동작을 살펴볼 수 있다.

"군복으로 단장하니 영락없는 남자 모습/보랏빛 괘자에다 청전모 눌러쓰고"

“좌중 향해 절한 뒤에 발꿈치를 들고서/박자소리 맞추어 사뿐사뿐 종종걸음/쓸쓸히 물러가다 반가운 듯 돌아오네”

“전후좌우 휘둘러도 칼끝 서로 닿지 않고”

시에서 알 수 있듯 진주검무는 남자 같은 군복을 입고 소매가 없고 등솔기가 허리까지 트인 옛 전투복인 쾌자를 걸친다. 진주검무는 여덟 명의 무용수가 추기 때문에 ‘팔검무’라고도 했는데, 여덟 명의 무용수가 네 명이 한 줄로 해서 마주 보고 서서 양손에 칼을 휘저으며 추는 춤이다. 시에서 “쓸쓸히 물러가다 반가운 듯 돌아오네”라는 표현도 마주 보는 대형으로 춤을 추기 때문에 가능한 것이다. 또한 진주검무는 칼을 들고 추는 춤으로 칼목이 꺾이지 않는 직선이어서 손목에 힘을 굉장히 많이 써야 한다. 꼿꼿하고 근엄하게 추되 칼끝이 서로 닿지 않게 추어야 하는 춤이다. 남자의 복장을 하고 힘을 주어 추되 여성의 아름다움을 살려서 추어야 하는 진주검무는 긴 숙련과정이 필요하다. "백 사람이 칼춤 배워 겨우 하나 성공할 뿐/살찐 몸매 가진 자는 흔히 둔해 못한다네"라는 구절에서 진주검무를 익히는 것의 어려움까지 알 수 있다.

진주는 예부터 '북평양 남진주'라 불릴 정도로 예술이 뛰어난 고장이었다. 임진왜란 당시에는 진주성에서 왜장을 안고 순국한 논개의 도시이고 진주오광대, 의암별제 등 전통문화의 향기를 그대로 간직하고 있는 곳이다. 진주논개제, 진주남강유등축제 등 매년 축제가 열리고 진주검무는 이때마다 빠짐없이 등장한다. 논개의 지조와 용기, 멋스러운 예술의 정취, 임진왜란 진주대첩 당시 2,800명의 병사로 3만여 명의 왜적을 물리친 용맹함. 진주검무는 그것들을 한 곳에 모아 가장 '진주스러운' 모습으로 이어가고 있다.

승전무*

이순신 장군의 지혜

이순신 장군은 조선시대의 장수로 임진왜란 때 삼도수군통제사로 수군을 이끌고 전투마다 승리를 거두어 왜군을 물리치는 데 큰 공을 세운 인물이다. 2015년에는 영화 「명량」을 통해 그 가치를 다시 인정받았고 광화문에는 그의 동상이 우직하게 서 있다. 이순신은 상황에 대처하는 순발력과 어려움을 이겨나가는 지혜, 부하들을 이끌어가는 리더십 등 무엇 하나 빠지지 않는 한국의 위대한 인물이다.

무형문화재 8호 강강술래는 충무공 이순신과 관련되었다는 설이 있다. 명량(鳴梁) 바다에서 왜적을 무찌를 때 충무공이 거느린 배는 불과 12척밖에 되지 않았고 왜선(倭船)은 350여 척이나 되었다고 한다. 왜적과 맞서기 어렵다고 판단한 충무공은 아낙네들을 모아 군복을 입히고 수십 명씩 무리를 지어 산봉우리를 돌게 하여 멀리 떨어져 있는 왜적에게 마치 수만의 대군이 산봉우리를 내려오는 것처럼 보이게 했다. 이와 같은 의병술을 이용하여 왜적을 물리쳤다고 한다. 이때 아낙네들이 산봉우리를 돌면서 서로 손을 맞잡고 노래 부르며 춤을 추었던 것이 바로 강강술래라는 설이다.

승전무 역시 임진왜란 당시 이순신이 장수와 병졸들의 노고를 위로하고 사기를 북돋우기 위해 추게 한 춤으로 알려져 있다. 실제로 전쟁에 이긴 후에는 축하의 의미로 추기도 했다. 이순신 장군은 이기지 않아도 그 노고를 알아주었고, 이기라는 말 대신 승전무로 풍악을 울리던 지혜

---

* 국가무형문화재 제21호(지정일: 1968. 12. 21. 보유자: 한정자, 엄옥자)

의 지도자였다. 그래서 우리 군사들은 수적으로 밀리는 상황임에도 한산도대첩에서 승리를 거두었다.

승전무의 구성

일제는 민족말살정책으로 한국의 정기를 끊고 문화의 명맥을 끊어 놓았다. 승전무도 이 정책에 따라 사라졌다가 1966년 발굴하여 1968년 국가무형문화재 제21호 승전무로 지정되어 통영지방에서 연희되고 있다. 승전무는 크게 북춤과 칼춤으로 구성되어 있다. 북춤은 민간제례악을 바탕으로 원무(4인: 동서남북)와 협무(12인)로 구성되며, 원무를 중심으로 12인의 협무는 창을 한다. "지화자"라는 후렴과 창의 내용은 진중의 공간, 병선의 출항, 승전 보고, 장군의 공을 찬양하고 병사의 사기를 북돋우는 내용으로 되어 있다. 칼춤은 통제영 병사들의 사기를 북돋우는 8명의 기녀가 칼을 들고 출전하는 장졸들의 심정을 강인하고 굳건한 전투력으로 무장시키는 춤이다. 내향적이며 조직적이고 섬세하며 우아하고 아기자기한 멋을 자랑한다.

한국은 경쟁사회다. 늘 승자와 패자가 있으며, 1등만을 기억하는 사회가 되어가고 있다. 이기지 못한 자는 주목받지 못한다. 이순신 장군처럼 패자들의 사기를 진작시키고 이를 통해 새로운 승리를 이끌어나갈 수 있는 지도자가 필요하다. 승전무의 풍악과 몸짓은 승자들을 위한 것이 아닌 참여한 모든 이들을 위한 것이었다. 우리 사회에도 서로를 포용하고 끌어안으며 승자를 축하해주되 패자가 상처받지 않고 다 같이 행복한 승전무의 지혜가 필요하지 않을까?

처용무*

"서라벌 밝은 달에 밤들이 노니다 들어와 자리를 보니 다리가 넷이로다. 둘은 내 것인데 둘은 누구의 것인고? 본디 내 것이다만 빼앗긴 것을 어찌하리오?"

고등교육을 받은 사람이라면 누구나 익숙한 「처용가」의 내용이다. 처용이 밤늦게 집에 돌아와 보니 역신이 그의 아내를 범했고 이를 발견한 처용이 화를 내기는커녕 노래를 부르고 춤을 추었다. 이런 처용의 배포 넓은 관용에 오히려 부끄러워진 역신이 스스로 잘못을 고백하고 다시는 아내와 처용의 곁에 얼씬도 하지 않겠다고 맹세한다. 고등학교 교과서에 들어가기에는 약간 적절하지 않은 내용인 듯한 처용가의 주안점은 아내와 역신의 부정한 관계에 있는 것이 아니라 귀신을 물리치는 것에 있다. 화를 내며 귀신을 쫓는 것이 아니라 제 아무리 역신이라 해도 즐겁고 넉넉한 마음으로 돌려보내는 것이다. 이를 통해 한국인의 여유와 정감을 엿볼 수 있고, 「처용가」가 주술적인 성격을 가지고 있는 노래라는 것을 알 수 있을 것이다. 처용의 탈을 보면 붉은 피부에 치아가 하얗다. 납구슬을 한 주석 귀고리와 부귀와 영화를 상징하는 모란 두 송이, 그리고 귀신을 쫓아내는 복숭아 열매 7개가 달려 있다. 이를 통해 귀신을 쫓고 복을 바라는 우리 민족의 염원을 엿볼 수 있으며 「처용가」와 마찬가지로 처용무 역시 벽사진경(辟邪: 잡귀를 물리침, 進慶: 기뻐할 만한 일로 나아감)의 성격을 가지고 있음을 알 수 있다. 좋은 일이 있기를 바라는 마음은 궁에서도 다름없었기에 처용무는 통일신라부터 조선시대까지 궁중

---

* 국가무형문화재 제39호(지정일: 1971. 1. 8. 보유자: 김용, 김중섭)

에서 행해졌다.

이로 인해 처용무는 현재까지도 궁중음악인 '수제천'에 맞추어 춘다. 처용무는 전해져 내려오는 설화를 배경으로 하고 있다는 점과 오랜 시간 복을 바라는 한민족 공동체의 염원을 담았다는 점을 인정받아 2009년 유네스코 인류무형문화유산 대표목록에도 등재되었다.

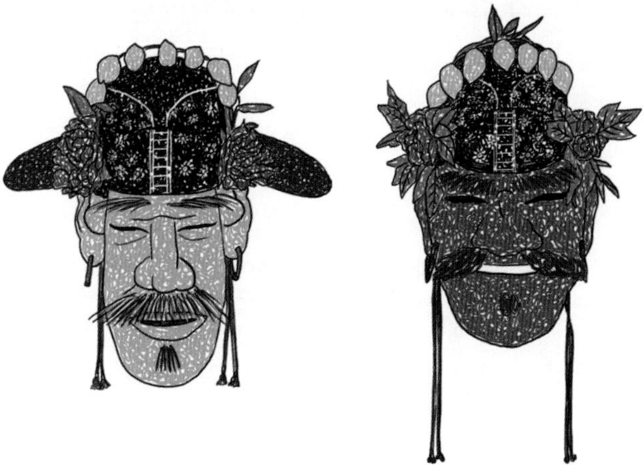

"처용무에 능한 자는 상 주고 아닌 자는 죄를 논하라"

연산군은 조선의 제10대 임금이다. 후세 사람들에게 연산군의 이미지는 '폭군'에 가깝다. 많은 드라마와 영화를 통해 그의 폭력성을 간접 경험했기 때문이다. 자신을 비방한 투서가 글로 쓰이자 한글 교습을 중단시켰고, 생모 윤 씨의 폐비에 찬성했던 사람들을 모조리 살해하는 등 실제로 폭력성이 짙은 왕이었다. 늘 상기되어 있었던 그가 좋아하는 것이 있었으니 바로 처용무였다.

연산군은 처용무 보는 것을 좋아했을 뿐 아니라 본인이 탈을 쓰고 직접 처용무를 추기도 했다. 평소에는 폭군이었던 연산군도 넉넉한 처용의 탈을 쓰면 딴사람이 되었다. 어쩌면 연산군 역시 그 이유로 처용무를 좋아했는지도 모르겠다. 이 당시 연산군이 좋아하던 처용무는 5인이 추는 오방무였다. 통일신라시대 때부터 시작된 처용무는 고려시대까지는 한 사람이 검은 옷에 붉은 탈을 쓰고 추는 1인무였다. 조선 세종 때 와서 5인무로 바뀌었다. 이 5인의 탈은 모두 같은 '처용'의 얼굴탈을 쓰되 옷은 오방색으로 각기 다른 것을 입는다. 중앙에 있는 사람은 황색의 옷을 입고 동쪽은 청의, 남쪽은 홍의, 서쪽은 백의, 북쪽은 흑의를 입는다. 한 사람씩 무대에 나가 한 줄로 서서 「처용가」를 부르고 노래가 끝나면 그 자리에서 5명이 두 팔을 올렸다 내리며 서로 등지고 선다. 처용무의 전체적인 춤사위는 경쾌하고 활기차다.

연산군뿐 아니라 많은 왕의 사랑을 받으며 궁중을 지켜온 처용무는 『조선왕조실록』, 『악학궤범』 등에도 등장하며 오랜 역사와 전통을 인정받았다. 궁중에 귀신이 들지 않고 많은 복이 오기를 바라는 마음으로 추었던 처용무는 궁중문화의 발전에도 큰 역할을 했다. 처용무에서 배워야 할 점은 안 좋은 일이 있어도, 행여 힘든 일이 생겨도 덤덤히 웃으며 떨치고 언젠가 좋은 날이 올 것이라는 희망을 가지고 살아가는 삶의 지혜일 것이다.

학연화대합설무*

학과 연꽃의 연희

학은 '두루미'로도 부르는 조류로, 날짐승 중에서 가장 오래 산다 하여 십장생 중 하나로 꼽힌다. 또한 흰색 몸통과 검은색 머리를 하고 있어 글을 즐겨 쓰는 선비에 비유되기도 하며, 생김새가 다른 조류에 비해 우아하고 아름다워 무리 중에서 뛰어난 사람을 표현할 때 '군계일학'이라는 사자성어를 쓰기도 한다. 그림과 도자기에 신성한 존재로서 자주 등장했고, 우리가 매일 사용하고 있는 500원짜리 동전 뒷면에도 그려져 있다. 연꽃은 깨끗한 물에는 살지 않지만 그 꽃은 더러움을 잎에 묻히는 일이 없다. 더러움 속에서도 맑고 예쁘게 피어나는 꽃이기 때문에 불교에서는 더러움에 물들지 않는 성품을 표현할 때 연꽃에 비유한다. 고고하고 맑은 학과 연꽃이 등장하여 궁중을 수놓았던 무용이 학연화대합설무다. 학연화대합설무는 학무로 시작한다. 학이 상징하는 바와 같이 학무는 청렴과 장생을 표현하고, 상생과 화합을 담고 있다. 학을 표현하기 위해 학의 탈을 쓰고 춤을 추는데, 이렇게 새의 탈을 쓰고 추는 전통춤은 학무가 유일하다. 학이 춤을 추다가 부리로 연꽃을 쪼으면 그 속에서 동녀가 나오고 학은 놀라서 달아난다. 학이 춤을 추던 자리는 연꽃에서 나온 동녀가 채우면서 연화대무가 시작된다. 연화대무는 임금의 어진 정치에 보답하고 금성덕을 칭송하는 내용을 담고 있다.

* 국가무형문화재 제40호(지정일: 1971 .1. 8. 보유자: 이흥구)

벽사의식과 태평성대

학연화대합설무는 학무와 연화대무 두 가지 춤이 합쳐진 것이다. 조선시대에 궁중에서 악귀를 쫓기 위해 벽사의식으로 학무에 연화대무를 이어 연희했던 공연이 전해 내려왔다. 영물로 꼽히는 학과 깨끗함을 상징하는 연꽃으로 잡귀를 막아내고 그 아름다운 몸짓과 우아한 모습을 통해 태평성대의 꿈을 표현하고자 했다. 나쁜 것으로부터 지켜주고 보호해주는 동시에 많은 이들의 꿈과 염원을 담아낸 것이다.

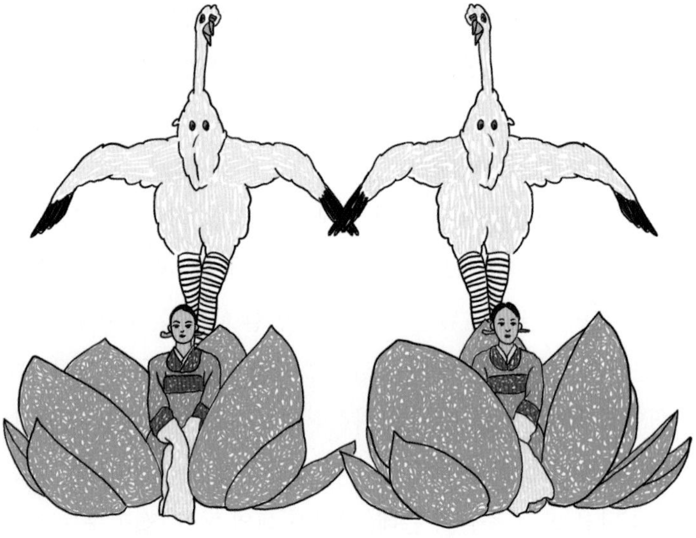

학과 연꽃은 우리의 생활 속에서는 쉽게 보기 힘든 존재들이다. 가끔 사찰을 찾으면 연못가에 피어 있는 연꽃을 볼 수 있지만 그 역시 흔한 일은 아니다. 자주 볼 수 없기에 더욱더 상서롭게 느껴지고, 그것들을 온몸으로 표현해내는 학연화대합설무. 학연화대합설무 공연장에서는 비상(飛上)하는 학과 활짝 피어나 잎을 벌리는 연꽃을 만날 수 있다.

태평무*

시화연풍(時和年豊)

시화연풍은 '시절이 평화롭고 해마다 풍년이 든다'는 뜻으로, 태평성대를 비유하는 사자성어다. 이 말은 『조선왕조실록』에 자주 언급되어 있고, 제17대 이명박 대통령 임기 시절 국민성공시대를 이끌겠다는 목표 아래 내세운 말이기도 하다.

잘 먹고 잘 사는 편안한 사회에 대한 욕망은 시대를 막론하고 모두의 희망으로 존재해왔다. 전쟁의 위협이나 자연재해를 입지 않고 굶어 죽는 이 없고 근심걱정 없이 행복한 나라, 어진 군주가 참된 정치를 하는 나라. 그런 의롭고 평화로운 나라를 위해 조심스러운 발끝과 하늘 높이 뻗은 손으로 태평성대를 기원하며 추던 춤이 '태평무'라는 이름으로 지금까지 전해 내려오고 있다.

손끝과 발끝에서 나오는 에너지

태평무 공연을 보면 화려하고 풍성한 치마자락 아래로 버선코만 살짝 비치는 모습에 기품과 고고함이 느껴진다. 살짝 보이는 무용수의 발은 공연 내내 바닥에 붙어 있을 줄을 모른다. 닿을 듯하지만 발 전체는 바닥에 닿지 않으면서 36박의 가락에 맞추어 춤을 춘다. 그래서 태평무는 발동작이 화려하고 기교가 있다. 겹걸음, 따라붙이는 걸음, 잔걸음, 뒤꿈치찍기 등이 이어진다. 태평무의 손동작은 발동작만큼이나 시선을 압도한다. 힘있게 뻗어내는 손동작은 태평무의 기품을 더해준다. 하늘

---

* 국가무형문화재 제92호(지정일: 1988. 12. 1.)

은 사람들의 간절한 믿음과 염원을 들어주는 신이 존재하는 신의 영역이다. 태평무에서는 하늘에 더 가까워지려는 듯, 신과 더 가깝게 소통하려는 듯 힘을 주어 손을 내뻗는다. 손끝을 통해 신과 대화하고 신을 맞이하며 신과의 대화를 통해 태평성대를 기원한다. 그 손끝과 발끝에서 뿜어져나오는 에너지가 태평무를 존재하게 하는 큰 힘이다.

태평무는 나라의 안위와 평화를 기원하는 춤이다. 과거의 백성, 현재의 국민 여럿의 꿈이 담겨 있다. 그래서 절제미 속에 간절함이 느껴지고, 경쾌함 속에 애절함이 느껴진다. 그래서 태평무를 보고 나면 자연스럽게 정서적 공감대가 형성되고, 왠지 모르게 감동적이다. 모두의 염원이 무용수의 손발 끝에서 다시 피어나고 있다.

승무*

얇은 사(紗) 하이얀 고깔은
고이 접어서 나빌레라.

파르라니 깎은 머리
박사(薄紗)고깔에 감추오고,

두 볼에 흐르는 빛이
정작으로 고와서 서러워라.

(중략)

휘어져 감기우고 다시 접어 뻗는 손이
깊은 마음속 거룩한 합장(合掌)인 양하고,

이 밤사 귀또리도 지새우는 삼경인데,
얇은 사 하이얀 고깔은 고이 접어서 나빌레라

조지훈, 「승무(僧舞)」 중

승무는 문학, 미술, 음악, 뮤지컬 등 많은 분야에서 흥미로운 소재로 차용되어왔다. 고등학교 교과서에 실린 조지훈의 시 「승무」는 누구나 한 번쯤은 본 적이 있을 것이고, 김은호·장우성 등 유명한 작가들의 「승무도」 그림 역시 접해보았을 것이라 생각한다. 예부터 지금까지 많은 이들의 사랑을 받으며 아름다움의 대명사가 된 승무는 무엇일까?

---

* 국가무형문화재 제27호(지정일: 1969. 7. 4. 보유자: 이애주)

정중동 동중정(靜中動 動中靜): 고요함 가운데 움직임이 있고 움직임 가운데 고요함이 있다.

승무는 토착신앙이 밑받침된 불교 색채를 띤 춤으로, 한국무용의 특성인 '정중동 동중정'의 정수를 가장 잘 표현하여 전통무용 중에서도 예술성이 매우 높다는 평가를 받는다. 춤의 시작부터 끝까지 단 한 번도 정지하는 동작이 없지만, 그 동작이 섣부르지 않고 기품이 있으며 호흡의 맺고 풀어짐이 명확하다. 발놀림 역시 앞으로 전진하면 반드시 뒤로 되돌아간다. 삼현육각의 반주에 맞추어 추는 승무는 고요한 듯하지만 그 안에서 분명한 생동감이 느껴지고 생동감을 표현하는 방식은 너무나도 고요하다. 그야말로 정중동 동중정의 진수라고 할 수 있다.

승무의 복장

승무의 복장은 보통 두 가지로 나뉜다.

백색 장삼, 백색 바지(여성: 남색 치마저고리) 백색 고깔과 버선, 홍가사-이원색
흑색 장삼, 백색 바지(여성: 남색 치마저고리) 백색 고깔과 버선, 홍가사-삼색조화

박연옥의 그림에 등장한 승무의 복장이 이원색의 것이라면, 장우성의 「승무도」에 등장하는 여인의 복장은 흑색 장삼을 두르고 있는 삼색조화의 것이라고 할 수 있다.

박연옥, 「승무」
2008, 순지에 수간채색, 45X66㎝

장우성, 「승무도」
1937, 비단에 채색, 139.5X137.5㎝
국립현대미술관

살풀이춤*

~류의 춤

현재 활동하고 있는 그룹들의 춤이나 노래하는 스타일을 보면 어느 소속사의 가수인지 대충 짐작할 수 있다. 각자의 개성이 분명하게 있음에도 오랜 시간 기획사에서 연습하고 배운 것이 몸에 배어 드러나기 때문이다. 우리나라 전통 춤계도 마찬가지다. 스승이 누구인지에 따라 춤의 느낌이 조금씩 다르게 나타나는데, 그것을 전통무용 명인의 이름을 붙여 '~류의 춤'이라고 정의한다. 살풀이춤의 경우는 대표적으로 한영숙류와 이매방류로 나뉜다. 국립국악원의 2015년 6월 3일 공연에는 김진정이 이매방류의 살풀이춤을, 7월 29일 공연에는 이윤정이 한영숙류의 살풀이춤을 선보였다. 스승들만큼 완전히 무르익진 않았어도 손짓과

---

* 국가무형문화재 제97호(지정일: 1990. 10. 10.)

발걸음에서 스승의 향기와 정신이 물씬 느껴졌다. 한영숙류의 살풀이춤은 감정을 억제하고 우아하게 추는 것이 특징이다. 과하지 않고 덤덤하게 이끌어간다. 그에 반해 이매방류의 살풀이춤은 기교가 뛰어나고 흥이 많다. 수건을 뿌리고 거두는 것 역시 많은 기교가 동원된다. 춤을 출 때 입는 옷도 다르다. 한영숙류의 살풀이춤은 여자의 경우 흰색 치마저고리에 자주색 고름을 한다. 이매방류의 경우에는 녹색 치마저고리에 연분홍 쾌자, 옥색 무동복을 입는다.

~살을 풀다

여행을 좋아하거나 자주 삶의 터전을 바꾸는 사람에게 흔히 "역마살이 끼었다"는 말을 한다. 한곳에 정착하지 못하고 끊임없이 떠돌아다녀야 하는 운명을 비유해서 하는 말이다. 여기서 '살'이라는 것은 무언가 좋지 않은 것을 뜻한다. 우리 조상은 이 '살'을 미리 예방할수록 좋다고 믿었다. 그래서 살을 풀어내는 무속행위를 해왔다. 그러나 현재 무형문화재로 지정된 살풀이춤과 무속행위인 살풀이가 완전히 같은 것은 아니다. 무속인이 제례할 때 한과 살을 풀기 위해 사람의 영혼이 깃들어 있는 옷이나 지전등을 들고 춤을 추기도 했는데, 이것이 시간이 변화하면서 여러 요소들과 접목되어 다듬어졌다. 이 춤은 당시까지만 해도 특별한 명칭 없이 '수건춤', '즉흥무' 등으로 불렸는데, 1936년 우리 춤의 대가인 한성준이 자신의 무용발표회에서 '살풀이춤'이라는 명칭을 최초로 사용했다. 이때부터 살풀이가 대중에게도 알려지게 되었고, 이후 살풀이가 한민족의 정서를 살 대변한다는 판단하에 무형문화재로 지정되어 현재까지 계승되기에 이른 것이다.

'한'과 '살'은 외국인은 이해할 수 없는, 한국인만이 가지고 있는 DNA와도 같다. 수건을 흩뿌리는 동작에서 괜히 울컥하고, 절제되어 있는 동작 속에서 큰 울림과 움직임을 발견할 수 있는 것은 한국사람만이 가능한 것이다. 살풀이는 움직이는 동작도 많지만 멈춰 있는 동작도 많다. 멈춰 있는 시공간을 이해할 수 있는 우리의 민족성이 있기에 살풀이가 한민족을 대표할 수 있는 춤으로 인정받았을 것이다.

3

연극

양주별산대놀이*
송파산대놀이**

양주별산대놀이

우리나라에는 많은 가면극이 존재한다. 황해도 지역의 봉산탈춤·강령탈춤·은율탈춤, 경남 지역의 수영야류·동래야류·통영오광대·고성오광대·가산오광대, 서울과 경기 지역의 송파산대놀이·양주별산대놀이·퇴계원산대놀이 등이 그 대표적인 사례다. 송파산대놀이와 양주별산대놀이는 서울시 송파구의 송파동과 가락동 일대, 경기도 양주 지역

* 국가무형문화재 제2호(지정일: 1964. 12. 7. 보유자: 김순희)

** 국가무형문화재 제49호(지정일: 1973. 11. 11. 보유자: 함완식)

에서 전해져 내려오는 산대놀이다. 산대란 본래 중국 사신 환영행사 등에서 설치했던 '산대'라는 무대구조물 앞에서 놀았던 연희들을 말한다. 가면극을 만들어 연희하는 것을 '산대놀이'라고 불렀다. 조선 후기의 산대놀이는 상업이 발달하고 경제가 번영했던 곳에서 공연되었다. 송파는 조선 후기 전국에서 가장 큰 열다섯 시장의 하나였던 송파장이 서던 곳이고, 양주는 서울로 들어가는 물자를 장악하면서 상설시장을 벌였던 곳이다. 시장 상인들은 가면극의 후원을 기꺼이 자처했다. 가면극을 공연하면 많은 관람객이 모여들어 거래가 활발하게 이루어졌기 때문이다.

놀이의 구성

공연을 시작하기 전에 악사들의 연주에 맞추어 깃발을 앞세우고 길놀이를 한다. 탈놀이판이 시작된다는 것을 알림과 동시에 마을의 안녕과 풍년을 기원하는 의미도 담겨 있다. 길놀이를 끝내고 공연장소로 돌아와서는 고사를 지낸다. 고사가 끝나면 음복을 하고 가면극을 시작한다.

송파산대놀이는 모두 12과장(科場, 마당)으로 구성되어 있다. 제1과장 상좌춤놀이, 제2과장 옴중·먹중놀이, 제3과장 연잎·눈끔적이놀이, 제4과장 애사당의 북놀이, 제5과장 팔먹중의 곤장놀이, 제6과장 신주부의 침놀이, 제7과장 노장놀이, 제8과장 신장수놀이, 제9과장 취발이놀이, 제10과장 샌님·말뚝이놀이, 제11과장 샌님·미얄·포도부장놀이, 제12과장 신할아비·신할미놀이로 구성되어 있다. 다른 가면극과 마찬가지로 벽사의 의식무, 파계승에 대한 묘사, 처첩 간의 갈등과 서민생활의 모습을 보여준다.

양주별산대의 구성은 다음과 같다. 제1과장 상좌춤, 제2과장 상좌·옴중놀이, 제3과장 옴중·먹중놀이, 제4과장 연잎·눈끔적이놀이, 제5과장 염불놀이, 제6과장 침놀이, 제7과장 애사당법고놀이, 제8과장 파계승놀이, 제9과장 신장수놀이, 제10과장 취발이놀이, 제11과장 의막사령놀이, 제12과장 포도부장놀이, 제13과장 신할아비·미얄할미놀이로 구성되어 있다.

두 놀이의 구성을 살펴보면 매우 비슷한 형태를 하고 있음을 알 수 있다. 송파산대놀이는 가면극의 구성이나 내용 면에서는 양주별산대놀이와 거의 흡사하지만, 양주별산대놀이에서 사라진 해산어멈·신할미·무당 등 산대도감가면들이 배역과 함께 대부분 보존되어 있어 양주별산대놀이보다 비교적 고형(古型)에 가깝다는 평가를 한다. 양주별산대놀이의 춤은 우아하고 섬세한 중부지방의 무용적 전통을 전형적으로 계승하고 있을 뿐만 아니라 춤사위가 분화되고 종류도 다양하다. 전반적으로 염불장단의 거드름춤이 발달되었고, 감치고 조이는 손 춤사위 등이 특징이다.

어디든 시장이 있는 곳에는 사람냄새가 난다. 듬뿍 담아주는 정이 있고 웃음소리가 있다. 허름한 의자에 앉아 먹는 음식도 맛있고 정답다. 그런 따뜻한 곳에서 전해져 내려온 탈놀이를 가까이 두고 지켜내야 더 가치가 있을 것이다.

송파산대놀이(해산어멈·신할미·무당)

동래야류[*]
수영야류[**]

경상남도에는 크게 두 가지 탈춤이 존재한다. 하나는 낙동강 동쪽 지역에서 번성한 야류(들놀음)이고, 다른 하나는 낙동강 서쪽 지역에서 전승되어온 오광대다. 낙동강은 '낙양의 동쪽에 흐르는 강'이라는 뜻을 가진 곳으로 과거에는 선착장이 번성했고, 한국전쟁 당시에는 유엔군의 최후 방어선 역할을 담당하며 "낙동강 오리알"이라는 속담도 만들어낸 곳이다. 내륙지방의 교통을 편리하게 하고 운송을 담당하며 경상도 지역에 든든한 젖줄기 역할을 해왔다. 바로 이 강 부근에서 탈춤이 발전했다. 야류와 오광대의 발생에 대한 설은 여러 가지가 있지만, 낙동강변의

---

* 국가무형문화재 제18호(지정일: 1967. 2. 24. 보유자: 이도근, 김경화)

** 국가무형문화재 제43호(지정일: 1971. 2. 24. 보유자: 조홍복, 김성율)

초계 밤마리(현 경남 합천군 덕곡면 율지리)에서 '대광대패'라는 예인집단의 탈놀이를 보고 배운 것이라는 설이 가장 신빙성 있게 전해 내려온다.

그 이후 각기 다른 도시로 전파되는 과정에서 변형되어 낙동강을 기준으로 동·서쪽의 탈놀이가 다른 특성을 가지게 되었고, 그것이 현재의 야류와 오광대로 자리잡게 되었다. 야류가 정착한 동래를 중심으로 한 수영·부산 지역은 대일무역의 근거지였고 오광대가 전해 내려오는 통영·고성·가산 등은 낙동강과 남해를 이용한 교역로로서의 역할을 해오면서 발전했다. 문화가 발달하기 위해서는 경제적인 뒷받침이 되어야 한다. 연희패가 놀 무대가 있어야 하고, 이것을 넉넉히 관람하고 지지해줄 수 있는 민심이 필요하기 때문이다. 그런 의미에서 야류와 오광대는 튼튼한 기반을 가지고 시작된 집단연희로 볼 수 있다.

야류(野遊): 들놀음

한자는 의미를 담고 있다. '야류'라는 단어를 들으면 무슨 말인지 추측하기 어렵지만 한자를 풀어보면 짐작된다. 야류는 '들판에서 놀다'라는 뜻을 가지고 있다. 농경사회였던 시절에 '들'이란 곳은 한 해 먹을 곡식인 벼를 자라게 하고 베어내는 곳이었다. 벼농사를 지으며 동네 사람들과 막걸리를 나누어 마시는 곳도 들판이었고 늦게까지 농사일로 바쁜 엄마, 아빠를 기다리며 아이들이 뒹구는 곳도 넓은 들판이었다. 이동진의 「노을」이라는 동요를 들어보면 "바람이 머물다간 들판에~ 모락모락 피어나는 저녁연기~"라는 가사가 있다. 들판은 바람도 쉬어가는 곳이었고 가마솥 향기로 아이들을 집으로 불러들일 수 있을 만큼 가까운 곳이었다. 봄이 오면 아지랑이가 꿈틀거리고 가을이 오면 꽃이 만발하던 삶의 에너지를 주는 곳이자 생활의 터전이었던 것이다. 그곳에서의 놀음은 비단 어떤 소수만을 위한 것이 아닌 그 동네에 사는 모든 이들의 즐거움을 위해서였을 것이다.

야류는 공연하기에 앞서 '지신밟기'를 한다. 지신(地神)이란 '집터에 머물고 있는 귀신'이라는 뜻으로, 지신을 밟는다는 것은 귀신을 쫓는 행위를 말한다. 악귀를 물리침으로써 마을의 평안과 안녕을 비는 것이다. 이를 위해 야류계가 마을 사람들의 집집마다 방문하여 지신밟기를 하고, 이때 받은 곡식으로 실제 공연 경비를 마련한다. 공연은 정월대보름날 행해진다. 보름날 낮에는 고사를 지내고 저녁이 되면 공연에 앞서 동네 사람들과 함께 어우러지는 길놀이가 벌어진다. 길놀이패가 마을에 화려하게 등장하면 그 길을 따라 동네 사람들도 같이 행진하고 놀이판에 다다르면 풍물패의 반주에 따라 함께 춤을 추며 놀았다. 자정이 되도록 이 흥겨운 한마당은 멈추지 않는다. 그렇게 자정이 지나면 본격적인 탈놀이가 시작되는데 총 4과장이다. 수영야류는 제1과장 양반춤, 제2과장 영노놀이, 제3과장 할미·영감놀이, 제4과장 사자춤으로 구성되어 있고 동래야류는 제1과장 문둥이춤, 제2과장 양반춤, 제3과장 영노놀이, 제4과장 할미·영감놀이로 구성되어 있다. 탈놀이의 내용만 봐도 알 수 있듯이 동래야류는 수영야류와 그 맥과 구성이 거의 같다. 다른 점이 있다면 수영야류에는 사자춤이, 동래야류에는 문둥이춤이 있다는 것이다. 그래서 동래야류를 수영야류의 모태라고 보기도 한다. 약간의 차이점이 있다면 동래야류는 수영야류와 달리 탈놀이 전에 고사를 드리지 않고 마을 사람들과 줄다리기를 한 후 이긴 쪽의 축하행사로 이어진다는 점에서 종교성보다는 놀이로서의 성격을 더 많이 가지고 있다고 할 수 있다.

통영오광대* 고성오광대** 가산오광대***

기쁨이 다섯 배, 오광대놀이

오광대놀이는 다섯 광대가 탈을 쓰고 춤을 추며, 대부분 다섯 마당으로 구성되어 있어 오(伍)광대놀이라 한다. 광대가 한 명만 있어도 즐거운데 그런 광대가 다섯 명이나 되고 그 광대들이 다섯 번이나 등장하는 이 놀이는 재미있을 수밖에 없다. 주로 양반을 비판하고 조롱하는 내용을 담고 있는 오광대놀이는 초계 밤마리에서 발원하여 마산에서 시작되었고 이것이 통영으로 전래되었다. 통영에서 재창조된 통영오광대는 고성

* 국가무형문화재 제6호(지정일: 1964. 12. 24, 보유자: 김홍종)

** 국가무형문화재 제7호(지정일: 1964. 12. 24. 보유자: 이윤석)

*** 국가무형문화재 제73호(지정일: 1980. 11. 17. 보유자: 한우성)

으로 전파되어 고성오광대를 만들어냈고, 고성오광대는 가산오광대의 기초를 만들어주었다. 기원은 같지만 각기 다른 지역에 정착하며 그 지역의 토착문화와 결합하여 세 가지 특색을 가진 오광대 연희로 발전하게 되었다. 오광대가 대개 정월대보름날에 놀았던 것에 비해 고성오광대는 단옷날이나 가을 추수 무렵에 놀았다고 전해지는데, 이는 오광대가 오락적 성격을 많이 가지고 있었음을 짐작하게 한다. 또한 고성오광대에는 동래야류에 있는 문둥이과장이 있다. 가산오광대의 가장 큰 특징은 '오방신장무'인데, 이는 현재 존재하는 탈놀이 가운데 유일하게 가산오광대에서만 연희되는 것이다. '오방신장무'는 한국의 오방색인 청·황·흑·백·적의 다섯 신장이 나와서 추는 춤을 뜻한다. 가산오광대에는 고성오광대와 같이 문둥이과장이 있다. 차이점은 문둥이가 다섯이나 등장한다는 점이다. 가산오광대는 세 가지 오광대놀이 중 오(伍)의 법칙을 가장 잘 지키고 있는 탈놀이라 할 수 있다. 통영은 탈 자체가 큰데, 다른 지역에 비해 양반계급에 대한 비판을 강하게 표현하기 위해 탈을 더 심하게 왜곡시켜 그 크기가 더 큰 편이다.

야류와 오광대는 지역적 기원과 문화적 배경이 대동소이하다. 그 지역의 토착문화와 결합하는 과정에서 조금씩 차이점은 생겨났지만, 그

발원이 비슷하니 같은 사상과 배경을 가지고 있다고 봐도 무방하다. 경상남도 지역의 야류와 오광대의 특징은 매우 신랄한 양반 비판에 있다. 전국 각지의 많은 탈놀이들이 '탈'을 보호막 삼아 양반 비판을 주된 내용으로 담고 있지만, 이 지역은 그 특징이 좀 더 강하게 나타난다. 양반이 스스로 병신스러운 짓을 하기도 하고 양반을 모시는 말뚝이가 겉으로 보기에만 양반을 모실 뿐 실제로는 조롱하고 약점을 폭로하는 장면 등을 구성하면서 양반에게 정면으로 맞서는 모습과 이런 말뚝이에게 용서를 구하는 양반까지 등장한다.

> 양반들: 비나이다 비나이다 박생원님 전에 비나이다 박생원님 근본을 들어 보니 황공하고 부끄럽소 살려주오 살려주오 불쌍한 인생들을 살려 주오.
>
> 말뚝이: 너희들 말 듣거라 느그 죄를 논지컨대 능지처참을 할 만하지만은 인간의 도리로서 차마 죽이지 못하고 특히 용서할 터이니 이 길로 돌아가서 평민을 사랑하고 농민을 도우렸다.
>
> 양반들: 예.

통영오광대 제4과장 양반과장 중

무뚝뚝하지만 해야 할 말은 하고, 비겁하지 않고 정면으로 맞서는 경상도의 패기 있는 특성을 낙동강변의 탈놀이를 통해 느껴볼 수 있다. 넓은 들판에서 혹은 여러 명의 광대와 함께하는 탈놀이로 인해 낙동강이 더욱 빛난다.

하회별신굿탈놀이*

1940년 제2차 세계대전이 최고조에 달하던 때에 나치의 독일 군대는 파리를 점령했다. 예술품 약탈로 악명 높은 나치의 위협을 느낀 루브르 미술관의 관리자들은 「모나리자」를 중심으로 많은 예술소장품들을 전쟁이 끝날 때까지 은밀한 장소에 대피시켰다. 그 덕분에 나치에게 빼앗길 뻔한 파리의 소중한 작품들은 지금까지도 루브르 미술관을 환히 비추고 있다. 전시(戰時)에도 문화유산의 가치를 잊지 않고 움직여준 사람들이 있었기에 가능한 일이었다. 그 이야기는 영화로 제작되어 「프랑코포니아」라는 제목으로 2015년 부산국제영화제에서도 상영되었다.

한국의 하회탈도 비슷한 경험을 가지고 있다. 일제강점기에 안동 하회마을에는 큰불이 났다. 그 당시 마을 사람들은 하회탈을 지키기 위해 불속에 뛰어들어가 탈 궤짝을 가지고 나왔다. 그 탈은 안전한 집으로 옮겨 다니며 사라질 뻔한 위기를 모면하고 현재 국보 121호로 지정되어 많은 이들의 사랑을 받고 있다. 영국의 엘리자베스 여왕은 1999년에 한국

---

* 국가무형문화재 제69호(지정일: 1980 .11. 17. 보유자: 이상호, 김춘택, 임형규)

을 방문해 하회마을에서 73번째 생일을 맞이하기도 했다. 그 후 안동 하회마을은 해외의 귀빈들이 한국을 방문할 때 꼭 찾아가보는 명소가 되었고, 전통을 보존하고 그 정신을 이어가는 것에 높은 평가를 받아 하회마을 전체가 유네스코 세계문화유산으로 지정되기도 했다. 하회탈, 하회별신굿놀이, 하회마을이 국보, 국가무형문화재, 세계문화유산으로 지정된 셈이다. 그들이 하는 놀이와 놀이가 벌어지는 마당, 그리고 그들이 쓰는 도구까지 무엇 하나 빠짐없이 소중한 문화유산임을 증명받은 것이다.

하회별신굿탈놀이

하회탈, 하회마을도 소개할 내용이 많지만 국가무형문화재로 지정된 하회별신굿탈놀이만 중점적으로 소개한다. 하회별신굿탈놀이는 12세기 중엽부터 경상북도 안동시 풍천면 하회마을에서 연희되어온 탈놀이다. 별신굿과 탈놀이가 결합된 형태로 정월 초이튿날부터 보름 사이에 마을 사람들의 평안을 빌고 병이 오지 않도록 기원하는 의식이다. 신을 위안하는 부락제를 끝낸 후 가면극을 한다. 지배계층인 양반과 선비를 풍자하고 계층 사이의 모순을 폭로한다. 당시 불교의 타락상을 비판하고 서민의 삶의 이야기를 표현한다. 탈을 씀으로써 평소에 하지 못하고 억눌려 있던 감정들을 거침없이 쏟아낼 수 있었다. 이 탈놀이는 '허도령'이라는 인물로부터 시작된다. 12세기경 허 씨들이 많이 살던 시기에 이 마을에는 재앙이 아주 많았다고 한다. 그러던 어느 날 허 도령이라는 사람의 꿈에 신이 나타나 탈을 12개 만들어 그것을 쓰고 굿을 하면 재앙이 물러갈 것이라고 일러주었다고 한다. 그래서 허 도령은 탈을 만들기 시작했고, 그 12개의 탈이 지금까지 전해져 내려오며 탈놀이로 정착되었다. 주지탈(사자), 각시탈, 중탈, 양반탈, 선비탈, 초랭이탈(양반의 하인), 이매탈(선비의 하인), 부네탈(소첩), 백정탈, 할미탈 등이 있다. 안동하회탈은 특이하게 여성과 하인의 탈을 제외하고 나머지의 탈들은 얼굴 부분과 턱이 분리되어 있다. 일체형으로 된 탈이 대부분인 다른 탈놀이에 비해 안동하회탈은 턱이 분리되어 말할 때 전달력이 더 높다. 그리고 그 중 이매탈은 아예 턱이 없다. 그래서 이매탈은 쓰는 사람에 따라 다른 분위기가 연출된다. 그런데 왜 이매탈은 턱을 만들지 않았을까?

이매탈에 얽힌 이야기

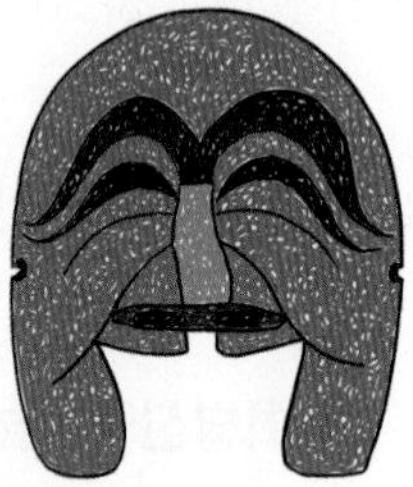

허 도령은 꿈에 나타난 신의 지시에 따라 탈을 만들기 시작했다. 그 때 신은 허 도령에게 탈을 만드는 것을 누구도 들여다보게 하지 말라고 당부한다. 그러나 허 도령의 정인인 김 씨 처녀가 탈을 만드는 것을 들여다봄으로써 허 도령은 이매탈의 턱을 만들지 못한 채 그 자리에서 피를 토하고 죽고 말았다.

이것이 이매탈에 전해 내려오는 전설이다. 경솔한 김 씨 처녀로 인해 이매탈은 미완성으로 남았지만 그 덕에 이매탈은 어느 탈놀이에서도 볼 수 없는 독특한 모습을 가질 수 있게 되었다.

안동의 하회별신굿탈놀이는 안동 하회마을을 평안하게 지켜주는 것뿐만 아니라 대한민국의 안위를 돌보는 대표적인 문화유산이 되었다. 한국말을 모르는 외국인이 봐도 그 익살스러움은 유쾌하다. 각기 다른 과장에서 다른 인물들이 나와 손짓과 발짓 그리고 풍자와 해학이 담긴 이야기들을 풀어내는 공연을 보면 시간 가는 줄 모른다. 우리의 것은 지루하고 재미없다는 편견을 버리게 한다. 어려움 속에서도 꿋꿋하게 이어온 우리의 소중한 문화재가 앞으로도 대한민국을 대표하는 유산으로서 오래도록 존재할 수 있기를 바란다.

북청사자놀음*

북청사자놀음은 악귀를 내쫓고 마을이 태평하고 평안하기를 기원하는 함경남도 북청지역의 정월대보름 민속놀이다. 봉산탈춤, 강령탈춤, 은율탈춤, 수영야류, 통영오광대, 하회별신굿탈놀이 등에서 사자놀이가 등장한다. 그러나 이 사자놀이들은 흥을 돋우기 위한 하나의 과정일 뿐 사자놀이가 중심이 아니다. 사자놀이가 중심이 되어 연희를 꾸미는 국가무형문화재는 북청사자놀음이 유일하다. 본래 '사자놀이'라고 부르던 것이 국가무형문화재로 지정되면서 '사자놀음'이라고 불리게 되었는데, 놀이와 놀음은 굿·풍물·인형극 따위의 우리나라 전통적인 연희를 통틀어 이르는 말로 같은 의미를 가지고 있다. 무형문화재로 지정된 명칭에 따라 '놀음'이라고 부르는 것이 더 적절하다.

---

* 국가무형문화재 제15호(지정일: 1967. 3. 31.)

과거의 북청사자놀음

현재 북청사자놀음은 월남한 연희자들에 의해 연희되기 때문에 함경남도 북청 현지에서 연희되던 것과는 차이점이 많다. 민속놀이가 무대의 놀이로 바뀜에 따라 무대예술로서의 조건을 갖추기 위해 많은 과정을 거치며 변모된 것이다. 과거의 북청사자놀음은 배경이 마을이었다. 집안에 들어서서 방울소리를 울리고 귀신을 잡아먹는 시늉을 하며 방을 지나다닌다. 부엌에 들어가 곡식과 쌀독을 두는 뒷고방에도 들어가고 부엌에서 바가지를 가지고 나와서 마당에 던져 깨뜨리며 귀신을 쫓는 의식을 이어간다. 부뚜막을 향하여 세 번 절을 하기도 한다. 아이를 사자 위에 태우면 무병장수한다고 해서 태우기도 했다.

과거의 사자놀이(국립문화재연구소 자료 참조)

현재의 북청사자놀음

총 8과장의 마당놀이는 사자놀이가 시작되기 전에 그 흥을 돋우기 위한 것으로, 사자놀이의 서막으로 볼 수 있다.

본 연희인 사자놀이의 줄거리는 다음과 같다. 꼭쇠의 부름에 사자가 등장하고, 사자는 하상좌우(下上左右) 순서로 힘차고 절도 있는 춤사위를 보여준다. 중이 등장하여 길게 늘어진 장삼을 휘날리며 사자와 함께 춤을 춘다. 양반은 사자에게 먹을 것으로 토끼를 주고 사자는 그 토끼를 잡아먹고 춤을 추다가 탈이 나 쓰러진다. 양반은 축문을 고하고 대사를 불러 염불을 하지만 효과가 없다. 꼭쇠는 의원을 데려와 급체한 사자에게 침을 놓게 하고 감로수를 먹여 사자를 소생시킨다. 다시 살아난 사자는 기지개를 켜고 신나게 춤을 추다가 입사자를 하는 등 다양한 기교를 부린다. 한 영감과 노친은 꼭쇠에게 청하여 사자를 집으로 불러들여 잡귀와 재앙을 쫓고 태평과 안녕을 기원한다. 또 무병장수하라는 의미로 손자를 사자 등에 태워주기도 한다. 손자를 사자 등에 태워주고 난 후 영감과 노친은 답례로 꼭쇠에게 쌀과 엽전을 주고 모든 사람이 함께 어우러져 흥겨운 넋두리춤을 춘다.

사자의 역동적이고 힘있는 동작을 더 효과적으로 살리기 위해 중간에 사자가 쓰러졌다가 다시 일어나는 이야기를 구성하고, 놀이를 이끌어가는 '꼭쇠'라는 인물을 배치하여 그 흐름을 자연스럽게 한 점이 매우 재미있다. 등장한 사자가 입을 열었다 닫았다 하면서 딱딱 소리를 내는데, 이는 귀신을 잡아먹는 시늉을 하는 것으로 사자가 귀신을 쫓는 의식을 하고 있다는 것을 직접적으로 표현하는 것이다.

TIP

중국의 사자놀이 역시 중국 국가급 무형문화재 108호로 지정되어 그 문화적 가치를 인정받고 있다. 중국은 문화유산 보존에 오랜 전통이 있으나 현대적 개념의 무형유산 보존이 시작된 것은 2001년 이후다. 2003년부터 중국 문화부와 재정부가 공동으로 2020년 달성을 목표로 한 민족민간문화 보존 프로젝트를 발족했다. 현재 중국의 무형문화유산은 비물질문화유산(非物質文化流産)으로 문화부 산하의 비물질문화유산사(非物質文化流産司)에서 이를 관리하고 있다. 중국의 국가급 비물질문화유산은 총 1,517종이다(2015년 1월 기준).

봉산탈춤* 강령탈춤**

골동품가게에서 아주 저렴한 값을 주고 산 그림이 알고 보니 매우 유명한 작가의 것이어서 돈벼락을 맞았다던지 혹은 우연히 얻은 지도 한 장이 잃어버린 역사의 한 페이지를 장식한다던지…… 우리는 가끔 뉴스를 통해 이런 신기한 소식을 듣는다. 필자에게도 비슷한 일이 생겼다. 돈벼락을 맞은 것도, 역사의 중요한 순간을 간직하고 있는 단서를 찾은 것도 아니다.

그러나 무형문화유산을 연구하는 사람에게는 소중한 사건이다. 지난주 헌책방에서 이것저것 뒤적거리다가 책 속에 끼워져 있던 매우 오래된 자료를 발견하게 되었다. 바로 1974년 봉산탈춤과 강령탈춤 합동 공연 대본과 티켓이다. 이 사건을 통해 두 탈춤의 공통점과 차이점에 주목하게 되었다. 늘 관심을 갖고 있으면 그 세계가 나를 향해 열린다는 말을 입증하게 된 계기였는데, 독자들도 관심 있게 무형유산을 지켜보면 안 보이는 것들이 보이기 시작할 것이다.

---

* 국가무형문화재 제17호(지정일: 1967. 6. 16. 보유자: 김기수, 김애선)

** 국가무형문화재 제34호(지정일: 1970. 7. 22. 보유자: 김정순, 송용태)

1974년 서울예술극장 강령·봉산탈춤 공연 티켓

봉산탈춤 공연 대본(대본: 이두현 박사)

봉산탈춤과 강령탈춤, 따로 또 같이

봉산탈춤과 강령탈춤은 모두 황해도 일대의 탈춤으로, 특히 황해도에서도 서쪽지방에서 발달해 '해서탈춤'이라고 부른다. 일반적으로 단오절에 행해졌다. 크게 보면 뒤에 등장하게 될 제61호 은율탈춤까지 모두 해서지방 탈춤이지만 탈의 모양, 탈춤을 출 때 입는 옷, 춤동작, 대사 등에 따라 봉산지역(재령, 신천, 안악, 기린) 탈춤과 해주지역(강령, 해주, 옹진) 탈춤으로 나눌 수 있다. 일단 탈의 모양부터 살펴보면 강령탈의 모습이 매우 사실적인 얼굴을 한 인물탈인 데 비해 봉산탈은 귀면형의 목탈이 많다. 봉산탈의 경우 요철의 굴곡이 굉장히 심해서 보는 이로 하여금 약간 무서운 감정이 들게 한다. 해주지역 탈춤에 쓰는 강령탈의 경우는 요철이 심하지 않아서 사람의 형상과 더 가깝다.

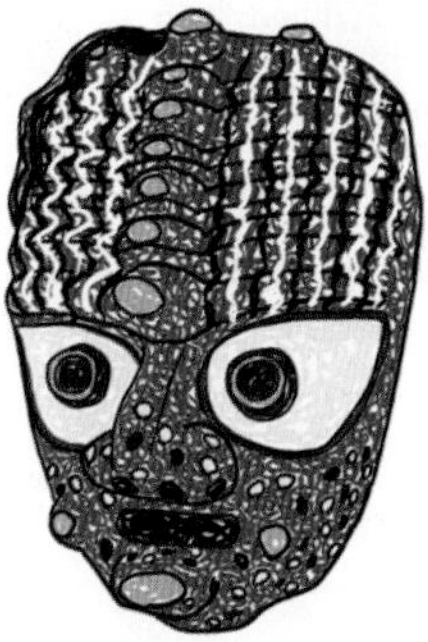

봉산탈춤 취발이

봉산탈춤 목중

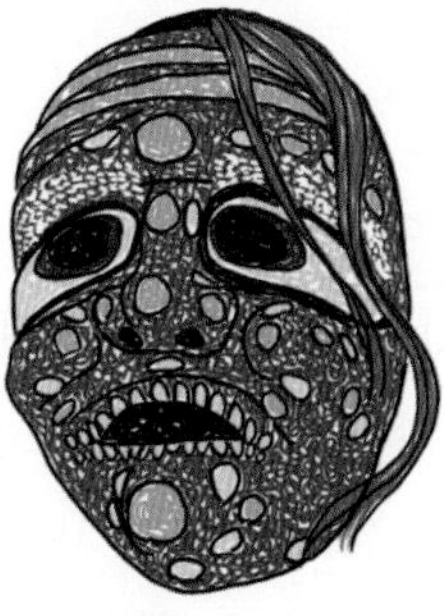

강령탈춤 취발이

강령탈춤 목중

탈춤을 출 때 입는 옷은 강령탈춤의 경우에는 회색 칡베 장삼이다. 그리고 소매가 길어서 손을 내리면 땅에 끌릴 정도다. 봉산탈춤의 경우는 강령탈춤보다 훨씬 색이 밝다. 청색 · 홍색 · 녹색 등 원색을 사용하는데 일반적으로 왼쪽은 청색, 오른쪽은 홍색이고, 소매는 초록색이다. 또 붉고 푸른 띠를 매기 때문에 멀리서 봐도 그 존재감이 크게 느껴진다.

춤사위도 약간의 차이가 있다. 강령탈춤은 춤사위가 좀 느린 편이고, 봉산탈춤은 깨끼춤(깎아내리듯 절도 있게 추는 춤)이 많아 좀 빠른 편이다. 반주음악으로 삼현육각(피리 2, 대금 1, 해금 1, 장고 1, 북 1)을 편성한다는 점은 공통점이다. 오광대나 야류의 경우에는 삼현육각이 아닌 징이나 꽹과리 등이 들어가 있기 때문에 같은 탈춤이어도 느낌이 다르다. 또한 놀이마당도 거의 똑같다. 봉산탈춤과 강령탈춤의 놀이내용을 살펴보자.

	봉산탈춤	강령탈춤
제1과장	상좌춤	사자춤
제2과장	8목중춤	말뚝이 곤장춤
제3과장	사당춤	먹중춤
제4과장	노장춤	상좌춤
제5과장	사자춤	양반춤
제6과장	양반춤	먹중춤
제7과장	영감 · 할미춤	노승(노장)춤

두 탈춤의 놀이 내용을 보면 순서만 다를 뿐 그 구성은 비슷하다는 것을 알 수 있다. 다른 점이 있다면 강령탈춤의 노장춤은 대체로 비슷하지만 신장수거리가 없다. 보통 탈춤의 배역은 사회 각층 인물들로 구성되어 있다. 양반, 노승, 마부 등과 사자, 원숭이 등 동물들까지 등장한다. 강령탈춤의 배역은 모두 21개이고 쓰이는 탈은 19개이며, 봉산탈춤의 경우 배역은 34인이고 사용하는 탈은 27개이다. 배역과 탈의 개수가 다른 것은 탈이 겸용되기도 하기 때문이다. 많은 다른 점에도 불구하고 한 몸처럼 여겨지는 봉산탈춤과 강령탈춤. 그 이유는 같은 황해도 지역의 탈춤이라는 것도 있지만, 현실에 대한 풍자와 비판을 담고 있다는 점 그리고 그것을 탈놀이라는 매우 유쾌한 방식으로 풀어낸다는 점에 있을 것이다.

탈은 가면이다. 탈을 쓰면 내가 아닌 다른 이가 된다. 그리고 그 때문에 본래의 목적인 비판과 풍자가 자유롭다. 그래서 스스럼이 없고, 그래서 더 재미있다. 탈춤 공연을 보러 가면 다른 종목에 비해 많은 관중이 관람하고 있음을 발견할 때가 많다. 가려진 탈 속에서 뿜어내는 에너지와 맛깔나는 재담은 3.8선을 넘은 탈춤이 사랑받는 이유다.

은율탈춤*

은율탈춤 제2의 고향, 인천

황해도 서쪽 지역에서 발생한 은율탈춤은 1978년 국가무형문화재 제61호로 지정되었으며, 1982년에 전승지를 인천직할시로 지정받아 현재 인천광역시를 중심으로 전수활동을 하고 있다.

"본래 실향단체는 서울을 전승지로 지정했어야 합니다. 그러나 1.4후퇴 때 남하한 김춘신, 양소운, 장용신 세 분이 인천에 터를 잡고 이곳에서 본격적으로 은율탈춤 전수교육을 시작하셨기 때문에 은율탈춤은 예외로 인천에 근거를 두게 되었습니다. 당시 인천직할시(현 인천광역시)의 적극적인 지지도 큰 도움이 되었습니다."

은율탈춤 보유자 차부회

* 국가무형문화재 제61호(지정일: 1978. 2. 23. 보유자: 박일홍, 차부회)

은율탈춤, 간단히 살펴보기

① 유래: 약 200~300년 전 어느 반란 때 사람들이 난리를 피해 섬에서 나오면서 얼굴을 가리기 위해 탈을 썼다. 이때부터 마을에 탈을 쓰고 하는 놀이가 생겨났다. 은율지방의 지리적인 형세가 서남쪽의 묘래산(고양이의 기운)과 서쪽의 무오산(솔개의 기운)으로부터 침입을 당하는 쥐의 형세를 가지고있어 방책이 필요했고, 탈(병, 재난)을 방지하기 위해 탈춤을 췄다.

은율지방의 지리적인 형세가 서남쪽의 묘래산(고양이의 기운)과 서쪽의 무오산(솔개의 기운)으로부터 침입을 당하는 쥐의 형세를 가지고 있어 방책이 필요했고, 탈(병, 재난)을 방지하기 위해 탈춤을 췄다.

② 놀이마당: 총 여섯 마당(사자춤, 상좌춤, 8목중춤, 양반춤, 노승춤, 미얄할미·영감춤)

③ 내용: 벽사의 의식무, 불교의 타락성 풍자, 양반에 대한 조롱·풍자, 일부처첩의 갈등관계 및 서민생활의 애환·풍자 등을 주제로 하고 있다.

대본을 통해 좀 더 자세히 알아보자.

양반에 대한 조롱 · 풍자: 제4과장 양반춤 중

양반 3: 에라 말뚝아~

말뚝이: 예(대답하면서 뛰어들어와 셋째 양반을 깔아뭉갠다).

양반 3: (반신을 못 쓰는 병신 양반) 아이쿠 형님들~ 말뚝이가 나를 깔고 앉았어요. 와서 말려주소.

양반 일동: 아, 이게 웬일이냐?

말뚝이: 양반님이 넘어지실까 봐 다리를 보호했습니다.

불교의 타락성 풍자: 제5과장 노승춤 중

(둘이 대꽃타령을 부르는 동안 새맥시는 노래에 맞추어 교태스런 춤으로 노승을 유혹하려 하나 노승은 이리저리 피하기만 한다. 이러기를 여러 번 하다가 노승이 드디어 새맥시의 교태에 도취되어 멍하니 바라보다가 무언가 결심한 듯 대꽃타령 마지막 부분에 일어나 새맥시에게로 다가가 안으려고 한다.)

말뚝이: 쉬~ 야야, 저 중놈의 행위를 보니 아주 번잡한 놈이로구나. 우리 병신 난봉가로 저 중놈을 다시 한 번 놀려주자.

은율탈춤만의 특징

① 얼굴까지 하얀 백사자가 등장한다는 점, 백사자의 다리가 4개가 아니라 6개라는 점.

② 상좌가 한 명이라는 점(봉산탈춤 4인, 강령탈춤 2인).

③ 사자탈 주위에 달린 오방색*이 신을 뜻한다는 점.

은율탈춤보존회 전수회관

은율탈춤보존회는 대중과 호흡을 잘하는 것으로 매우 유명하다. 전통문화의 명맥 유지를 위해 여러 교육을 모색하고 있다. 특히 유명한 것은 1997년 창립된 '탈사랑'이다. 청소년 탈춤반을 조직하여 매주 3회씩

* 황: 중앙의 신, 청: 동쪽의 신, 적: 남쪽의 신, 백: 서쪽의 신, 흑: 북쪽의 신

모여서 탈춤을 배우도록 했고, 이 중에 많은 이들이 현재 은율탈춤의 이수자로서 활동하고 있다. 차부회 보유자는 "어릴 때 교육이 평생 가기 때문에 초등학생들 교육이 가장 중요하다"고 한다. 은율탈춤보존회에서 10개 초등학교를 배정하여 교육을 하고 그 아이들을 전통문화의 범주로 들여오는 일을 앞장서서 하고 있다. 그 때문에 은율탈춤보존회 전수회관은 어느 전수회관보다 찾는 이들의 발걸음이 많은 따뜻한 공간으로 거듭나고 있다. 그뿐만 아니라 은율탈춤보존회에서는 매년 기획공연 때 대본 공모를 한다. 은율탈춤 본래의 대본이 과거를 배경으로 하고 있기 때문에 현재를 살아가는 사람들에게 공감을 유도하기에는 어려운 부분이 있다고 판단했기 때문이다. 매년 공모를 통해 뽑힌 대본을 바탕으로 기획공연을 한다. 2014년에는 양반이 아닌 갑에게 갑질을 당하는 말뚝이가 등장해 큰 웃음과 공감을 받았다.

은율탈춤에 관한 많은 이야기를 해주신 차부회 보유자는 2015년까지 37년 동안 묵묵히 탈춤의 길만을 걸어온 장인이다. 차부회 보유자의 마지막 당부는 본인, 보유자에 관한 것이 아닌 본인이 길러낸 이수자들에 관한 것이었다.

> "이수자에 대한 지원이 많아졌으면 좋겠습니다. 이수자가 많아져야 우리 전통문화의 명맥을 잘 이어갈 수 있습니다. 일회성 활동보다는 장기적인 활동, 그리고 이수자를 통합적으로 관리할 수 있는 특수한 운영방식 고안, 법개정 등이 꼭 필요하다고 생각합니다."*

---

* 현재 무형문화재의 체계는 전수자(전수장학생)-이수자-전수교육 조교-보유자다. 국가지원 전승금은 전수장학생, 전수교육 조교, 보유자에게는 지급되고 있으나 가장 많은 부분을 차지하는 이수자에게는 지원되지 않는다.

진도다시래기*

마지막 길을 행복하게

'죽음'이라는 것은 우리 사회에서 늘 두렵고 피하고 싶은 존재다. 그러나 모든 사람이 피할 수 없는 불가피한 것이라는 점에서 어떻게 하면 더 아름답게, 행복하게 죽음을 맞이할 수 있을지에 대한 사회적 담론이 새롭게 조성되는 추세다. 미리 유언장을 써놓기도 하고 갑작스럽게 죽음을 맞이하지 않고 본인이 살아온 인생을 돌아보며 천천히 마무리할 수 있는 시간을 갖는다. 존재의 상실로 슬퍼질 유족들을 생각해 죽음이라는 것이 끝이 아닌 새로운 시작임을 알리는 운동들도 많아졌다.

아프리카에서는 최근에 본인이 원하는 디자인으로 관을 제작할 수 있게 해서 큰 주목을 받았다. 평소에 좋아했던 꽃 모양으로 만들기도 하고 어둡지 않고 밝은색으로 제작해서 상여꾼들이 춤을 추며 그 관을 옮기도록 해서 가는 이의 무거운 발걸음을 한층 덜어주었다. 한국에서는 이보다 오래전에 유쾌한 장례문화가 존재했다. 바로 무형문화재 제81호 진도다시래기다.

진도다시래기

진도다시래기는 진도에서 전승되고 있는 장례놀이다. 상가 마당에서 노래를 하고 춤을 추며 노는 놀이다. 다른 지역에도 몇몇 장례놀이가 연행되고 있지만 진도다시래기의 특징은 연극적 구성이 뚜렷하다는 점이다. 우리나라에서 현재 행해지고 있는 일반적인 장례 형태는 유교의 영

---

* 국가무형문화재 제81호(지정일: 1985. 2. 1. 보유자: 강준섭)

향을 받은 것으로, 상가에서는 엄숙해야 하고 슬퍼해야 한다는 것이 배경에 깔려 있다. 예전엔 이런 애도의 분위기를 위해 '울어주는 아르바이트'를 고용해서 쓰기도 했는데, 영정사진 앞에서 구슬프게 곡소리를 하는 이가 있어야 조금 더 장례다운 장례가 되지 않을까 하는 인식에서였을 것이다. 그러나 꼭 그래야만 하는 것은 아니다. 보내는 사람을 아프게 보내는 것도 좋지만 손뼉 치면서 보내주는 것도 가는 발걸음의 부담을 덜어주는 좋은 이별이 아닐까? 진도다시래기는 유교가 우리나라에 들어오기 전부터 지속되어온 민족적 양식이다. 우리의 민중적인 신명을 간직하고 있는 장례풍속인 셈이다. 상가에서 밤샘을 할 때 다시래기를 연행하는 것이 보통인데, 이때 망자를 보내고 슬픔에 빠져 있는 유족들을 달래는 역할을 한다.

진도다시래기의 구성

① 가상제놀이: 가짜 상주가 등장하여 놀이의 취지를 설명하고, 이어서 거사, 사당, 중 등이 차례로 나와 자신의 특기 자랑
② 거사사당놀이: 거사(봉사), 사당(봉사 처), 중의 삼각관계가 나오고 사당이 아이를 낳는 내용
③ 상여놀이: 상두꾼들이 상여를 어깨에 메고 상여소리를 부르며 노는 내용
④ 가래놀이: 무덤을 만들고 가래질을 하는 가매장의식을 연출한 내용
⑤ 여흥: 뒷놀이

2015년 진도다시래기 공개행사에서는 상여놀이, 가상제놀이, 거사·사당놀이, 여흥의 순으로 놀이가 연행되었다. 진도다시래기는 무대에서 펼쳐지는 연극이 아닌 상가에서 연행되던 장례놀이로, 연희자가 일반주민인 것이 대부분이었다. 전승이 단절된 상태로 남아 있던 것을 진도 지역 노인들의 기억을 중심으로 복원해낸 소중한 민속이다. 우리에게 죽음이라는 것과 존재의 상실을 어떻게 받아들이고 이해해야 할 것인지에 대한 화두를 줄 수 있는 전통문화라는 점에서 그 가치가 매우 크다.

진도*는 세월호사건 이후 부르기에도 아픈 지명이 되었다. 많은 이들의 아픈 마음이 녹아내린 그곳 진도에 떠돌고 있을 영혼들에게, 또 가슴에 묻고 평생을 살아가야 할 유족들에게 진도다시래기가 소소한 위로가 되었으면 한다.

* 진도군은 진돗개 등 국가지정 유형문화재 11종, 전남도지정 문화재 17종을 보유하고 있다. 진도씻김굿 등 10종의 무형문화재와 18명의 예능보유자가 지정돼 있는 등 대한민국 군 단위 중 가장 많은 무형문화재를 보유하고 있는 지역이다.

발탈*

"발연기의 진수를 보여드립니다"

'발연기'는 최근 생겨난 신조어로, 연기가 어색해서 마치 발로 연기를 하는 것처럼 못한다는 뜻이다. 요즘 검증받지 않은 배우들이 드라마나 영화에 자주 등장하면서 시청자들이 보게 되는 발연기는 정말 여간 보기 불편한 것이 아니다. 극에 몰입도 되지 않고 스토리에 집중이 되지 않는다. 한마디로 발 연기가 전체의 흐름을 툭 하고 잘라놓는다.

그런데 보는 사람으로 하여금 웃음이 나고 어깨가 들썩거리게 하는 발연기가 있다. 바로 발에 탈을 씌워 연기하는 '발탈'이다. '발탈'은 발탈꾼이 포장막 안에 누워서 발바닥에 탈을 씌우고 재담과 노래를 하는 공연이다. 포장막 밖에서는 어릿광대가 서서 발탈꾼과 재담을 주고받으며

* 국가무형문화재 제79호(지정일: 1983. 6. 1. 보유자: 조영숙, 박정임)

놀이를 진행한다. 1시간 남짓한 시간 동안 진행되는 이 탈놀이는 발연기의 진수를 보여준다. 하지만 손에 비해 상대적으로 움직임이 불편한 발에 탈을 씌워 공연을 하기 때문에 움직임의 디테일은 부족한 편이다.

일반적으로 움직임을 표현할 때에는 탈을 씌운 발과 팔을 표현하는 장대 부분 두 가지로 나눌 수 있는데, 탈을 움직일 때는 발을 움직이면 되고 팔의 동작을 표현할 때에는 포장막 안에서 장대를 길게 달아 움직인다. 기쁠 때는 탈을 좌우로 흔들고, 슬플 때는 탈과 팔을 힘없이 아래로 내려뜨리며, 괴롭거나 놀랐을 때는 탈과 팔을 떠는 방식으로 감정을 표현한다. 매우 기본적이고 간단한 방식이지만 여기에 발탈꾼과 어릿광대의 재담이 더해지고 삼현육각(향피리 2·대금·해금·장구·북의 6인조)의 반주가 더해지면 더없이 신명 나고 즐거운 놀이가 된다.

그럼 이쯤되면 물어보고 싶다.

종합선물세트 '발탈'

발탈공연은 어릿광대가 이런저런 구실을 대가며 탈에게 장기를 부탁한다. 탈은 그 요구에 따라 민요, 판소리, 무가, 잡가, 시조 등을 풍성하게 구연한다. 실제로 한 공연을 예로 들어 어떤 구비문학들이 등장했는지 알아보기 위해 발탈의 대본을 준비했다. 천천히 읽고 나면 왜 발탈이 탈놀이 중에서도 종합선물세트로 불리는지 알게 될 것이다.

다음 내용은 발탈 대본의 일부를 발췌한 것이다.

어릿광대: (탈의 떠벌림을 막으며) 얘, 여봐라. 그러나저러나 너 말이다. 거 팔도유람을 무른 메주 밟듯 하고 다녔다니, 어디어디 다녔느냐?

탈: 그래, 잘 들어라! 내가 저 평안도 피양 모란봉 대동강을 구경하고, 황해도로 내려와서 박연폭포를 구경하고, 황진이 얘기도 좀 들어보고, 이번에는 툭 건너서 함경도 북청 땅으로 갔겠다? 거기서 그 유명한 물장수들 얘기도 좀 들어보고, 그리고 저 밑으로 내려와서 원산 송도원 해수욕장을 구경하고, 갈마반도의 해당화 밭을 구경하고, 밑으로 툭 내려와서 강원도 금강산 일만이 봉을 구경하고…….

어릿광대: 야, 너 그럼 「만고강산」이라는 노래 아냐?

탈: 알지.

어릿광대: 그럼, 한 번 해봐라.

탈: 오냐 그래. 잘 들어봐라.

만고강산 유람할 제 삼신산이 어드메뇨.
일봉래 이방정과 삼영조 이 아니냐.
죽장 짚고 풍월 실어 봉래산을 구경하고,
경포 동정호 명월을 구경하고,
천간정의 낙산사와 총석정을 유람하고,
단발령 얼른 넘어 봉래산을 올라서니,
천봉만악 부용들은 반공에 솟아 있고,
백절 폭포 급한 물은 은하수를 기울인 듯,
잠든 구름 개어가고 맑은 안개 잠겼으니, 선경일시가 분명쿠나.
때마침 모춘이라 붉은 꽃 푸른 잎과
나는 나비 우는 새는 춘광춘색을 자랑한다.
봉래산 좋은 경치 지척에 던져두고 못 본 지가 몇 해런고.
다행히 오늘날은 만고강산 구경하고
이곳을 당도하니 옛일이 새로워라.
어화 세상 벗님네야 상전벽해를 웃들 마소 꽃 진 달아 뉘 없을까.
서산에 지는 해는 양류산에 잡아 메고
동령의 걸린 달은 계수야 머물거라 한없이 놀고 가자.
아니 놀고 무엇을 할 거나, 할 일을 하여가면서 놀아보자.
세월아 세월아 가지를 마라, 아까운 호걸들이 다 늙는다.

아니 놀고 무엇하리, 거드렁거리고 놀아보세.

어릿광대: (노래 중간에 끊고) 야, 거기까지. 그다음에는 어디로 갔냐?

탈: 저 밑에 경상도로 해서 충청도를 지나 전라도를 당도하니, 김제 만경 너른 땅에 누렇게 익은 벼이삭을 보니 보기만 해도 배가 저절로 부르더라. 그런 후에 목포 땅에 다다르니 진멋있는 한량들의 거문고소리에 기생 아씨들의 「육자배기」 노랫 소리가 멋들어지더라. 이놈아!

어릿광대: 야, 그럼 너 「육자배기」 한 번 뽑아봐라.

탈: 그놈 참! 여러 가지 시킨다. 나 혼자 하기 힘드니까 우리 같이하자.

어릿광대: 그럼 「진육자배기」는 건너뛰고 「자진육자배기」부터 시작하자.

「진육자배기」
산이로구나. 헤~
사람이 살면은 몇백 년이나 살더란 말이냐.
죽엄에 들어 남녀노소가 있느냐.
살어서 생전에 각기 멋대로 살거나. 헤~
어허야 어허야~ 아 이~이 이히이이이이이 네로구나. 에~
어어 어어어어 엉 허루 산이로고나. 헤
나는 그대를 생각허기를 하루도 열백번이나 생각는디
그대는 나를 생각는 줄 알 수가 없구나. 헤~
연 걸렸구나 연이 이 걸려, 오갈피 상나무에 연 걸렸네.
삼청도 남자들아 아~ 연 날려줄 거나. 헤~

삼사는 반락 청천해요. 이수중문은 백로주로구나.
말은 가자고 내 굽을 치는디, 님은 꼭 붙들고 아니 놓네.

에~ 에~ 어~ 어~ 어기야.
간다. 간다. 내가 돌아나는가.
어~ 너 어어허허허 어기야.
도련님을 업고 보니 좋을 호 자가 절로 나.
부용작약의 모란화. 탐화 봉접이 좋을시고.
소상동정 칠백리 일생을 보아도 좋을 '호'로구나.
둥둥둥둥 어허 둥둥 내 낭군.
서울 삼각산아 말 들어보자.

너는 이곳 오래 있어 지혜 많은 제자들을 얼마나 많이 보았으며,
지금도 진멋있는 선남선녀 장안에 가득 찼으니 어찌 아니 좋을손가
얼씨구 얼씨구 절씨구. 얼씨구나. 어~ 얼씨구 절씨구 지화자 좋네.
얼씨구나 절씨구야~

어릿광대: 아따 너 잘한다. 또 어디로 다녔냐?
탈: 이번에는 남원 땅에 다다르니 춘향과 이 도령의 사랑 노래가 기가 막히더라.
어릿광대: 야, 너 그럼 그 유명한 「쑥대머리」 한 번 불러봐라.
탈: 야 이놈아, 나 힘들어서 못하겠다. 네가 불러라.
어릿광대: 그래? 그럼 내가 부르지.

쑥대머리 귀신 형용 적막옥방의 찬 자리에 생각난 것이 임뿐이라.
보고 지고, 보고 지고, 한양 낭군 보고 지고.
오리정 정별 후에 일장서를 내가 못 봤으니
부모봉양 글공부에 겨를이 없어서 이러는가.
연이신혼 금실우지 나를 잊고 이러는가.
계궁항아 추월같이 언뜻 솟아서 비추고저
막왕막래 막혔으니 앵모서를 내가 어이 보며
전전반측 잠 못 이루니 호접몽을 어이 꿀 수 있나.
손가락의 피를 내여 사정으로 편지할까
간장의 썩은 눈물로 님의 화상으로 그려볼까.
이화일지 춘대우에 피눈물을 뿌렸으며
야우문령 단장성에 비만 와도 임의 생각
추오동 엽락 시에 잎만 떨어져도 임의 생각
님은 가고 봄이 오니 꽃만 피어도 임의 생각
추절 가고 동정 오니 백설만 날리어도 임의 생각
녹수부용의 연 캐는 채련녀와 채룡망채엽 뽕 따는 여인들도
낭군 생각은 일반인데 날보다는 좋은 팔자.
내가 만일 임을 못 보고 옥중고혼이 되거드면
무덤 근처 섰는 나무 상사목이 될 것이요
무덤 앞에 있는 돌은 망부석이 될 것이니
생전사후 이 원통을 알아줄 이가 뉘 있더란 말이냐
퍼 버리고 앉아 설리 운다.

탈: (크게 울며) 아이고 춘향아~!

어릿광대: 아이고 깜짝이야. 야! 나 지금 멋있게 잘 뽑아나가는데 네가 왜 울고 지랄이야? 네가 해라, 네가 다 해먹어!

탈: 아이고 춘향아~ 그나저나 너, 서럽게도 잘헌다.

어릿광대: 서럽지~? ……

탈: 그래. 어째 마음이 무겁고 답답하다. (감정 바꾸어) 얘, 그러고 보니 여기 오신 손님들도 어째 기분이 착 가라앉아 가지고 기분이 안 나시는 모양이다.

어릿광대: 그래?

탈: (관객에게) 그렇죠? 봐라. 자, 그럼 이번엔 우리 신나게 춤을 한번 춰보자.

어릿광대: 그렇다면 이번엔 빠른 장단으로 춰보자. 얘들아! 풍악을 울려라~

[자진모리장단으로 어릿광대와 탈, 신나게 춤춘다(꼽추춤)]

탈: (소리 꽥 지르고) 나, 춤 그만 출란다.

어릿광대: (신경질) 아, 왜 또 그래, 이 자식아~

탈: 너 춤추는 꼴 보기 싫어 나 춤 안 출란다.

어릿광대: 야 이놈아. (팔소매 걷어올리며) 도대체 나하고 무슨 감정이 그리 많니? (때리려고 하는데 탈, 얼른 피한다) 이런, 거 피하기는 번갯불에 콩 볶아 먹듯이 하는구나. (잠깐 생각하고는) 아, 이번엔 그럼 너 잡가라는 거 한번 해볼래?

탈: 잡가? 그래, 「잡가」 하마. 장단 쳐라.

신고산이 우루루 함흥 차 떠나는 소리에.
아서라 말어라 네가 그리를 말어라.
닐니리야 닐니리야~ 아~ 니나노 난실로 내가 돌아간다.
날좀보소 날좀보소 날좀보소.
종로 네거리 솥 때는 영감아~
오봉산 꼭대기에~ 어루와 ……
동창이 밝았느냐.
까투리 한 마리 푸두둥 허니 매방울이 떨렁 ……
후여 후여 어허 까투리 사냥을 나간다. 하하
나간다. 나간다. 나간다. ……

어릿광대: (신나게 춤추다가 갑자기 또 큰소리로) 아니, 이놈아!

탈: 아, 왜 그래?

어릿광대: 이놈아, 네가 지금 소리를 하니 지랄을 하니?
탈: 야 이놈아, 잡가 잘 부르고 있는데, 아 왜?
어릿광대: 이 자식아, 그게 잡가냐? 지랑 잡~가지!
탈: 야, 잡가나 잡~가나 마찬가지지. 뭐! 그럼 너는 노래 헐 줄 아냐?
어릿광대: 아 노래야 내가 전문이지.
　　내가 노래 한마디 부를 테니 너 들어봐라. 자, 간다~
탈: 어 그래~ 해봐라.

뻥뻥 소리가 웬 소리. 뻥뻥뻥 소리가 웬 소리.
앞집 큰애기 똥 뀌는 소리.
뒷집 강아지 따라다니다 양쪽 다리에 쌍가래돗 섰다네.
좋구나 매화로다.
철푸덕 소리가 웬 소리, 철푸덕 소리가 웬 소리.
뒷집 큰애기 멱 감는 소리, 아랫집 총각이 울 넘어 보다가
울타리 까시에 생눈깔 쑤셨다.
좋구나. 매화로구나~
마누라 젖통을 만진단 것이 황소 불알을 주물러버렸네.
어경어경 어~야. 어람마 듸어라.
어라, 두견이 울었다. 사랑도 매화로구나.
마누라 입을 맞춘단 것이 쥐새끼 똥구녕에다 입맞췄구나.
어경어경 어이야 어람아 듸어라.
어라, 두견이 울었다 사랑도 매화로구나~

4

놀이

남사당놀이*와 유기장**

놀거리와 볼거리가 가득한 안성(安城)

국가무형문화재는 크게 어떤 재료를 가지고 두드리거나 만져서 새로운 결과물을 만들어내는 기능과 연희를 중심으로 대중을 웃기고 울리는 예능의 두 가지로 나눌 수 있다. 구리와 주석으로 놋그릇을 만들어내는 유기장이 전자에 속하고, 전국을 돌며 사람들에게 즐거움을 선사했던 남사당패가 후자에 속한다. 전혀 공통분모가 없어 보이는 이 두 가지 무형문화재 종목을 하나로 묶어낸 도시가 안성이다. 안성은 인구가 약 20만 명인 소도시이지만 이 작은 도시가 가지는 문화적 역량은 여느 대도시 못지않다. 그 문화적 배경과 역사적인 스토리들에 주목하여 많은 문학적 작품들이 탄생했는데 그중 하나가 황석영의 장편소설 『장길산』이고, 다른 하나는 박지원의 『허생전』이다. 그 작품들에서 언급된 안성의 모습을 찾아보면 남사당놀이와 유기장의 발자취를 느낄 수 있다.

> 안성(安城)은 삼남의 육로가 합치는 지점에 있는 대도회요, 위로 수원·과천에 닿고, 아래로는 천안·청주에 통하며 서쪽으로 해로가 뚫렸는데 아산 앞바다를 거쳐서 물길이 진위·양성·평택·안성에 닿으니 사통팔달이다. 동으로는 남한강의 지류가 광주를 지나 여주를 거쳐 충주·청풍·단양에까지 닿으니 실로 삼남과 경기의 장꾼들이라면 안성을 제 집 드나들듯 하지 않는 자가 없었다. 안성의 동촌은 연일 각처에서 모여든 장사치들이 물건을 사고파는데, 한양의 거간꾼들도 들끓었다. 청룡사가 있는 사당골에는 사당

* 국가무형문화재 제3호(지정일: 1964. 12. 7. 보유자: 박용택)

** 국가무형문화재 제77호(지정일: 1983. 6. 1. 보유자: 김수영, 이형근)

패 삼대가 모여 있었는데 그 수가 근 오십 명에 이르고 있었다.

황석영, 『장길산』 3편 대소두령(大小頭領) 중

『허생전』에서 허생은 돈을 벌 방법을 생각하며 가장 먼저 떠올린 곳이 바로 안성이었다. 그만큼 안성장이 번성했다는 것을 뜻한다. 이 안성장에서 사람들의 손을 가장 많이 오가게 한 것은 바로 안성의 유기였다. 오죽 튼튼하고 알맞게 잘 만들었으면 '안성맞춤'이라는 말이 여기에서 나왔을까? 내 몸에 딱 맞게 만들어진 기성복처럼 빈틈없이 딱 떨어지는 안성의 유기는 지금까지도 그 명성이 이어져오고 있다. 이 유기장과 남사당패는 비단 안성의 것만은 아니었다. 남사당패는 전국을 떠돌았고 유기 역시 전국의 모든 이들이 사용하던 것이었다. 이 두 종목을 안성으로 묶어내는 이유는 전국을 떠돌며 여기저기 기거하던 남사당패를 오랜 기간 따뜻하게 받아들여 안성남사당패의 거점이 된 청룡사가 있었던 곳이 바로 안성이며 밥을 담아 아랫목에 이불을 덮어두면 그 온기가 밤까지 전해지던 놋그릇이 가장 많이 만들어지고 팔리던 곳이 안성이었기 때문이다. 그래서 안성에 가면 그 따뜻함이 남아 있다.

유랑하는 이들을 위하여

지금은 TV만 틀면 하루 종일 재미있는 예능프로그램을 볼 수 있다. 선택지가 너무나 많아 무엇을 보아야 할지 망설여진다. 그러나 과거 TV가 없던 시절 사람들의 웃음은 바로 사당패가 책임졌다고 해도 과언이 아니다. 남사당패를 배경으로 한 영화 「왕의 남자」에는 장터에 나온 공길이와 장생 두 광대를 중심으로 한 재담과 흥겹게 울려 퍼지는 풍물소리로 사람들의 웃음이 끊이지 않는 장면이 나온다. 재미있는 이야기는 물론이고 아슬아슬 줄타기를 하는 모습까지 사람들은 함께 호흡이 커졌다 작아졌다 한다. 서민의 삶이 각박하기는 현재나 과거나 마찬가지였을 테니 사당패가 선사하는 웃음이 얼마나 단비 같았을지 어렴풋이 짐작해볼 수 있다. 사당패는 동네의 웃음만을 책임지는 것이 아니었다. 전국을 유랑하면서 이 사람 저 사람에게 기쁨을 던져주었는데 그렇기 때문에 사당패는 어느 한곳에 정착하지 못하고 떠돌아다녔다.

김동리의 소설 『역마』 역시 떠도는 남사당패의 기구한 이야기를 담고 있다. 안성의 남사당패에게는 '청룡사'라는 절이 존재했다. 남사당패는 청룡사에서 추운 겨울을 버티고 봄부터 가을까지 청룡사에서 준 신표를 들고 안성장터를 비롯해 전국을 돌아다니면서 연희를 하며 생활했다. 남사당패의 거점이 되었던 것이다. 이 넉넉한 공간의 상징인 청룡사는 웅장한 절의 느낌보다는 아담한 고택 같은 느낌이 든다. 사찰의 건물들이 위협적이게 크지 않고 마당이 넓다. 남사당패가 여기서 북을 두드리고 장구를 쳤을 모습이 절로 그려진다.

현재까지 이어져 내려오는 남사당놀이의 구성은 총 6가지로 풍물, 버나, 살판, 어름, 덧뵈기, 덜미다. 풍물은 쉽게 말해 농악이다. 이 농악에 '놀이'라는 말이 붙어서 유희적인 면이 좀 더 강조되었다. 각 지방의 특색에 따라 농악은 조금씩 다른 모습을 가지고 있는데, 남사당놀이는 이

다른 점들을 뽑아 하나의 풍물로 만든 것이 특징이다. 전국을 떠돌았던 만큼 각 지역의 특색을 하나로 통합하여 한 자리에서 보여주어 어느 곳에도 치우치지 않은 지혜를 발휘했다. 버나는 대접, 대야 등을 막대기나 담뱃대, 칼 등을 가지고 돌리는 것을 뜻한다. 중요한 것은 묘기대행진처럼 무조건 돌리기만 하는 것이 아니라 '버나잡이'와 '매호씨'라 불리는 다른 어릿광대가 이 묘기를 하면서 끊임없이 주고받는 재담과 소리다. 살판은 땅에서 부리는 재주라고 생각하면 된다. 무엇을 흉내 내거나 재주를 넘는 것을 말한다. 영화 「왕의 남자」에서도 공길이가 한양장에 등장해 한번에 이목을 집중시켰던 것은 뛰어난 살판 실력 때문이었다. 앞으로 넘는 앞곤두, 뒤로 넘는 뒷곤두부터 흉내를 내는 앉은뱅이 모말대기 등이 있다. 어름은 줄타기를 말한다. 이 줄타기가 있어서 남사당패의 연희가 더욱 긴장감이 넘친다. 덧뵈기는 탈놀이고 덜미는 인형극이다. 남사당패는 종합선물세트처럼 꽉 찬 구성을 가지고 있다. 그 풍성함과 다양성이 남사당놀이를 여태까지 이어오게 한 힘이며 청룡사가 기꺼이 거처를 허락한 이유일 것이다.

당신을 위한 놋그릇

2015년 메르스라는 무서운 병이 떠돌 때 백화점의 유기그릇이 불티나게 팔린다는 보도가 있었다.* 이유는 이 유기그릇이 식중독균 같은 음

* 「이투데이」(2015. 7. 15.) 참조

식의 독성을 없애줄 뿐만 아니라 유해 중금속을 중화시켜주는 것으로 알려졌기 때문이다. 우리 조상의 지혜가 남아 있는 놋그릇은 어느 순간부터 우리의 밥상에서 멀어지게 되었다. 원인은 일제강점기에 놋그릇의 원료를 군수용으로 사용했기 때문에 집안에 있는 놋그릇을 모두 회수해 감은 물론 다시 만들지 못했기 때문이다. 또한 한국전쟁으로 인한 피난생활에 무게가 제법 나가는 놋그릇은 어울리지 않았다. 이런 이유들로 멀어졌던 놋그릇이 다시 우리의 밥상으로 돌아오고 있다.

유기는 만드는 방법에 따라 방짜, 주물, 반방짜 등으로 나뉜다. 방짜는 구리와 주석을 딱 맞는 비율로 합금하여 두드려서 만들고, 주물유기는 황동과 잡금속을 섞어 손으로 두드려서 만든다. 어떤 종류의 유기이건 간에 쇳물을 녹이고 굳히는 과정을 반복하기 때문에 유기장인의 작업실은 늘 한여름이다. 뜨거운 불을 다루기 때문에 늘 조심해야 하고, 조금의 잡티도 섞이지 않게 번쩍이는 놋그릇의 색을 내기 위해서는 세심하게 과정 하나하나를 신경 써야 한다. 뜨거운 불길 속에서도 놓치지 말아야 할 것들이 많다. 이렇게 만들어진 놋그릇은 살균성이 뛰어날 뿐 아니라 보온성이 좋아 밥이 금방 식지 않는다. 따뜻한 밥 한 끼 대접하는 것이 한국인의 정이라면 그 정에 꼭 맞는 식기는 놋그릇이 되어야 함이 맞다.

유기는 쓰면 쓸수록 광이 나고 그 빛깔이 곱다. 집안의 역사를 담아내는 것처럼 한 가정과 함께 익어간다. 안성의 유기는 평범한 사람들의 밥상에도 올랐고 관아에도 납품되었다. 기술적으로도, 그 담긴 정신으로도 부족한 것이 없다.

안성은 많은 이들이 찾는 여행지는 아니다. 그러나 한번 가보면 반드시 또 가고 싶어진다. 답사를 위해 찾아간 그곳에서 남사당패와 유기장의 발자취 외에도 너무나 많은 것들을 마주하게 되었다. 은은한 담채 느낌의 청룡사 괘불탱화와 남자들의 전유물이었던 남사당패의 유일한 여자 꼭두쇠였던 바우덕이의 묘, 왕건이 기거했던 은적암 등 안성에는 예상치 못한 놀라움이 가득하다. 문화를 가득 안고 있는 도시 안성이 간직하고 있는 소중한 무형문화재 두 가지를 꼭 기억해야 할 것이다.

줄타기*

아슬아슬한 줄타기

「썸」이라는 노래가 대히트를 치면서 애매모호한 관계를 정의하는 말로 쓰이기 전에는 이런 썸타는 관계를 표현할 때 아슬아슬한 줄타기라는 말을 썼다. 분명하지 않지만 뭔가 긴장된 상태에 있는 그런 느낌을 내기에 매우 적합한 표현이었을 것이다. 허구와 실재가 공존하는 드라마나 소설에도 이 표현이 쓰이고, 민감한 역사를 논의하는 자리에서 서로 선뜻 입장을 꺼내놓지 못하고 상대의 눈치를 보며 때를 살필 때에도 쓰인다. 줄타기를 실제로 보게 된다면 이러한 아슬아슬함을 더 피부로 느낄 수 있다. 금방이라도 떨어질 것 같아 겁이 나고 그 위에서 묘기라도 부리는 것을 보면 보는 사람이 아찔해서 심장이 쫄깃해진다. 그러나 줄을 타는 사람은 여유롭다. 부채를 들고 잰걸음을 걸었다가 큰걸음을 걸었다가 한다. 양팔을 벌리고 평지에서 똑바로 걷기도 힘든 우리 같은 보통사람은 넘볼 수 없는 그야말로 묘기 그 자체다. 이청준의 소설 『줄광대』에는 이런 구절이 있다.

> 줄 끝이 멀리 보여서는 더욱 안 되지만, 가깝고 넓어 보여서도 안 되는 법이다. 그 줄이라는 것이 눈에서 아주 사라져버리고 줄에만 올라서면 거기만의 자유로운 세상이 있어야 하는 게야. 제일 위험한 것은 눈과 귀가 열리는 것이다. 줄에서는 눈이 없어야 하고 귀가 열리지 않아야 하고 생각이 땅에 머무르지 않아야 한다는 소리다.

---

* 국가무형문화재 제58호(지정일: 1976. 6. 30. 보유자: 김대균)

평생 줄타기를 했던 허 노인이 그 업을 잇는 아들 '운'에게 한 말이다. 이것을 보면 줄타기의 수련과정이 얼마나 고된지를 헤아려볼 수 있다. 온 정신을 집중하고 평지의 감각을 잊고 줄 위의 세계를 몸에 익혀야만 그곳에서 흔들리지 않고 똑바로 걸을 수 있는 것이다. '운'은 허구 속 인물이지만 그것을 실제로 실현하고 있는 이가 존재한다. 바로 무형문화재 제58호 줄타기 보유자 김대균이다. 그리고 이 김대균 보유자를 더욱더 빛나게 해주는 감초들이 있다. 하나는 줄광대의 상대역인 어릿광대로 '매호씨'라고도 불리는 인물이고, 줄뒷꾼은 연희가 열리는 곳의 상황을 미리 체크하고 사고 위험을 방지하는 등 안전을 책임진다. 아무리 눈 감고도 줄을 타는 줄타기 명인이라지만 원숭이도 나무에서 떨어질 때가 있듯 혹시나 사고가 일어날 수 있기 때문에 줄뒷꾼의 역할은 반드시 필요하다. 또한 이 줄타기를 아무 배경음악 없이 보고 있다고 상상해보자. 심장만 쫄깃해지고 흥과 재미를 느끼긴 힘들 것이다. 줄광대와 어릿광대가 재담을 주고받을 때, 줄광대가 아슬아슬하게 걸음을 바꿀 때, 부채를 손에 쥐고 묘기를 부릴 때 삼현육각의 악대는 음악을 통해 이 즐거움과 긴장감을 배가시킨다.

줄타기의 백미들

줄광대가 반복해서 줄의 시작점과 종료점만을 걸어 다닌다면 매우 지루할 것이다. 그래서 줄타기에는 수많은 잔노릇이 존재한다. 외홍잽이, 코차기, 책상다리, 가세트름, 두렁넘기 등 하나하나 이야기하면 그 종류가 40여 가지에 이른다. 외홍잽이는 왼발로 줄을 딛고 무릎을 굽히면서 오른발을 줄 밑으로 내렸다가 튀어 일어서기를 반복하며 걷는 동작을 말한다. 여기서 포인트는 '튀어'에 있다. 이렇게 튀어 오를 수 있는 이유는 줄타기에서 쓰는 줄 재질이 면사여서 탄성이 매우 좋기 때문이다. 책상다리는 영화 「왕의 남자」에서 장생이 하기도 하는데, 줄 위에서 책상다리를 하고 앉는 것이다. 무게중심을 잘 맞추지 않으면 그대로 바닥으로 떨어져버릴 수도 있다. 이렇게 많은 동작들이 줄 위에서 무수하게 반복되기 때문에 한시도 지루할 틈이 없다. 줄광대는 줄 위에서 소리를 하거나 어릿광대와 재담을 주고받으며 재미를 돋운다. 줄 위에서 하는 소리를 '줄소리'라 한다. 줄광대가 하는 줄소리에는 중타령, 새타령, 팔선녀타령, 왈자타령 등이 있다. 줄광대가 재담을 시작하려 할 때에는 입에 검지를 가져다 대고 '쉬-' 하고 장내를 조용히 시키는 것부터 시작하는데, 이는 연희의 시작을 알리는 신호탄과도 같아서 적절한 긴장감을 만들어낸다. 줄타기는 줄에서 내려온 후에도 계속해서 살판으로 이어진다. 방금 전까지 공중에서 재주를 부리던 줄광대가 이번에는 땅에서 재주를 넘고 흉내를 낸다. 하늘과 땅에서 쉴 새 없이 벌이는 한바탕에 사람들의 입이 다물어질 줄을 모른다.

중타령(장단: 엇모리)

줄광대 중이 나려온다 중이 나려온다
중 하나 나려온다 중이 나려온다.
어릿광대(아니리): 땅에는 배우씨 줄꼭대기에는 광대씨
　자네하고 나하고 촌수는 씨 자 돌림인데
　한 가지 좀 물어보세
　무슨 놈의 중이 나려오는 중만 있고
　올라가는 중은 없으니 그 절은 텅텅 비었겠구나.
줄광대(아니리): 배우씨, 자네가 몰라서 그렇지 올라가는 중도 있다네.
　중이 올라간다 중이 올라간다
　중 하나 올라간다 중이 올라간다
　저 중의 거동을 보소 얽고서도 검은 중
　검고서도 얽은 중 얽던지 마던지
　사죽을 두루 묶어서 청암 절벽상을 떼그르르
　궁글려도 실금 하나 아니간다.

김대균 연희본 중 중타령 부분

우리의 삶은 아슬아슬하다. 늘 무언가를 선택해야 하고 선택과 동시에 무엇인가를 포기해야 하며 중대한 결정을 내릴 순간이 온다. 계속해서 전진하기도, 뒤로 돌아가기도 애매할 때 줄타기 명인의 담대한 걸음걸이를 보면 위로가 된다. 어쩌면 삶을 아슬아슬하게 만드는 것은 살얼음판 같은 '줄'이 아니라 그것을 두렵게 생각하는 마음가짐 때문은 아닐까?

강강술래*

빼비꽃 손들이 둘레를 짜면 달무리가 비잉 빙 돈다

이동주 시인의 「강강술래」의 한 구절이다. 여러 사람이 손을 맞잡고 말간 보름달 아래서 추는 강강술래를 이보다 더 멋지게 표현할 수 있을까? 이동주 시인은 이에 그치지 않고 "달빛이 베이면 술보다 독한 것"이라는 구절을 통해 강강술래의 낭만성을 더한다. 달빛이 춤 속에 완전히 배어들 만큼 춤추는 동작이 절정에 다다르는 그 순간을 표현한 것이다. 하얀 저고리를 입은 여자들은 '백장미'라 부르고, 강강술래의 남다른 흥과 정취를 "가아응 가아응 수우워얼래에"라고 늘어뜨려 시를 읽는 것만으로도 강강술래의 화면감이 충분히 느껴지도록 한다. 달빛 아래 맞잡은 손들이 만들어내는 한 편의 드라마, 강강술래는 무엇일까?

---

* 국가무형문화재 제8호(지정일: 1966. 2. 15. 보유자: 박양애, 박용순, 김종심, 차영순, 박종숙)

강강술래, 아는 것보다 모르는 것이 더 많다

강강술래는 우리나라 무형문화재 제8호이자 유네스코 인류무형문화유산이다. 공동체적 가치를 인정받아 2009년도에 등재되었다. 강강술래는 전라남도 남해안 일대와 도서지방에 전래되어오는 부녀자들의 민속놀이다. 추석날 밤에 마을의 부녀자들이 손을 맞잡고 〈강강술래〉라는 후렴이 있는 노래를 부르며 원무를 추는 놀이다. 많은 이들이 강강술래를 그저 손을 맞잡고 빙글빙글 도는 놀이로만 생각하는데, 강강술래는 생각보다 그렇게 간단하지 않다. 문지기놀이, 청어엮기, 기와밟기, 쥔쥐새끼놀이 등 많은 동작과 놀이를 한다.

또한 빙글빙글 돌면서 끊임없이 "강강술래~"만 반복적으로 노래한다고 생각하는 경우가 많은데 사실 강강술래는 후렴구일 뿐 많은 노래들이 불리고 있다. 문지기놀이 중에는 "문지기 문지기 문 열어주소~~♩"로 흥을 돋우고, 청어를 엮을 때에는 청어의 원산지인 위도 군산의 지명을 넣어 생동감을 더했다. 엮는 동작을 할 때에는 "청청 청어 엮자 위도 군산 청어 엮자~♪", 푸는 동작을 할 때에는 "청청 청어 풀자 위도 군산 청어 풀자~♪♩ 강강술래~"를 함께 부른다. 기와밟기 노래를 할 때에는 남도의 놀이답게 구수한 사투리가 등장한다. "어딧골 기완가 전라도 기왈세 // 몇 닷 냥 쳤는가 스물닷 냥 쳤네~♪"

문지기놀이

청어엮기

청어풀기

기와밟기

쥔새끼놀이

강강술래는 즉흥성이 짙은 놀이다. 정해진 동작이 있기는 하지만 그것을 순서대로 하는 것은 아니고 정해진 시간이나 인원수 제한도 없다. 상황에 따라 즉각적으로 달라질 수 있고, 함께하는 구성원들도 그것을 자연스레 받아들이고 어우러진다. 또한 처음 강강술래를 접하는 사람들 역시 어렵지 않게 다가갈 수 있다. 강강술래에는 선소리를 하는 사람이 존재하는데, 악단의 지휘자로 보면 될 듯하다. 선소리를 하는 사람의 소리에 따라 이리저리 다양한 형태를 만들 수 있는 자연스럽고 인간미 넘치는 놀이가 바로 강강술래다.

기지시줄다리기*

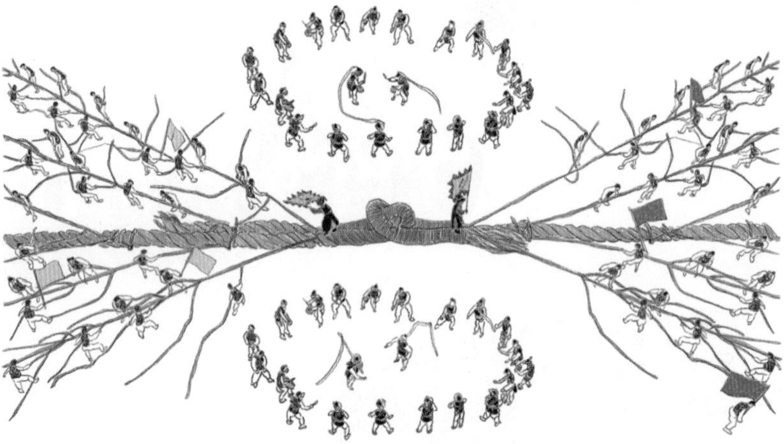

화합의 줄다리기

줄다리기는 학교 운동회, 회사의 단합대회 등 공동체의 단결을 원하는 자리에 많이 등장해왔다. 흩어져 있던 구성원들이 한 팀이 되어 줄을 잡아당기며 힘을 겨룬다. 누구나 참여할 수 있는 쉬운 종목이고, 한마음이 되어 같이 박자를 맞추고 구령을 붙이며 하는 흥겨운 화합의 놀이다. 그중에서도 기지시줄다리기는 '화합'의 목적과 의미를 매우 잘 구현하고 있다는 평가를 받고 있다. 어떤 이유 때문일까?

① 농업, 어업, 상업의 화합

기지시줄다리기에 쓰는 줄은 물고기를 잡을 때 쓰는 줄틀과 농사를

---

* 국가무형문화재 제75호(지정일: 1982. 6. 1. 보유자: 구자동, 장기천)

지을 때 쓰는 짚으로 만든다. 줄다리기는 시장이 열리는 기지시에서 펼쳐지므로 농업, 어업, 상업의 화합의 장이라고 이야기한다.

② 유교, 불교, 민속신앙 삼도의 습합축제

종교에 관계없이 이 지역에 사는 모든 국민이 하나로 뭉쳐 줄다리기를 하고 제를 올리며 마을의 안녕과 평화를 빈다. 한자리에 모이기 힘든 종교도 이날만큼은 서로 함께하니 마을을 위한 모두의 하나 된 마음을 엿볼 수 있다.

③ 줄나가기 대장정

기지시줄다리기의 줄은 무게 20톤, 길이 100미터에 달한다. 숫줄과 암줄을 놀이가 열리는 마당까지 옮겨가야 하는데, 이 무겁고 큰 줄을 옮기기 위해 수천 명이 수상과 수하로 나뉘어 옮기게 되며 이 과정에 대략 3시간 정도가 소요된다. 줄다리기가 시작되기 전부터 많은 마을 사람들의 도움이 필요하다.

기지시줄다리기는 이렇게 큰 화합의 메시지를 담고 이틀 전 마을 동쪽 국수봉의 국수정에서 마을의 풍년을 기원하며 올리는 국수봉당제를 시작으로 줄다리기 시작 전 올리는 줄고사 등을 전통적으로 유지하며 500년을 이어오고 있다. 기지시줄다리기는 기지시줄다리기보존회에서 단체종목으로 마을 사람들이 힘을 합쳐 그 명맥을 이어가기 위해 노력하고 있으며, 2011년 4월에는 기지시줄다리기 박물관이 개관해 그 전통을 대중에게 알리는 것에도 힘쓰고 있다. 기지시줄다리기 박물관의 고대영 학예사와의 인터뷰를 통해 기지시줄다리기와 박물관의 이모저모를 살펴보자.

Q. 기지시줄다리기 박물관은 언제, 어떤 목표로 설립되었습니까?

기지시줄다리기 박물관은 2011년 4월 8일 국가무형문화재 제75호 기지시줄다리기의 역사와 줄 제작방식, 행사와 각종 민속, 국내외의 줄다리기에 대해 널리 알리기 위해 설립되었습니다. 그동안 매년 4월에 개최되던 기지시줄다리기는 행사 때가 아니면 줄다리기를 볼 기회가 없다 보니 평소 당진시를 방문하는 관광객이 항상 아쉬워했습니다. 그래서 기지시줄다리기의 전수교육관을 건립하는 과정에서 박물관 형태로 추진하는 방안에 착안, 상설전시실과 기획전시실, 수장고를 갖춘 전문 박물관으로 개관할 수 있었습니다.

Q. 기지시줄다리기 박물관에서 중점을 두고 있는 사항은 어떤 것들이 있습니까?

우선 박물관으로서 줄다리기에 대한 다양한 자료와 정보의 수집, 전시를 들 수 있습니다. 무형문화재의 특성상 해당 무형유산을 설명할 수 있는 자료들을 수집하는 것은 쉽지 않은 일입니다. 하지만 기지시줄다리기와 국내외 다양한 줄다리기를 설명할 수 있는 자료. 즉 유물을 비롯한 영상, 사진 등을 수집·전시하는 데 중점을 두고 있습니다.

또 하나는 교육입니다. 무형유산을 지속적으로 지켜나가기 위해서는 다음 세대로의 전승이 중요합니다. 이를 위해서는 교육이 가장 효과적인 방법으로, 줄다리기 전승단체와 협의하여 다양한 방법으로 각급 학교, 가족단위 관광객을 대상으로 줄다리기도 체험해보고, 관련 민속과 전통에 대해 교육을 추진하고 있습니다.

마지막으로는 국내외 교류입니다. 국내외에는 다양한 줄다리기가 전승되고 있는데요. 이러한 줄다리기에 대해 줄다리기 전문 박물관으로서 다양한 자료를 수집하고, 정보를 확보하는 것은 어쩌면 당연한 것일지도 모릅니다. 또한 전승이 어려운 지역에 약간의 도움이 되었으면 하는 마음으로 국내 전승단체와 교류를 추진하고 있으며, 해외로도 눈을 돌려 일본, 동남아시아와 기초적인 단계지만 교류를 추진하고 있습니다.

Q. 고대영 학예사님은 언제부터 기지시줄다리기 박물관에서 일하게 되셨습니까?

저는 2010년 당진시에 부임해서 기지시줄다리기 박물관 전시를 담당, 개관을 준비해서 지금까지 박물관과 함께하고 있습니다. 저로서도 당시 생소한 무형유산이었던 기지시줄다리기였지만 지금은 저의 가장 중요한 업무이고, 개인적으로도 관심을 갖고 연구하고 있는 중요한 주제입니다.

Q. 일하면서 가장 보람을 느꼈던 순간은 언제입니까?

어찌보면 당연한 것이지만 기지시줄다리기를 할 때입니다. 수천 명이 함께 힘을 모아 줄을 당기는 광경은 매년 보는 것이지만 정말로 장관입니다. 수많은 사람이 함께 한마음으로 줄을 당기는 것을 볼 때마다 매년 희열을 느끼게 됩니다.

Q. 기지시줄다리기 박물관에 자랑할 만한 전시나 행사가 있나요?

보존회와 함께 추진하고 있는 생생문화재 행사가 있습니다. 매달 진행되고 있으며, 지역 주민, 관광객이 함께 모여 줄을 당기고, 새끼도 꼬고, 농악도 배우고, 민속놀이도 함께하는 체험행사입니다. 기회되시면 함께 참여해보시면 좋겠습니다.

Q. 아직 기지시줄다리기 박물관에 가보지 않은 관람객에게 한마디 부탁드립니다.

무형유산은 형태가 없다는 뜻이지만, 살아있는 유산으로도 불립니다. 줄다리기야말로 매번 새로운 줄로, 다른 사람들이 참여하지만 풍요와 평안을 기원하며 줄을 당기는 마음은 한마음 한뜻입니다. 진정한 살아있는 무형유산인 기지시줄다리기도 체험하시고 국내외 다양한 줄다리기를 볼 수 있는 기지시줄다리기 박물관에 꼭 방문해주십시오.

안동차전놀이*

tvN 드라마 「응답하라 1988」이 공중파 시청률을 넘어 20%가 넘는 경이로운 시청률을 기록한 것은 현대인에게 부족한 것이 무엇인지 여실히 보여준다. 이 집에서 만든 저녁반찬은 이웃집 밥상에도 차려졌고, 날이 어둑해질 때에는 문을 열고 "밥 먹어라" 하는 누군가의 어머니 소리에 다들 귀가를 했다. 이웃집에 무슨 일이 있는지 훤히 보이던 시대, 오죽하면 밥숟가락과 젓가락 숫자도 안다는 말이 있던 때, 그게 불과 30년 전 일이다. 1988년보다 조금 더 과거에는 이웃사람뿐 아니라 마을 사람 전체가 하나의 공동체였다. 한 마을이 한 가족처럼 어울리고 즐기던 시절에는 새해에는 집안 어르신뿐 아니라 동네의 어르신들을 찾아 다니며 인사를 했고, 누군가의 집에 경사가 있을 때에는 마을잔치가 열렸다. 하나의 공동체였던 마을이 즐겁고 행복하기 위해서는 농사가 잘되어야 했고 서로 화합이 잘되고 즐거워야 했다. 그래서 과거에는 마을 단위로 함께하는 놀이와 굿이 많았다. 안동차전놀이 역시 그중 하나로, 풍년을 염원하고 마을의 사기를 고취시키는 데 큰 역할을 했다.

동채싸움

안동차전놀이를 '동채싸움'이라고도 한다. 동채는 차전에 쓰이는 도구로 곧은 참나무 두 대를 지겟다리 모양으로 얽고 머리 쪽에 대장이 올라탈 수 있는 원형을 만든 것을 말한다. 연말이 되면 정월대보름에 하게 될 안동차전놀이를 위해 동채를 준비하기 시작한다. 차전놀이에 쓰일

* 국가무형문화재 제24호(지정일: 1969. 1. 7. 보유자: 이재춘)

곧고 튼튼한 나무를 구하는 것이 관건이다. 보통 10m쯤 되는 참나무를 사용한다. 동채를 만들 때에는 못을 박는 대신 새끼줄로 엮어서 작업을 한다. 이는 못을 사용하면 차전놀이를 하다가 사람이 다칠 수도 있기 때문이다. 만들어진 두 개의 동채로 정월대보름에 마을의 청장년 남성들이 패를 갈라 동채를 서로 부딪쳐 승부를 가른다. 아이들은 어른들보다 작은 동채를 만들어 정월대보름이 되기 전 정초부터 놀이를 한다. 부녀자는 참가하지 않고, 편을 나눌 때에는 현재 사는 거주지 위주가 아닌 태어난 곳으로 나눈다. 부녀자와 아이들이 놀이에 직접 참가하진 않지만 그 자리에 나와 응원을 하고 함께 즐기기 때문에 마을 사람들이 다 모일 수 있는 넓은 보리밭이나 백사장이 차전놀이의 장소로 쓰인다.

진정한 페어플레이

스포츠를 하거나 게임을 할 때 가장 중요한 것은 규정된 룰에 따라 경기를 진행하고 승부를 인정하는 것이다. 당연한 듯하지만 이를 지키기가 쉽지 않다. 안동차전놀이의 규칙은 놀이를 할 때 팔짱을 끼고 어깨로만 밀 수 있으며 손을 써서는 안 된다. 서로 어깨를 맞대고 힘으로 밀어붙여야 한다. 동채꾼들은 대장의 지휘에 따라 움직여야 하며 개인적으로 판단 혹은 행동을 해서는 안 된다. 많은 이들이 함께하는 놀이이고 또한 힘을 사용하므로 잘못하면 큰 사고가 일어날 수도 있기 때문에 조심하고, 대장의 말에 귀를 기울이며 움직여야 한다. 각 마을의 대장은 동채 위에 올라서서 왼손으로는 동채의 끈을 잡아 떨어지지 않게 하고 오른손으로 지휘한다. 오른손을 앞으로 저어 내밀면 전진하고 뒤로 하면 후퇴하라는 뜻이다. 뒤에서 좌우로 흔들면 회전하라는 신호다. 동채꾼들은 이를 주의하고 신호에 따라 움직여야 한다. 대장의 판단력도 중요하고 이를 주의 깊게 살피고 움직이는 동채꾼들의 행동력도 중요하다. 분위기가 고조되면 손을 쓰고 싶고 대장의 말보다 개인적인 판단력으로 움직이고 싶어질 때가 있겠지만, 안동차전놀이의 동채꾼들은 그것을 끝까지 지키고 규칙대로 진행하고 개인이 아닌 하나의 공동체라는 점을 잊지 않는다. 또 승부가 났을 때 이긴 편은 짚신을 벗어 하늘에 던지며 승리의 기쁨을 만끽하고, 패한 측은 주저앉아 땅을 치고 원통해하지만 상대를 원망하거나 미워하지 않고 승부를 인정한다. 승자는 패자를 위로하고 패자는 승자를 진심으로 축하해주는 것, 진정한 페어플레이의 미덕이 아닐 수 없다.

안동차전놀이가 시작되기 전에는 농악대가 풍물을 치면서 마을을 돌고 술을 마시며 마을의 전의를 돋운다. 사람들은 농악에 맞추어 함께 흥을 돋우고 차전놀이를 기다린다. 안동차전놀이는 깨끗하고 정당한 승부를 겨루면서 마을의 사기를 고취시키고, 이를 준비하고 나누는 과정에서 마을 사람들과 함께하며 화합을 한다. 즐겁게 덩실거리는 음악이 함께하고, 같이 나누어 마실 수 있는 음식과 술이 있으며, 놀이를 할 때에는 마을이 떠나갈 듯한 우렁찬 응원과 함성이 가득하다. 놀이이자 축제 그리고 신앙처럼 느껴지는 안동차전놀이는 지금 이 시대에도 필요한 것이 아닐까 생각해본다.

영산쇠머리대기*
영산줄다리기**

경상남도 창녕군 영산면

경상남도에는 영남의 중심인 낙동강을 자양으로 번성해온 인구 6만 5,000명의 창녕군이 있다. 면적이나 인구로 봤을 때 크지 않은 도시이지만 경지가 많고 땅이 비옥하여 예부터 사람들이 많이 정착하고 거주했던 도시다. 신라시대 비사벌의 중심지였고, 현재는 경상남도와 경상북도를 연결하는 교통의 요지다. 지리와 기후가 생활하기에 매우 적합하다. 오랜 역사를 바탕으로 문화유산이 도처에 존재하고 있다. 국보 제33호로 지정된 창녕 신라 진흥왕 척경비부터 국보 제34호 술정리 돌삼층석탑, 보물 제564호인 영산만년교 등 많은 문화유적이 있을 뿐 아니라 경상남도 창녕군 영산면에서 행해지는 두 가지 민속놀이는 각각 국가무형문화재 제25호와 제26호로 지정되어 있다.

영산쇠머리대기

쇠머리대기는 나무로 소의 모양을 만들어 편을 갈라 서로 겨루어 상대편을 먼저 땅에 떨어지게 하는 편이 이기는 놀이다. 영산면에는 영축산과 함박산이 있다. 그 산이 마주 보고 있는 형세가 마치 소가 머리를 대고 있는 형상과 닮아 있다. 그 모습이 소싸움 모습을 연상시킨다. 마을 사람들은 그 소의 사이를 풀어주어야 마을에 풍년이 온다고 믿었다. 그

* 국가무형문화재 제25호(지정일: 1969. 2. 11.)

** 국가무형문화재 제26호(지정일: 1969. 2. 11.)

것이 영산쇠머리대기의 시작이다.

우리나라에서는 예부터 소싸움을 해왔다. 실제로 소를 데려다가 싸움을 시키고 사람들은 그것을 숨죽이며 바라보았다. 그러나 영산쇠머리대기는 현실에 존재하는 소가 아닌 목우(木牛), 즉 나무소를 만들어 놀이를 한다. 이는 소를 좀 더 신성화시키고 주술·종교적 의미를 담기 위해서다. 쇠머리대기에 쓰일 나무를 베기 위해 산을 오르고 그 나무를 베기 전에 먼저 고사를 지낸다. 고사가 끝난 후에야 그 나무를 베어낼 수 있다. 나무로 받침대와 나무소를 만들고 나면 쇠머리대기 준비가 어느 정도 끝났음을 의미한다. 이 나무소를 가지고 소싸움이 시작된다. 소싸움은 동부와 서부 두 편으로 나누어 한다. 이때 동부는 남성과 양(陽)을 뜻하고, 서부는 여성과 음(陰)을 뜻한다. 서부가 이겨야 풍농하고 마을이 평안할 것이라 믿어서 마을 사람들은 서부가 이기도록 응원을 한다. 나무소 두 마리가 마주 보고 서 있다가 무섭게 달려들어 맞부딪힌다. 이때 두 편의 군사들은 상대의 소를 아래쪽으로 떨어뜨리기 위해 애를 쓴다.

이때 군사들은 남자들로만 구성되어 있고 마을의 여인네들은 응원하는 역할을 주로 담당했다.

영산줄다리기

줄다리기는 농사를 짓는 곳이라면 반드시 존재했던 민속놀이다. 농경사회에서 마을의 공동체의식을 높이고 풍농을 기원한다는 점에서 가치가 컸기 때문이다. 영산면의 줄다리기 역시 그런 민속성과 풍농을 기원하는 것에서 시작되었다. 영산쇠머리대기가 나무소를 만드는 것으로 시작하듯 줄다리기 역시 줄 만들기부터 시작된다. 마을에서 모아놓은 짚을 줄로 꼬아두었다가 하루 전날 줄을 길게 펴놓고 우차(牛車) 바퀴에 감아 돌려서 줄이 풀리지 않도록 한다. 만들어진 줄로 마을 사람 모두가 나와 줄다리기를 한다. 쇠머리대기가 남성들만이 할 수 있는 놀이였던 것에 비해 줄다리기는 여자들도 즐길 수 있는 놀이였다. 영산줄다리기 역시 동부와 서부가 나뉘어 힘을 겨루고 서부가 이겨야 풍년이 든다고 여긴다. 줄다리기에는 각 편마다 대장·중장·소장이 있어 이들을 중심으로 놀이가 진행된다. 이들의 지휘하에 마을 사람들이 움직이기 때문이다.

영산줄다리기와 영산쇠머리대기는 놀이하는 내내 풍악을 울린다. 신명 나는 농악소리가 온 마을을 떠들썩하게 한다. 지금은 3.1문화제의 행사로 이 두 놀이가 행해지고 있지만 본래 정월대보름을 전후해 풍농을 기원했던 의식이었다. 새해를 맞이하는 시기에 나쁜 것들을 물리치고 풍농과 마을의 안녕을 비는 일을 온 마을 사람들이 흥겹게 해온 것이다. 이 지역 사람들이 지켜온 역사와 의식 그리고 신명과 흥이 작은 마을을 세계적인 문화유산을 가진 지역으로 발전시켰다. 경상남도 창녕군 영산면에는 마을 사람들이 모여 함께 만들고 지켜온 무형문화유산이 옛날 모습 그대로 존재하고 있다.

광주칠석고싸움놀이*

SBS 예능프로그램 「런닝맨」에서 인기 있는 아이돌 멤버들이 편을 갈라서 '고싸움'이라는 이름으로 서로 밀어내는 게임을 선보인 적이 있다. 시청률이 높고 젊은 세대에게 영향력이 큰 프로그램이기 때문에 방송이 끝나고 나서 '고싸움'이라는 단어가 젊은층에게 익숙해졌지만, 고싸움에 대해 정확히 알리게 되는 계기가 되지는 못했다. 고싸움이란 단순히 편을 나누어 상대방 편을 먼저 무너뜨리는 게임이 아니다. '고'와 '싸움'의 복합어로서 두 개의 고가 서로 맞붙어서 싸움을 한다는 의미다. 이때 '고'라는 것은 한 가닥을 길게 빼서 둥그런 모양을 만들어 매는 것을 지칭한다.

(SBS 「런닝맨」 이미지 참조)

* 국가무형문화재 제33호(지정일: 1970. 7. 22. 단체종목)

고싸움에서 가장 중요한 '고'가 없다. '고'는 무엇일까? 바로 이것을 '고'라고 부른다.

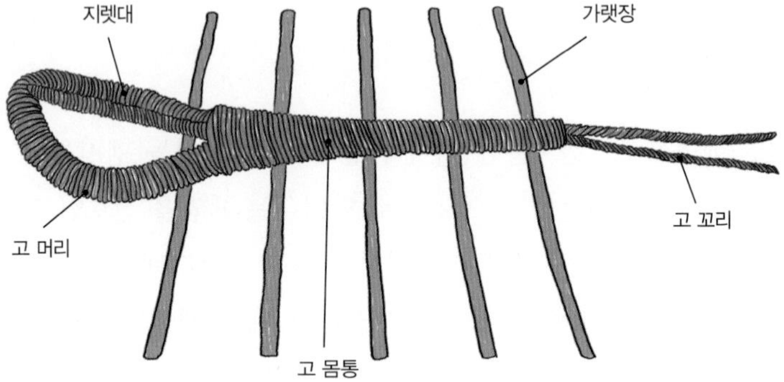

고는 짚을 꼬아서 만들며 고의 형태는 고 머리와 몸통, 그리고 두 가닥의 꼬리줄로 이루어진다. 고 머리는 둥글게 하며, 고를 짊어지고 움직일 수 있도록 가랫장을 부착시키고, 지렛대를 대어 고의 형태를 단단하게 한다.

고싸움이란 무엇일까?

고싸움이 전승되는 칠석마을 사람들에 의하면 마을의 형국이 황소가 쪼그려앉은 형상, 즉 와우상(臥牛像)이라 그 터가 무척 거세다고 한다. 황소가 일어서면 마을의 논밭을 밟고 다녀 농사에 많은 피해를 볼 수 있으므로 황소가 일어서지 못하게 황소의 고삐를 당산 은행나무에 묶어놓고 꼬리는 돌로 눌러놓고 정월대보름에 많은 사람들이 마을의 터를 밟게 하여 그 거센 터의 기운을 누르게 한 것에서 시작되었다고 본다. 고싸움은 남도민의 기상과 멋이 깃든 민속놀이로 86년 아시아경기대회, 88올림픽 개막식 후 공개행사에 소개되면서 세계인에게 한국인의 진취적 기상과 강한 패기를 널리 알리기도 했다.

고싸움의 놀이방법

음력 정월 초열흘경에 아이들이 먼저 고샅고를 만들어 승전가를 부르며 상대편 마을에 가서 약을 올린다. 이에 청소년과 청년들까지 합세하여 소규모 고싸움으로 전초전을 시작한다. 마을에서 영향력 있는 사람들이 모여 마을 대항 고싸움을 하기로 합의하면 고를 만들기 시작하고 제를 지낸다. 당산제가 끝나면 농악대를 앞세워 음복을 하고 굿을 친다. 일련의 의식이 끝나면 농악대는 싸움장소로 향한다. 고와 고가 서로 마주 보고 붙었다 떨어지기를 반복하며 싸움이 진행된다. 이때 상대방의 고를 눌러 땅에 닿게 하면 이긴다. 그러나 진 편이 지속적으로 도전하기 때문에 이 싸움은 20일까지 지속되며 승부가 나지 않을 경우에는 2월 초하룻날 고를 풀어 줄다리기를 하여 최종 결판을 낸다. 이때 동부 쪽은 남자를 상징하고 서부 쪽은 여자를 상징하는데, 여자를 상징하는 서부가 이겨야 풍년이 든다는 속설이 있다.

고 하나에 93명의 인원이 필요하다. 고 몸통 첫 번째 지렛대 위에 줄패장이 위치하고 두 번째, 세 번째에는 보좌가 선다. 한쪽 고에 고멜꾼은 60명의 장정으로 구성되어 있다. 30명의 여자(처녀)들이 꼬리줄을 들고 이 고에 따라 깃발을 든 응원꾼과 농악꾼 횃불잡이들이 합세하여 각기 자기편을 응원하며 흥을 돋운다.

(문화재연구소 영상 참조)

광주고싸움놀이 축제

광주고싸움놀이 축제는 1983년 처음 시작되어 30여 년간 지속되어 온 광주 남구의 대표적인 향토축제다. 2015년 제33회 광주고싸움놀이 축제는 2월 28일 토요일부터 3월 1일 일요일까지 개최되었다. 고싸움놀이 외에도 각종 민속놀이를 즐길 수 있는 즐거운 장을 제공했고, 1년의 소망을 담아 풍등을 날리고 달집을 태우며 1년의 재액을 날려 보내는 이벤트를 관람객과 함께하며 소통의 축제를 만들었다. 또한 중국의 무형문화재인 '변검'*과 '사자춤' 공연을 볼 수 있는 소중한 기회를 제공하기도 했다. 2016년에는 광주고싸움놀이가 중국에서 공연된다고 하니 귀추가 주목된다.

---

* 중국의 변검은 사천성에서만 전해져 내려오는 중국의 소중한 무형문화재다. 손을 쓰지 않고 얼굴의 가면을 자유자재로 바꾸는 기술이 압권이다. 오천명 감독의 영화 「변검」을 보면 변검에 대해 전반적으로 이해할 수 있고 전승의 문제점 등에 대해서도 알 수 있다.

좌수영어방놀이*

조선시대에 왜구의 접촉이 많았던 전라도와 경상도 지역에는 배를 타고 바다에서 싸우는 군대, 즉 '해군'을 뜻하는 수군이 상주하는 주진을 각각 두 곳씩 설치하고 그곳을 '수영'이라 불렀다. 서울에서 바라보는 것을 기준으로 전라도와 경상도 지역을 다시 좌우로 나누어 좌수영, 우수영을 두었다. 전라도의 좌수영은 현재의 해남지역, 우수영은 여수에 위치하고 경상도는 좌수영을 거제에 두었다가 통영으로 옮겼고, 우수영은 부산 동래지역에 두었다.

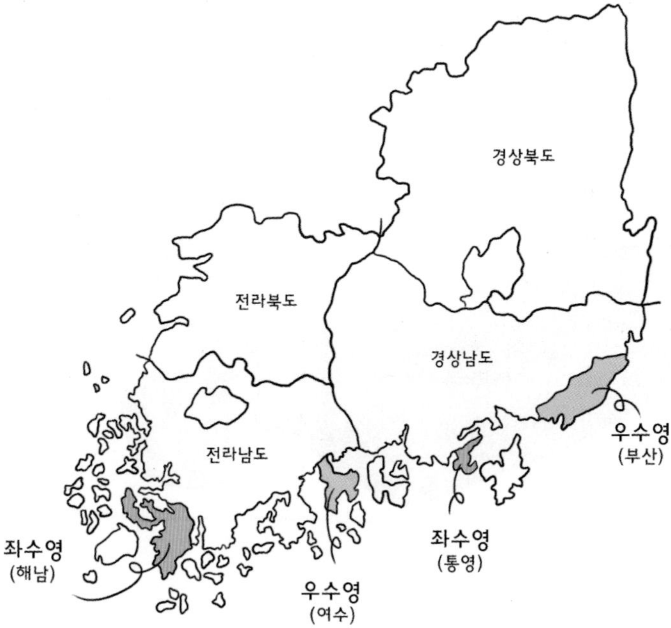

* 국가무형문화재 제62호(지정일: 1978. 5. 9. 보유자: 김태롱)

수영이 설치되면서 수군들은 먹는 문제를 해결해야 했다. 당시 비번인 수군들은 부식을 마련하기 위해 바닷가로 나오게 되었고 부근에서 고기를 잡는 어부들과 자연히 어울렸다. 고기를 잡는 기술이 없던 수군들은 어부들의 도움을 받게 되었고, 수군들은 일손을 돕는 대가로 물고기를 얻었다. 이러한 상생관계는 조직으로 발전해 '어방(漁坊)'이라는 기구를 만들기에 이른다. 어방에서 일을 하면서 자연스레 여러 노래를 부르게 되는데, 이것이 전해져 놀이의 형식을 띠게 되었다. 좌수영어방놀이는 네 개의 수영 중에서 경상좌수영인 부산 동래지역에 전해 내려오는 놀이다. 좌수영의 어방에서 놀던 놀이라고 알아두면 쉽다.

놀이의 구성

놀이는 내왕소리, 사리소리, 가래소리, 칭칭소리로 구성되어 있다. 놀이에 앞서 용왕고사를 지낸다. 용왕고사는 용왕님께 풍어와 어부들의 안전을 비는 의식이다.

비나이다 비나이다 용왕님 전에 비나이다
잡귀 잡신 막아주고 삼재살도 막아주고 관재구실도 막아주고
일 년 열두 달 삼백육십오일 재수소망 있어주고
우리 어부들 만수무강하시기를 용왕님 전에 비나이다

용왕고사 일부

내왕소리는 어부들이 줄 틀에 매달려 굵은 밧줄을 꼬면서 부르는 노래다.

앞소리 뒷소리
에- 헤이 에헤야
운천강에 에헤야
가닥났다 에헤야
남걸비야 에헤야

내왕소리 일부

사리소리는 그물로 고기를 포획하여 끌어당기는 과정을 놀이화한 것이다. 그물을 끌어당기는 작업은 많은 이들의 도움을 필요로 한다. 그래서 대화하는 듯한 가사가 많이 나오고, 내용은 주로 그물을 당기라는 지시가 많다.

앞소리 뒷소리
이 줄을 놓고 오-호 사리여
저 줄 땡기라 오-호 사리여
저 줄을 놓고 오-호 사리여
이 줄을 땡기라 오-호 사리여

사리소리 일부

가래소리는 그물에 가득 찬 고기를 가래로 바구니에 퍼 담는 상황을 노래한 것이다. 고기를 많이 잡았으니 즐겁고 고기를 빠르게 옮겨 담아야 하니 소리가 더 빨라진다.

> 앞소리 뒷소리
> 메러치꽁치는 바다에 놀고 오-호 가래야
> 살찐 가무치는 연당에 놀고 오-호 가래야
>
> 가래소리 일부

칭칭소리는 풍어의 기쁨을 나누는 노래다. 선주들은 술과 음식을 마련하여 어부들의 노고를 위로한다.

> 앞소리 뒷소리
> 겨기나 칭칭노네 겨기나 칭칭노네
> 얼씨구나 절씨구나 겨기나 칭칭노네
> 청청하늘에 잔별도 많고 겨기나 칭칭노네
> 이내가슴에 수심도 많고 겨기나 칭칭노네
> 시냇가에 잔돌도 많고 겨기나 칭칭노네
>
> 칭칭소리 일부

좌수영어방놀이의 구성을 보면 안전을 비는 것부터 바다로 나갈 준비, 바다에서의 수확, 수확 후 운반, 그리고 함께 기쁨을 나누는 전 과정이 들어 있음을 알 수 있다. 우리나라는 삼면이 바다인 만큼 바다에 관련된 의식이 많다. 풍어제가 있고, 해녀들이 불렀던 제주민요가 있으며, 위도띠뱃놀이가 있다. 바다는 우리에게 풍부한 자원을 제공해주는 고마운 곳이기도 하지만 동시에 우리를 위협할 수도 있는 예측할 수 없는 존재이기도 하다. 그래서 험한 바다에 나가 하는 일은 늘 위험을 동반하는 어려운 일이었다. 어려움에도 불구하고 피할 수 없는 바닷일을 덜어주는 역할을 좌수영어방놀이가 담당했을 것이다.

밀양백중놀이*

최근 우리 사회에 '갑질'이라는 용어가 생겼다. 상대적으로 힘이 있는 권력층이 그 권위를 이용해 부리는 횡포를 뜻한다. 백화점 직원을 무릎 꿇고 사과하게 하고, 교수를 시켜주겠다는 명목하에 제자에게 인분을 먹이는 등 갑질은 상상을 초월한다. 본사와 대리점의 관계, 사장과 비정규직의 관계 등 사회적인 모순의 시발점은 바로 이 '갑'과 '을'의 불편한 신분제 때문이다. '을'을 마음껏 부릴 수 있다는 '갑'의 잘못된 인식이 만들어낸 결과다. 시대를 막론하고 어느 사회에나 '갑'과 '을'은 존재할 수밖에 없다. 한쪽이 고용하고 한쪽은 고용을 당하기 마련이다. 또한 사회가 발전할수록 고객을 만족시키기 위한 서비스 직종의 인력은 더 늘어날 수밖에 없다. 그러나 '을'을 배려하지 않고 '갑'이 '갑질'을 하는 것이 정당해지는 것은 옳지 않다. 나를 위해 일하고 노력하는 이들에 대해 감사히 생각하고, 그들을 이해할 줄 알아야 한다. 우리의 선조들은 그 지혜를 알고 있었다. 밀양백중놀이는 과거의 '갑'이라고 할 수 있는 지주들이 '을'인 머슴들을 위해 마련한 위로의 장이었다.

머슴들의 잔치, 마을의 축제

김매기를 마칠 즈음인 음력 7월 보름을 '백중날'이라고 한다. 이 백중날에 머슴들에게 휴식을 주고 재충전을 할 수 있도록 했다. 즉, 머슴들의 잔칫날이었고 이날은 머슴뿐만 아니라 온 마을 주민이 함께 어우러져 같이 음식을 먹고 풍물을 치면서 신명 나게 놀았다. 마을 전체의 축제였

* 국가무형문화재 제68호(지정일: 1980. 11. 17. 보유자: 박동영, 하용부)

던 셈이다. 백중날 하루 혹은 며칠 동안 이어지는 이 축제는 풍년을 기원하는 고사에서부터 놀이, 춤까지 다채롭게 이어진다. 놀이는 세 번의 나발소리로 시작되며 시작과 함께 허튼춤으로 한바탕 논다. 이 신명 나는 시작에 이어 잡귀막이 굿을 하고 이어 모정자놀이를 한다. 모정자놀이는 모심기 흉내를 내며 소리를 주고받는 의식으로, 평소에 하던 김매던 동작들을 놀이로 승화시킨 것이다. 모정자놀이가 끝나면 머슴들의 힘자랑이 시작된다. 무거운 돌을 들거나 씨름을 해서 승패를 가린다. 힘자랑에서 뽑힌 자를 작두말이나 소에 태우고 놀이마당을 도는 것을 '작두말놀이'라고 한다. 일종의 '길놀이'라고 할 수 있다. 작두말 타기가 끝날 때쯤 양반이 등장해 양반춤을 춘다. 양반춤, 병신춤, 오북춤이 차례로 이어진다. 오북춤은 다섯 명의 북잽이가 나와서 추는 춤으로, 이 북소리는 놀이판의 분위기를 극대화하는 데 도움을 준다. 이 춤판이 끝나면 자유로운 뒷풀이로 이어지게 된다. 백중놀이에서 또 하나 빠질 수 없는 것이 바로 '꼼배기참'이다. 밀을 통째로 갈아 술과 안주를 준비하여 일하는 머슴들에게 참으로 주는 음식을 밀양 방언으로 꼼배기참이라 하는데, 이 꼼배기참은 평소 자주 얻어먹을 수 없는 귀한 음식이다. 백중놀이날에는

모정자놀이

이 꼼배기참을 먹으면서 놀이가 진행되기 때문에 밀양백중놀이를 '꼼배기참놀이'라고도 부른다.

공생하는 삶

백화점에서 화가 난 고객을 달래기 위해 무릎을 꿇었던 직원의 뉴스를 보며 온 국민이 분노했다. 무엇이 그렇게 잘못되었기에 그 직원은 그런 선택을 했어야 했으며 그의 고용주는 무얼 했는지 그 회사에 책임을 물었다. 조금씩 인식은 변하고 있다. 의식을 가진 고용주들은 이유 없이 직원들에게 불만을 제기하는 것에 응하지 않겠다는 입장을 보이고 있다. "우리 직원들도 누군가에게 소중한 존재"라고 알리고 함부로 하지 말 것을 당부한다. 아직은 그 행보가 미약하지만 조금씩 변하고 있다. 밀양백중놀이를 통해 선조들의 지혜와 배려를 배울 필요가 있다. 그들의 존재에 감사해하고 휴식과 재충전의 기회를 제공할 필요에 대해 알아야 한다. 빠르게 달려가고, 억압되어 있는 대한민국의 '을'을 위해 배려와 '공생'의 의미를 가진 밀양백중놀이에 대해 늘 잊지 말아야 할 것이다.

오복춤

5

의식

영산재*

망자에게 마지막으로 보내는 선물, 49재

한국의 49재는 사람이 죽은 뒤 49일에 걸쳐 지내는 불교식 제사의례에서 전해진 장례문화다. 불교에서는 망자가 죽은 날로부터 49재를 치르는 사이의 기간을 '중음(中陰)'이라고 하며, 죽은 사람은 이 기간에 생전의 업에 따라 다음 세계가 결정된다고 믿는다. 7일에 한 번씩 심판을 받고, 마지막 일곱 번째 심판 때 염라대왕의 결정에 따라 운명이 정해진다. 그래서 49재를 '77재'라고 부르기도 한다. 생을 마감한 모든 중생은 천상, 인간, 축생, 아수라, 아귀, 지옥의 여섯 세계를 윤회하는데 이 중 지옥, 아귀, 아수라를 '삼악도'라 칭하며 고통으로 가득한 세계라 생각한다. 그 때문에 남은 이들이 죽은 자가 '삼악도'에 들어가지 않고 좋은 세상에서 태어나기를 비는 마음으로 드리는 의식이라 할 수 있다. 정성을 다해 제대로 의식을 행하면 그 공덕에 힘입어 망자는 더 좋은 곳으로 갈

* 국가무형문화재 제50호(지정일: 1973. 11. 5. 보유자: 김인식)

수 있다. 그러므로 49재는 남은 이들이 망자를 위해 할 수 있는 최후의 노력이자 사랑인 셈이다. 영산재는 이 49재 가운데 하나로, 일반적으로 모든 중생과 영가가 부처를 믿고 불법을 배우며 진리의 세계에 들어가도록 하기 위해 거행된다. 국가의 안녕과 군인들의 무사를 빌기도 한다. 특정인이 아닌 불특정 다수를 위해 행해진다는 점에서 차이가 있다.

영산회상으로부터

영산회상은 중인도에 있던 옛 마갈타국의 영취산에서 유래된 것으로, '영산회'라는 말은 영취산에서 있었던 부처의 설법모임을 뜻한다. 영산회상도는 석가모니가 영취산에서 법화경을 설법할 때 하늘에서 꽃비가 내리고 성스러운 음악과 춤으로 인해 많은 대중과 신이 감동받은 광경을 재현한 것이다. 풍류음악의 대표적인 기악곡도 '영산회상'이라는 이름으로 연주되고 있다. 영산재는 의식을 거행할 장소에 영산회상도를 걸어놓는 것으로부터 시작한다. 이어 시련, 대령, 관욕, 조전점안, 신중작법, 괘불이운, 상단권공, 법문, 식당작법, 중단권공, 시식, 봉송 및 소대배송 등의 절차가 이어진다. 대표적으로 관욕은 평정에 이르도록 하기 위해 영가의 세 가지 업장을 씻어주는 정화의식이며, 시식은 죽은 이들이 극락으로 가게 되었으니 기뻐하는 의식으로 떠난 자들의 극락왕생을 축하하며 기뻐하는 즐거운 의식이다.

영산재는 현재 봉원사에서 6월 6일 현충일에 거행되고 있다. 현충일은 국토방위에 목숨을 바친 이의 충성을 기념하는 날이다. 나라를 위해 기꺼이 나서주었던 이들이 더 좋은 세계에서 더 좋은 모습으로 다시 태어날 수 있기를 바라며 봉원사의 영산재는 어느 의식 하나 소홀하지 않게 준비하고 거행한다. 영산재가 있기에 순국선열들을 보내고 남겨진 이들의 마음의 짐이 조금은 덜할 듯하다.

종묘제례*
종묘제례악**

종묘, 그 공간의 특별함

종로에 가면 귀금속거리가 있다. 다른 가게들보다 조금 더 경쟁력 있는 가격으로 많은 이들이 이 거리로 와서 마음에 드는 귀금속을 사간다. 늘 많은 사람이 북적이는 종로의 이 거리 근처에 귀금속보다 더 빛나고 아름다운 우리의 문화유산이 있으니 그것이 바로 종묘다. 종묘는 우리나라 사적 제125호이자 유네스코 세계문화유산이다. 종묘가 무엇이기

* 국가무형문화재 제56호(지정일: 1975. 5. 3. 보유자: 이기전, 이형열)

** 국가무형문화재 제1호(지정일: 1964. 12. 7.)

에 우리나라뿐만 아니라 세계문화유산으로도 인정받았을까?

종묘는 조선시대 역대의 왕과 왕비 및 추존*된 왕과 왕비의 신주를 모신 왕가의 사당을 말한다. 이 사당은 당시 시대에서 단일 목조 건축으로는 그 규모가 가장 컸으며, 조선왕조 500년을 지켜온 국가의 정신적 지주 역할을 하기도 했다. 또한 종묘는 도성의 동쪽에 위치해 음양사상을 바탕에 두고 있다. 이 사실들을 통해 우리는 종묘가 정신적으로나 기술적으로나 매우 높은 위치를 차지하고 있음을 알 수 있다. 종묘가 무형문화유산이 아님에도 불구하고 앞서 많은 설명을 하는 이유는 종묘라는 공간의 중요성 때문이다.

무형문화재 제1호 종묘제례악, 무형문화재 제56호 종묘제례**가 행해지는 곳이 바로 이 종묘다. 종묘라는 공간이 존재하지 않았다면 종묘제례와 제례악 역시 존재하지 않았을 것이고, 제례를 드리는 유교 문화가 없었다면 이 장소 역시 존재하지 않았을 것이다. 종묘는 제례를 올리는 곳이기 때문에 내부에도 그 성격에 맞는 공간들이 각기 존재하고 있다. 계절마다 다른 일곱 신에게 제사를 지내는 칠사당, 조선왕조 역대 공신들의 위패를 모시는 공신당, 정전의 신위를 모시기 위해 새로 지은 영녕전 등이 그것이다. 종묘는 모셔야 하는 신이 시간이 지나면서 계속해서 증가함에 따라 몇 차례에 걸쳐 건물을 옆으로 계속 늘려왔다. 그래서 지금 종묘에 가면 카메라 앵글이 한 번에 잡히지 않을 정도로 건물이 길쭉한 것을 확인해볼 수 있다. 웅장하고 화려하지 않지만 소박하면서 경건하고 고즈넉한 이 장소는 제례를 위해 쓰이는 장소다. 제례를 위해서는 그에 맞는 음악, 노래, 무용이 동반되어야 한다. 종묘(제례를 올리는 장소), 종묘제례(종묘에서 왕, 왕비, 신주를 위해 올리는 제사의례), 종묘제례악(종묘제례를 할 때

* 왕위에 오르지 못하고 죽은 이에게 임금의 칭호를 주는 일

** 1962년 「문화재보호법」 시행 이후 1964년 처음으로 국가무형문화재가 지정되었다. 국가무형문화재 제1호는 종묘제례악이다. 1975년 종묘제례가 국가무형문화재 제56호로 추가 지정되었다.

동반되는 음악, 노래, 무용)이다. 서로 떼려야 뗄 수 없는 두터운 관계를 맺고 있는 셈이다.

종묘제례는 누구에게, 언제, 왜, 어떻게?

사회가 핵가족화되고 현대화되면서 제사문화가 많이 없어졌다고는 하지만 여전히 많은 가정에서 돌아가신 조상들을 위한 제사를 지낸다. 추석, 설명절에만 올리는 집도 있고 늘 조상님을 가까이 두고 좋은 일이 있을 때 말씀 드리고 맛있는 음식이 생기면 먼저 드시라고 올려두기도 한다. 종묘제례도 마찬가지다. 대상은 역대 국왕과 추존왕, 왕비, 신이다. 봄, 여름, 가을, 겨울 매 계절마다 예를 갖추고 한해의 농사에 대해 신에게 고하기도 한다. 설이나 추석명절이 되면 '속절제'라 하여 제를 올린다. 국가에 중대한 일이 있을 때 보고하는 기고제도 있고, 계절따라 햇곡식과 햇과일을 먼저 올리고 고하는 천신제가 있다. 이렇게 예를 갖추고 올리는 이유는 당시 우리나라에 유교이념이 깊이 뿌리박혀 있었기 때문이다. 그리하여 그것을 국가의 근본이념으로 잡고 효와 예를 무척 중시했다.

조상을 섬기고 왕, 왕비, 신에게 순종하는 것 그리고 늘 그러한 마음을 갖추기 위한 자세가 바로 종묘제례의 존속 이유였다. 종묘제례는 각 가정에서 올리는 제사보다 훨씬 더 복잡한 순서와 의식들이 존재하고 있다. 크게 세 가지로 나누어볼 수 있다. 신을 맞이하는 절차, 신을 즐겁게 하는 절차, 신을 보내드리는 절차다. 이것을 더 구체적으로 쪼개어보면 선행절차 → 취위(就位, 제사가 시작되기 전에 제관들이 정해진 자리에 배치됨) → 영신(迎神, 조상신을 맞이함) → 신관례(晨祼禮, 왕이 제실까지 가서 향을 피워 신을 맞아들임) → 진찬(進饌, 음식과 고기를 드림) → 초헌례(初獻禮, 초헌관이 술을 올리고 절하며 축문을 읽음) → 아헌례(亞獻禮, 신에게 둘째 술잔을 올림) → 종헌례(終獻禮, 마지막 술잔을 올림) → 음복례(飮福禮, 제사에 쓴 술이나 음식을 나누어 먹음) → 철변두(撤籩豆, 제상에 놓인 고기나 과일을 거둠) → 송신(送神, 조상신을 보냄) → 망료(望燎, 제례에 쓰인 축문과 폐를 태움) → 제후처리(祭後處理)의 순서로 정리된다.

제례에 음악, 노래, 무용이 필요할까?

경건함에는 침묵이 더 잘 어울릴 것이라고 생각하는 것이 보통이지만, 사실 늘 그렇지는 않다. 어떤 의식을 조금 더 효과적으로 진행하기 위해 혹은 더 많은 사람들을 한곳으로 모으는 힘과 에너지를 얻기 위해 이런 부가적인 요소들이 필요할 때가 많다. 종묘제례에는 많은 음악과 노래, 무용이 배가 된다. 종묘에서 초헌관이 대표자로서 신을 맞이하고 첫 잔의 술을 올리고 나면 이어서 진행되는 의식들에는 절차에 따라 연주되는 음악이 정해져 있고 여기에 노래, 무용이 더해진다. 종묘제례악에는 문덕을 기리는 보태평과 무공을 칭송하는 정대업이 있다. 종묘제례악에 쓰이는 악기는 박, 편종, 편경, 방향, 축, 어, 장고, 절고, 진고 등의 타악기와 당피리, 대금, 해금, 아쟁, 태평소, 대금 등의 관악기가 있다. 종묘의 정전 댓돌을 기준으로 상하를 구분하는데, 윗부분을 '당상(堂上)'이라 하고 아랫부분을 '당하(堂下)'라고 한다. 당상에서 불리는 노래를 '등가'라 하고, 당하에서 불리는 노래를 '헌가'라 한다. 등가의 위치인 당상은 '양'을 나타내고, 헌가의 위치인 당하는 '음'의 위치로서 이들의 연주는 음양의 조화를 상징하는 것이다. 여기에 64명이 열을 지어 팔일무를 추면 그 의식의 경건함이 줄어들기는커녕 더욱더 커지고 보는 사람으로 하여금 숨을 죽이게 하는 깊은 매력이 있다. 종묘제례에서 음악, 노래, 무용이 매우 큰 역할을 하기 때문에 꼭 필요한 존재라는 것을 인식할 수 있다.

우리나라의 정신과 기술문화를 함께 볼 수 있는 소중한 문화유산인 종묘와 종묘제례 그리고 종묘제례악 이 세 가지 소중한 문화유산의 상호작용을 통해 현재를 살아가는 우리는 그때의 정취와 경건함을 느낄 수 있다. 이제 종로3가에 나가면 귀금속보다, 인사동길이나 삼청동보다 종묘에 더 자주 발걸음을 옮겨보는 것은 어떨까? 그 당시에는 걸을 수 없던 신이 다니는 길인 신로를 걸어보기도 하고 그곳에 서서 과거부터 현재까지 우리나라를 굳건히 지켜준 왕들께 감사의 인사를 드리며 종묘에서의 하루를 보내본다면 자연스럽게 세계문화유산이자 인류구전 및 무형유산걸작으로 선정[3]된 이유에 대해 어렴풋이 짐작할 수 있게 될 것이다.

---

* 1997년에 유네스코가 '무형문화유산'의 개념을 제시했고, 제29차 총회는 산업화와 지구화 과정에서 급격히 소멸되고 있는 무형유산을 보호하고자 '인류구전 및 무형유산 걸작 선정 사업(Proclamation of Masterpiece of the Oral and Intangible Heritage of Humanity)'을 채택했다.

석전대제*

유교사상

각 나라의 지폐에 그려진 인물과 사물을 보면 그 나라에서 중요하게 생각하는 것과 존경하는 인물이 누구인지 알 수 있다. 대한민국의 지폐를 살펴보면 천원권에는 성리학자 이황과 성균관 유생들을 위한 강의실이었던 보물 제141호 성균관 명륜당이 그려져 있고, 오천원권에는 성리학자 율곡 이이 선생의 얼굴이 있다. 그 이이 선생을 현명하게 길러낸 어머니 신사임당이 오만원권의 자리를 차지하고 있고, 한글을 만드신 세종대왕이 만원권의 주인공이다.

우리나라는 예부터 지금까지 배우고 정신을 수양하는 것을 늘 중요시해왔다. 또한 배움과 더불어 부모님의 말씀을 잘 듣고 엇나가지 않고 바르게 자라 율곡 이이처럼 어머니를 빛낼 자녀로 성장하는 것을 매우 자랑스러운 일로 여겼다. 이런 사상은 유교에서 시작됐다고 봐도 과언이 아니다. 사실 유교는 끝에 '교'라는 이름이 붙긴 했지만 종교는 아니다. 신이 존재하는 것이 아니기 때문이다. 유학이라고 불리는 것이 더 옳다. 그럼에도 불구하고 유학이 '유교'라고 불리는 이유는 유교가 유입될 당시 사람들을 교화하고 가르치는 역할을 했기 때문이다. 중국의 공자에 의해 창시된 유교는 생활에서 인의예지 등 도덕적 덕목과 조상에 대한 효, 내외사상에 의한 남녀유별, 장유유서 등을 중시했다. 현재까지도 유교사상은 우리 생활에 깊이 뿌리박혀 서양과 구분 짓는 행동양식을 만들기도 했다.

---

* 국가무형문화재 제85호(지정일: 1986. 11. 1.)

공자를 위한 제사

중국의 공자가 창시한 유교는 삼국시대에 전해졌다. 삼국시대부터 우리나라의 전반적인 사상에 영향을 미쳤고, 조선은 유학을 바탕으로 한 성리학이라는 학문을 받아들이기도 한다. 공자가 남긴 명언들은 지금 시대에 보아도 전혀 뒤처짐이 없다.

"배우기만 하고 생각하지 않으면 얻는 것이 없고,
생각만 하고 배우지 않으면 위태롭다"
"상처는 정의로 갚고, 은혜는 은혜로 갚아라"
"어디를 가든지 마음을 다하라"

사람은 생각하고 행동할 수 있기에 짐승과 다르고, 그 정신을 늘 수양해야 한다고 말했던 공자는 동양문화권에서 없어서는 안 될 성인이며 학자였다. 그래서 이를 기리기 위해 공자를 모시는 사당인 문묘에서 제사를 지낸다. 그것이 석전대제다. 매년 2월과 8월 정해놓은 날에 공자를 비롯한 옛 성인들의 학식과 덕을 추모하며, 성균관과 전국의 향교에서 석전봉행된다.

중국에서도 공자를 위한 제사가 열린다. 매년 공자의 생일에 맞추어 성대하게 거행된다. 유교의 발원지가 중국인만큼 그것을 아끼고 중시하는 마음이 매우 큰 것은 당연할 것이다. 그러나 중국은 문화대혁명을 거치면서 유교적 뿌리를 많이 잃었다. 제사를 지내는 의식이 간소해졌고 실용성을 더 중시하는 문화로 발전해왔다. 그래서 중국인이 한국에 여행을 오면 되려 아직도 옛모습과 사상을 고스란히 간직한 채 남아 있는 우리의 문화를 신기해하고 재미있어한다. 중국에서 전해져왔지만 그것을 우리만의 방식으로 더욱더 아끼고 사랑해온 대한민국. 그 정성과 마음을 석전대제를 통해 확인할 수 있다.

사직대제*

사직대제는 토지신인 사신(社神)과 오곡신인 직신(稷神)에게 백성이 편안하게 살 수 있도록 풍요를 기원하는 행사를 말한다. 이 대제를 드리는 공간을 '사직단(社稷壇)'이라고 부른다. 사직단은 현재 종로구에 위치하고 있으며, 1963년 1월 21일 사적 제121호로 지정되었다. 우리나라는 예부터 많은 신이 존재해왔다. 그중에서도 특히 토지신과 직신에게 대제를 올렸던 이유는 무엇일까? 현대의 사회 교과서에서 그 답을 찾을 수 있다. 중학교 사회 교과서에 보면 "국가의 3요소는 영토, 국민, 주권이다"라는 내용이 나온다. 국가를 이루려면 주권을 가진 사람들이 일정하게 모여 살 수 있는 영토가 있어야 한다는 말이다. 나라가 존립하는 데 있어서 영토가 무척 중요한 부분을 차지하고 있기 때문에 지금도 곳곳에서 끊임없는 영토분쟁이 일어나고 있다. 또한 농경사회에서 토지는 좋은 곡식을 나게 하는 훌륭한 기반 역할을 해주었다.

다시 한 번 중학교 사회 교과서의 내용을 살펴보면 '인간생활의 3요소'는 의식주라고 되어 있다. 여기서 식(食)은 먹는 것을 뜻하는 말로, 인간이 살아가는 데 있어서 잘 먹는 것의 중요함을 강조하고 있다. 지금은 과학기술이 발달하여 유전자를 변형해서 먹거리를 얻는다고도 하지만 과거 농경사회에선 밭에 씨를 뿌리고, 나무를 심어 그 결실로 먹고살았다. 그래서 적절한 때에 비가 내리고 바람이 불고 햇빛이 내리는 것에 대한 감사와 그것이 지속되기를 바라는 기원이 끊이지 않았다. 사직단에서 거행되는 사직대제는 바로 이런 농민의 염원을 담은 것이자 이러

* 국가무형문화재 제111호(지정일: 2000. 10. 19. 보유자: 이건웅)

한 농민의 염원을 알았던 국가에서 행했던 대대적인 행사, 그야말로 농민의 마음을 헤아리고 농민생활의 안정을 추구하고 나라의 안녕을 바랐던 치자들의 마음이다. 임진왜란, 병자호란을 겪으며 나라가 혼란스럽고 임금조차 중심을 잡을 수 없던 그때에 신하들이 왕을 향해 한마음으로 외쳤던 말은 바로 "종묘와 사직을 생각하시옵소서"였다.

위험하고 어려운 상황 속에서도 목숨같이 지켜냈던 사직은 1909년 일제의 전통문화 말살정책으로 인해 사직제도가 철폐되고 의례공간인 사직단이 사직공원으로 바뀌게 된다. 신을 모시는 신성한 공간을 한순간에 놀이공간으로 만들어버린 것이다. 국민의 뜻을 하나로 화합하는 힘을 가지고 있던 사직이 일제의 말살정책으로 인해 사라져 한동안 그 명맥을 잇지 못했지만, 1988년 서울시와 종로구청의 노력으로 복원되었고 전주이씨 가문의 노력으로 2000년에는 사직대제가 국가무형문화재로서 지정되기에 이르렀다. 매년 추석 즈음해서 열리는 사직대제는 많은 사람들이 참여한다. 같은 마음으로 나라의 안녕을 빌고 한해의 큰 수확과 풍년을 바란다. 둥근 보름달 아래서 다 같이 손을 맞잡고 "강강술래~" 하며 신나게 풍년을 기원하는 것은 아니지만, 모두가 한마음 한뜻으로 신 앞에 나와 경건한 마음으로 고개를 숙이고 예를 올린다.

사직대제의 대본, 홀기

2015년 10월 3일, 사직단에서 올해의 제의가 시작되었고 왕은 앉았다가 일어서기를 반복하고 술잔을 올리고 절을 했다. 마치 그 동작을 늘 해온 것처럼 익숙하게 영신례-전폐례-진숙-초헌례-아헌례-종헌례-철변두-음복례-송신례-망료의 총 10가지나 되는 과정*을 이어나갔다.

* 사직대제의 제례절차: 영신례(迎神禮: 신을 맞이하는 의식)-전폐례(奠幣禮: 신에게 폐백을 드리는 의식)-진숙(進熟: 제사에 쓰는 여러 가지 재료들을 차려놓는 예)-초헌례(初獻禮: 신에게 술을 올리는 예)-아헌례(亞獻禮: 신에게 두 번째 술을 올리는 예)-종헌례(終獻禮: 신에게 마지막 술을 올리는 예)-철변두(撤邊豆: 제사에 쓰인 제물을 거두어들이는 예)-음복례(飮福禮: 초헌관이 복주를 마시는 예)-송신례(送神禮: 신을 보내는 의식으로 제사에 사용한

각 과정마다 뒤에 서 있는 악대는 열심히 악을 울렸다가 그쳤다가 했고 춤을 추었다가 멈추었다가 했다. 이것들을 모두 외워서 진행하는 것이라면 머리에 쥐가 날 만큼 복잡한 과정들이었다. 이렇게 매끄럽고 자연스럽게 이어올 수 있었던 비밀은 바로 '홀기'에 있다. 사직대제의 대본과 같은 것이다. 집례(執禮: 제사 등의 의식에서 홀기를 읽어 절차를 진행시키는 사람)가 읽는 홀기에 따라 각 위치에 있는 사람들이 움직이는 것이다. 일단 매 과정마다 '행하다'의 행(行)을 붙여서 행종헌례(行終獻禮: 종헌례를 행하시오), 행송신례(行送神禮: 송신례를 행하시오) 등이 있고, 악대에게 지시하는 궁가작수안지악소무지무작(宮架作壽安之樂昭武之舞作: 궁가에서 수안지악을 연주하고 소무지무를 추시오), 악지(樂止: 악을 그치시오)도 있다. 또한 왕의 움직임에 있어서는 직접 왕에게 지시하는 것이 아니라 왕을 보좌하는 사람에게 왕이 그렇게 하도록 돕게 한다.

예의사도황사손강복위(禮儀使導皇嗣孫降復位: 예의사는 황사손을 인도하여 내려와서 제자리로 가시오)가 바로 그것이다. 여기서 예의사는 대제 때 초헌관인 임금을 인도하는 역할을 담당하는 사람을 말한다.

변두를 철수하는 예)-망료(望燎: 송신례가 끝난 뒤 축과 폐백을 불사르는 예)

제수

각 지방마다 제사상에 올라가는 음식은 조금씩 다르다. 경상도와 전라도의 것이 다르고, 강원도와 제주도의 것이 다르다. 그 지방에서 나는 귀한 것들이 제사상에 올라간다. 신께 바치는 제사상, 곧 사직대제에 진설되는 제물들은 그것들의 복합체라고 할 수 있다. 이 세상에 존재하는 거의 모든 먹을거리가 제물로 쓰인다. 소고기국, 양고기국, 돼지고기국 등 각종 고깃국을 비롯하여 사슴고기, 토끼고기까지 등장하고 은행, 잣, 대추 등과 맛좋은 경단, 수수떡, 인절미 등 떡까지 그 종류만 해도 어마어마하다. 이것들을 알맞은 모양과 기품이 있는 제기에 담아 올린다. 이것은 나라 안의 모든 것이 왕의 소유임을 표하는 것이고, 정성스러움을 나타내는 것이기도 하다. 또한 고기의 경우에는 익힌 것이 아니라 날것을 그대로 올리기도 하는데, 이것은 조상들이 날것을 먹고살았던 그 옛날을 잊지 않으려 하는 마음을 담고 있기도 하다.

일제가 사직단을 사직공원으로 만들고 민족문화를 말살시키려 했지만, 결국 사직대제는 우리 곁으로 다시 돌아왔다. 그 명맥이 한 번도 끊어진 적이 없었던 것처럼 자연스럽고 안정된 모습으로 존재하고 있다. 여전히 가뭄과 홍수 등으로 고통 받는 농민들이 많고 매년 농작물 피해가 일어나고 있다. 농경사회에서 벗어나 산업화 사회, 지식정보화 사회로 변모하면서 농사에 대한 인식과 관심도 점점 줄어들고 있다. 사직대제의 역할, 그 존재감에 대한 바른 인식이 무엇보다도 필요한 시점이다.

연등회*

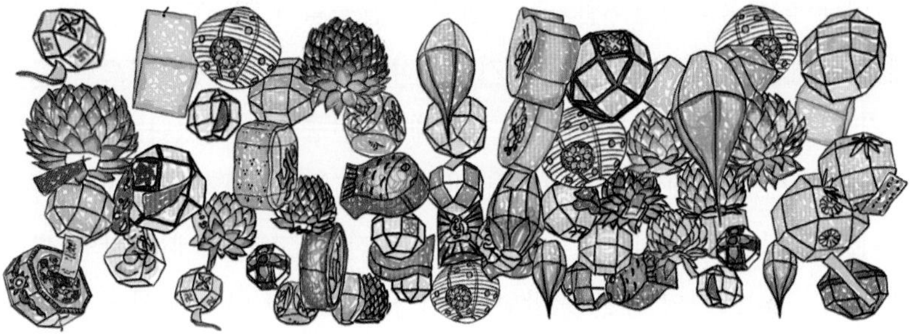

태조 왕건이 말씀하시길

고려 태조 26년, 우리에게는 '왕건'이라는 이름으로 더 친숙한 태조가 후인에게 전하는 훈요(訓要) 10조 중 제6조에 보면 다음과 같은 내용이 있다.

> 연등(燃燈)은 부처님을 섬기는 것이고, 팔관(八關)은 하늘의 신령(神靈)과 오악(伍嶽)의 명산(名山)·대천(大川)·용신(龍神)을 섬기는 것이다. 후세에 간교한 신하들이 가감(加減)할 것을 건의(建議)하면 일체 금지해야 할 것이다. 나 또한 당초부터 마음에 맹세하여 회일(會日)에 국기(國忌)를 범하지 않고 임금과 신하가 함께 즐거워하였으니 마땅히 이를 존중하여 시행토록 하라.

태조 왕건이 말한 연등은 부처님의 지혜로 어둡고 암울한 세계를 밝게 하고자 하는 사람들의 염원을 담아 등을 밝히는 것이다. 부처님께 공양을 하는 방법이기도 하다. 연등회는 통일신라 후기 때부터 시작되어

---

* 국가무형문화재 제122호(지정일: 2012. 4. 6.)

고려 때 국가의례로 정착했다. 태조 때에 이르러서는 사회 통합의 기능을 담당하며 그 역할과 중요성이 증대되었기 때문에 태조 왕건이 후대에 남긴 열 가지 사항 중 하나에서 연등회를 언급하기에 이르렀다.

어두운 마음에 등불 하나

현대에는 음력 4월 8일, 즉 초파일에 연등회가 열린다. 연등회는 본래 정월대보름에 행해지던 풍년기원제적 성격이 강한 행사였으나 고려 중기 때부터 초파일에 행해지기 시작해 그 전통을 이어왔다. 세상이 부처님의 자비와 지혜로 가득하기를 바라는 불교적인 성격이 강한 문화유산이므로 사찰을 중심으로 연등회가 행해진다. 고려 때에는 왕의 행렬을 따라 3~4만 개의 등불을 밝혔다. 지금은 그때와 다르게 왕은 존재하지 않지만 이날만큼은 종교와 국적을 넘어서 전국에 있는 많은 이들이 모여 행렬을 이룬다. 등의 모양도 가지각색이다. 행렬을 따라 연희와 가무가 더해지면 그 모습이 장관이다. 어두운 밤에 밝게 빛나는 불을 따라 걸으며 생활 속에서 받았던 고민과 아픔들을 날려 보내고 두 손 모아 염원을 빌고 나면 어두웠던 마음에도 등불 하나가 밝혀진다.

연등회는 음악, 춤, 놀이 등이 어우러진 종합적인 문화예술축제이자 온 국민을 하나로 모으는 대통합의 문화유산이다. 가지고 있는 번민과 아픔을 빛나는 등에 다 떨쳐버리고 모두 함께 손잡고 다시 힘내서 살아가는 것, 연등 앞에서는 모든 것이 고요해지는 것. 이것이 연등회가 가지고 있는 가장 큰 매력일 것이다.

은산별신제*

은산별신제는 부여 은산지역에서 행해지는 별신제(마을 수호신에게 드리는 제사)로서, 토속신앙에 바탕을 둔 제전에 군대의 의식이 가미된 장군제적 성격이 짙은 의식행사다. 은산별신제는 1962년 「문화재보호법」 시행 이후 놀이와 의식에서 처음으로 지정된 종목이다. 은산별신제는 3월 말에서 4월 초순에 치러지며, 현재는 6일간 행사로 정형화되었다. 2015년에는 3월 26일부터 31일까지 열렸다. 이야기를 전하기 위해 필자가 직접 부여에 6일 동안 머물며 기록한 내용을 담았다. 그 현장으로 가기 전 잠시 은산별신제의 전설을 들려주고자 한다. 이를 통해 은산지역의 수호신은 누구이며, 이 수호신에게 '어떤' 제사를 '왜' 드리게 되었는지 좀 더 쉽게 이해하게 될 것이다.

은산별신제의 전설이야기

옛날 은산지역에 지독한 괴질이 크게 퍼졌다. 백방으로 약을 써도 효험이 없어 날마다 많은 사람들이 죽어갔다. 이대로 가다가는 폐촌이 될지도 모를 처참한 상황에 민심이 크게 동요하고 주민의 근심이 끊이지 않았다. 그러던 어느 날 마을의 한 노인이 낮잠을 자는데 꿈속에서 금빛 투구를 쓰고 철갑옷을 입은 한 장군이 백마를 타고 나타나 "나는 백제를 지키던 장군인데, 이곳은 우리가 나라 광복을 위해 죽음을 맹세하고 싸운 자리다. 내 부하였던 많은 애국장병들의 한 맺힌 시신이 어지럽게 묻혀 있다. 그러니 네가 나서서 이 유골들을 수습하여 양지바른 곳에 묻어

---

* 국가무형문화재 제9호(지정일: 1966. 2. 15. 보유자: 박창규, 송병일)

주고 영혼을 위로해주면 보답으로 지금 퍼지고 있는 괴질을 말끔히 물리쳐주겠노라"고 당부하고는 어디론가 홀연히 사라졌다.

잠에서 깬 노인은 그 사실을 마을에 알려 상의한 뒤 젊은이들을 모아 아무렇게나 방치된 유골을 수습하여 매장해주고 위령제를 지내자 무섭게 기승을 부리던 괴질이 씻은 듯이 물러나 마을에는 다시 평안이 찾아왔다.

이후 마을 사람들은 별신당 동서 벽에 백제부흥군의 장수인 복신장군과 토진(도침)대사의 영정을 걸어놓고 음력 정월 산신제를 지낼 때 위령제를 함께 거행했고, 언제부턴가 성대한 별신제를 지내기 시작하여 오늘에 이르고 있다.

첫째 날: 물 봉하기

별신제는 물 봉하기로부터 시작된다. 물 봉하기는 말 그대로 물을 봉한다는 뜻이다. 수백 년 동안 마을 사람들의 식수로 사용되었던 은산천 상류 1km쯤에 금줄을 쳐서 오물을 버리거나 함부로 드나들지 못하게 하여 은산천의 오염을 막는다. 물봉의식이 행해지면 은산천의 상탕 물을 떠서 본제에 쓰일 조라술을 정성들여서 담근다. 이 물을 뜨는 의식까지 끝나고 나면 그때부터 마을의 그 누구도 상류의 물을 사용할 수 없게 되어 별신제가 끝나는 날까지 모든 주민은 금줄 아래의 시냇물을 떠다가 식수로 사용해왔다. 첫째 날 행사가 끝나면 화주(별신굿의 제사 주체)가 각 임원의 집 대문에 걸 수 있도록 칠금줄을 나누어준다.

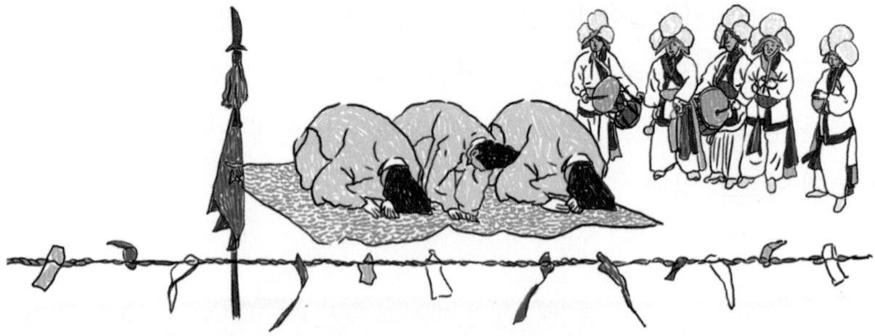

둘째 날: 진대베기

진대베기는 진대목(은산별신제의 진목)으로 사용될 참나무 네 개를 베는 의식이다. 둘째 날 아침에 모군석을 설치하고 임원과 진대(은산별신제의 진목)베기에 참여할 인원과 삼현육각, 풍물패가 모이면 진대베기에 나선다. 동서남북에 장승을 세울 때 진목(진대)을 하나씩 꽂는다. 동서남북에서 마귀가 침범하지 못하고 괴질이 마을에 못 들어오게 하기 위해 장승을 꽂을 때 진목(진대)을 같이 꽂는다. 장승과 함께 경계신으로 액을 막는 역할을 하는 것이다. 진대를 베는 장소는 은산면을 중심으로 사방 20리 이내 동북 방향 산중에서 그해 손이 없는 곳을 고른다. 진대를 베게 된 곳은 운수가 좋다고 여겨 마을마다 유치경쟁도 치열하다. 진대로 쓰일 참나무는 지름 10cm 내외의 어린 나무로 별신제가 열리기 며칠 전 미리 점찍어둔다. 산에 도착하면 풍물패의 쇠가락 속에서 별좌와 승마 임원들이 미리 보아둔 참나무를 향하여 삼배(세 번 절하는 것)를 올린다. 배(拜)마다 고개를 세 번 끄덕거려서 더욱 공손한 예를 표한다.

셋째 날: 꽃받이

셋째 날에는 별신당에 제물과 함께 올릴 꽃을 받아오는 준비를 한다. 꽃은 색이 있는 한지로 제작되며 연꽃, 모란, 작약, 등으로 길상과 부귀를 나타낸다.

첫째 날~셋째 날: 집굿

첫째 날부터 셋째 날까지 별좌와 풍물패들은 별신제의 모든 임원 집을 순방하며 풍장을 치고 축원을 해준다. 액운이 없어지고 모든 일이 순조롭게 이루어질 수 있도록 기원한다. 이 기간 동안에 병이 난 주민이 있으면 풍물패가 그 집에 가서 집굿을 쳐주면 병이 완쾌한다는 속설이 전해져 병자의 집에서 요청하면 별도의 집굿을 쳐주기도 한다. 집굿을 치는 동안 첫날 만들어놓은 조라술은 굿과 함께 깊게 숙성된다.

넷째 날: 상당(별신당에 오르는)행사, 본제

6일 중 사실상 가장 볼거리가 많은 날이다. 본제가 열리는 날이기 때문이다. 본제를 올리기 전에 꽃과 제물 등을 별신제로 운반하는 의식을 '상당행사'라고 한다. 이때 별신당에 오르는 모든 사람은 엄숙과 정결을 위해 입에 흰 종이를 물고 두 손으로 공손히 음식과 공물을 받쳐 들고 별신당에 오른다. 상당 행렬은 동네를 한 바퀴 돈 다음 별신당으로 가는데, 이는 액운을 물리치기 위한 지신밟기의 일종이다. 제단에 올려지는 제기는 부정한 것이 들어가지 않도록 하기 위해 흰 종이로 쌓아서 올린다. 별신당에 제물이 진설되면 화주와 임원이 3배를 올리고 희생물로 바쳐질 돼지와 닭에게 절을 올린 후 도살하여 별신당으로 가져간다. 본제를 지내기 전에 생고기를 먼저 올리는 것은 산신을 공양하기 위함이고, 고기를 익혀 다시 올리는 것은 인물신인 복신장군과 토진대사를 위한 것이다. 이때 일체의 과정은 부정 탄다 하여 여자들은 참여하지 않고 남자들이 전 과정을 담당한다.

드디어 본제

제의는 유교식으로 진행되며 진행순서는 다음과 같다.

① 분향(향을 피움)

② 강신[첫잔을 올리기 전에 신을 내리게 하기 위해 향을 피우고 술을 따라 모사(茅沙) 위에 부음]

③ 참신(신주 앞에서 절을 함)

④ 초헌(첫 술잔을 신위 앞에 올림)

⑤ 독축(축문을 읽음)

⑥ 아헌(둘째 술잔을 신위 앞에 올림)

⑦ 장군축

⑧ 종헌(셋째 잔을 신위 앞에 올림)

⑨ 동민축

⑩ 백배(여러 번 절을 함)

⑪ 동민헌작(동민들이 술잔을 올림)

⑫ 소지(신령 앞에서 비는 뜻으로 희고 얇은 종이를 불살라서 공중으로 올리는 일)

다섯째 날: 장승깎기

마지막 날 동서남북 마을 입구 장승터에 새로 제작한 장승과 진대를 세우는 행사를 하는데, 이때 쓰일 장승을 깎는 날로 화주 집에서 진행된다. 장승은 잡신들이 마을을 침범하지 못하도록 기원하는 것으로 높이 1.5m 내외의 소나무와 참나무에 톱, 끌, 자귀 등을 이용하여 관의 형태와 얼굴을 대강 다듬고 먹으로 눈, 입, 수염, 관의 형태를 새겨넣는다. 잡귀를 쫓기 위해 무섭게 조각한 흔적이 엿보이지만, 친근감을 주는 해학적인 얼굴을 한 사방장승 모두 남장승으로 제작된다.

여섯째 날: 독산제, 장승제

독산제: 제를 마친 다음날 저녁에 날이 어두워지면 화주는 별좌만 대동하고 별신당 아래에 있는 독산제당에 가서 불백기시루와 술, 과일, 포 등을 조출하게 차려놓고 제사를 지낸 뒤 소제를 올린다. 이는 별신제가 무사히 진행되도록 보살펴주신 산신에게 감사를 드리는 의식이다.

장승제: 독산제를 지내는 시간에 별좌가 풍물패와 영기를 앞세우고 동서남북 사방의 장승터에 새로 제작한 장승과 진대를 세우는 의식이다. 장승을 세우는 곳은 동쪽에는 은산으로 진입하는 신대리마을 동구 밖에, 서쪽은 청양으로 가는 도로변 시냇물 옆에, 남쪽은 은산교 좌측에, 북쪽은 장평으로 이어지는 도로변인 은산중학교 앞에 자리 잡게 된다.

전국에 별신제라 불리는 의식이 10개 정도 된다. 그중에서도 은산별신제는 특히 금기가 엄하다. 임원들의 집마다 금줄을 달아놓고 집앞에는 잡귀가 들어오지 말라고 붉은색 흙을 뿌려놓는 등이 그것이다. 백제의 부흥운동을 벌였던 이들의 넋을 기리는 행사인 만큼 매번 세 번씩 고개를 숙이는 것도 인상적이다. 현재는 부여의 작은 마을인 은산이지만 그 옛날에는 백제의 마지막 전장이었던 역사적인 장소. 그곳의 6일은 그 옛날의 '한'맺힌 백제의 후손들이 남긴 위대한 문화유산이다.

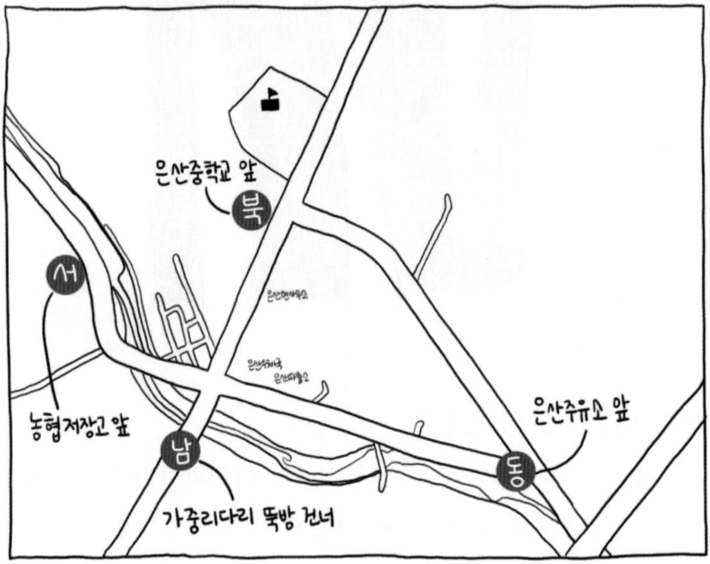

강릉단오제* 경산자인단오제** 법성포단오제***

익숙한 데서 오는 무지(無知)

단오는 우리 민족 5대 고유명절 중 하나다. 『춘향전』, 『임꺽정』 같은 소설에서 다루었고, 신윤복은 「단오풍정」을 통해 단오의 모습을 종이 한 장에 알차게 담아내었다. 익숙한 이름인데다 『춘향전』과 「단오풍정」이 교과서와 미디어를 통해 많이 알려져 있어서 우리는 단오절이 춘향과 이몽룡이 만나는 날이고 창포물에 머리를 감는 날이라는 것을 안다. 그러나 중요한 것은 그 이유다. 『춘향전』은 실화를 바탕으로 쓰인 소설이 아니다. 365일이나 되는 많은 날 중에 작가는 왜 하필 그 둘을 단오에 만나게 했을까? 또 왜 창포물에 머리를 감는 것이 한 화가로 하여금 화폭에 담고자 하는 특별한 풍경이 되었을까? 단오는 음력 5월 5일이다. '5'라는 숫자는 음양오행상 양수로 불리는 '5'가 연속된 날로 양기가 가장 왕성한 날이다. 양기는 만물이 살아 움직이는 활발한 기운을 말한다. 이런 활기찬 날에 이몽룡과 춘향이 만나는 것이 더 아름답게 보이는 것은 당연하다. 음양오행학적 관점으로는 좋은 날이지만 자연적으로는 비가 많이 오는 계절로 접어드는 날이다. 이로 인해 나쁜 병이 유행하기가 쉬워서 단오에 미리 액을 제거하는 의식이 많이 생겨났다. 이를 '단오

* 국가무형문화재 제13호(지정일: 1967. 1. 16. 보유자: 김종군, 조규돈, 빈순애)
** 국가무형문화재 제44호(지정일: 1971. 3. 16. 보유자: 박인태)
*** 국가무형문화재 제123호(지정일: 2012. 7. 23.)

비음'이라 하는데, 나쁜 귀신을 쫓는다는 뜻이다. 이 의식들 중 가장 많이 알려진 것이 창포물에 머리를 감는 것이다. 창포물은 창포풀을 끓여서 식힌 뒤 사용한다. 창포는 기의 순환을 조절하고 피부질환, 신경증 등에 좋다고 알려져 있다. 그런 이유로 액을 떼어내는 데 쓰였다. 또한 붉은색 옷을 입고 붉은 물을 들여 비녀를 만들어 꽂았는데, 이는 붉은색이 예부터 귀신을 쫓는 색이기 때문이었을 것이라 추측된다. 우리는 알고 있지만 잘 모르는 것들이 많다. 어릴 때부터 익숙하게 들어온 단오, 창포물, 『춘향전』 등은 너무나 익숙하기에 오히려 깊이 알려고 하지 않았던 것들이다. 지금부터라도 관심을 갖고 더 많이 알 필요가 있다. 그 이유는 단오가 소설, 영화의 모티프였을 뿐만 아니라 갖가지 세시풍속을 만들어내고 소중한 무형문화유산을 세 가지나 파생시킨 날이기 때문이다. 강원도 강릉시, 전라남도 영광군의 법성포, 경상북도 경산시 자인면, 이 세 곳에서 이어져오고 있는 단오제는 각각의 지역적 특성을 담고 지역민의 일체감을 고취시키며 발전해왔다.

신윤복, 「단오풍정」, 간송미술관

험준한 대관령을 넘어: 강릉단오제

지금은 강릉으로 가는 영동고속도로가 생겨 이동이 쉽지만 이전에는 험준한 대관령을 넘어가야 했다. 꼬불꼬불한 길을 큰 버스를 타고 오르다 보면 멀미를 하기도 부지기수였다. 그럼에도 불구하고 대관령길은 풍경이 아름다워 아직도 많은 이들은 일부러 시간을 할애하여 직선길을 돌아가며 들르기도 한다. 대관령은 과거부터 길이 험준했지만 송림이 울창하고 아름다워 강릉사람들에게 극복해야 할 대상인 동시에 소중히 보존해야 할 가치가 있는 곳이다. 강릉단오제는 위험한 대관령을 끌어안고 사는 강릉사람들의 안전과 무사태평을 빌었던 의례다. 물론 그 유래는 김유신장군신설화, 범일국사신설화, 대관령국사여서낭신설화 등 모두 신과 관계된 것들로 신을 모시고 즐겁게 하는 것에서 왔지만 주요 기능은 단옷날을 비롯하여 지역주민의 이런 염원이 담겨 있다.

강릉단오제는 단오 한 달 전부터 시작된다. 신에게 바치는 술을 담그는 신주 빚기부터 시작하는데, 이 술은 우리의 전통술들이 그렇듯 쌀과 누룩으로 만들어진다. 쌀은 주민이 한 자루씩 담아준 것으로 만들어진다. 쌀을 담을 때 자신과 가족 그리고 강릉시와 대한민국을 위한 염원도 함께 담아낸다. 단오 이틀 전 산신제, 성황제 등 신맞이 행사를 시작으로 본격적인 의례가 시작된다. 경건하게 제사를 드리는 것은 물론이고 신을 즐겁게 하기 위한 무당굿도 벌어진다. 무당굿은 부정을 털어버리는 부정굿으로부터 시작하여 총 18거리의 굿을 이어간다. 이때 무당이 익살스럽게 현장을 이끌어가고, 온 동네 사람이 웃고 즐거워하며 어우러진다.

또 하나의 특징은 강릉관노가면극이다. 대한민국에는 많은 가면극이 존재해오고 있지만, 특이한 점은 바로 '관노'가 연행했던 극이라는 점이다. 대부분의 가면극이 전문 연희패 혹은 마을 사람들이 주체자였던 반면에 노(奴), 즉 노비가 가면극을 이끌었다는 점이 큰 특징이다. 관노가면극은 대사 없이 몸짓만으로 전체 극을 이끌어간다. 극에는 '시시딱딱이'

라는 인물이 등장하는데, 시시딱딱이는 '시시'와 '딱딱이'의 결합어다. 시시는 '쉬쉬-'라는 뜻으로 귀신을 쫓아내는 구음이고, 딱딱이는 탈춤을 추는 사람을 표현한 용어다. 한마디로 귀신을 쫓기 위해 탈춤을 추는 사람이 시시딱딱이다. 앞에서 소개한 단오비음과 성격상 같은 것이라 할 수 있다. 강릉단오제는 세 가지 단오제 중 가장 먼저 1967년에 무형문화재로 지정되었고, 2005년에는 유네스코 인류무형문화유산으로도 선정되어 2015년 10주년 기념행사를 열기도 했다.

시시딱딱이

영광 법성으로 돈 실러 가세: 법성포단오제

법성포는 전남 영광군에 있는 포구다. 지금은 큰 역할을 하는 포구가 아니기 때문에 그 지명은 익숙하지 않지만 '영광굴비'는 누구나 한 번쯤 들어봤을 것이다. 추석 때가 되면 흔히 질 좋은 영광굴비가 특상의 선물로 팔려 나간다. 굴비는 절인 조기를 말한다. 영광굴비는 칠산바다에서 나는 절인 조기를 말하는 것으로, 법성포구에서 많이 잡힌다. 과거 조기철이 되면 보부상들이 전국에서 모여들었다. 바로 이 조기를 구해다 팔기 위해서였는데 그때부터 그 명성이 시작되어 당시에는 "법성으로 돈

실러 가세"라는 말도 있었다. 이렇게 어업물의 집산지로서 성장해온 영광은 무엇보다도 풍어가 중요했다. 그래서 단오제 역시 풍어를 기원하는 모습으로 많이 존재해왔다. 이는 어업을 주로 해온 부안의 위도띠뱃놀이, 동해안별신제 등과 다르지 않다. 배 위에서 용왕제를 지내고 무당이 굿을 하며 액막이배를 바다로 띄워 보낸다. 이 밖에 법성포에서는 단옷날의 전형적인 행사인 창포물에 머리 감기, 씨름 등을 해왔다. 농악을 울리고 그네를 뛰었고, 배에서뿐만 아니라 당산나무 아래에서 당산제도 지낸다. 법성포단오제의 대부분 행사는 모두 숲쟁이에서 거행된다. '숲으로 된 성'이라는 뜻을 가진 이곳에서 단오제의 각종 놀이가 벌어지고 호남 일대의 명인들이 모여들어 기량을 뽐내는 자리로 유명하다. 지금은 숲쟁이공원으로 조성되어 지역민이 쉴 수 있는 휴식공간인 동시에 중요한 날이 되면 의식을 행하는 공간으로 쓰인다.

법성포단오제 역시 파시난장 유래설, 조운난장 유래설 등을 가지고 있지만 강릉단오제가 그렇듯 유래보다 더 중요한 것은 바로 이 지역민이 화합하고 한해 동안 마음 편히 살아갈 수 있게 하는 힘이다.

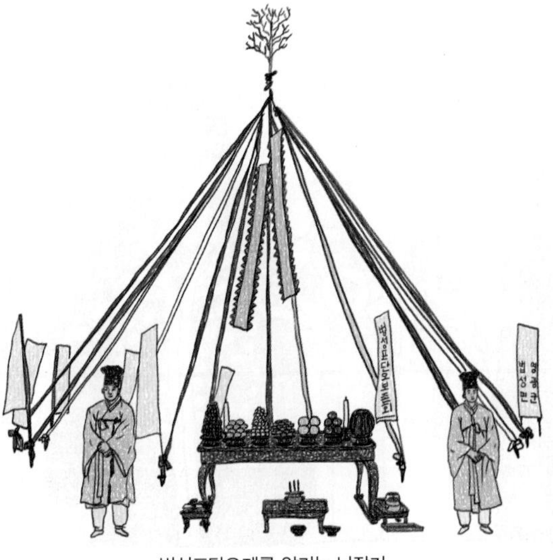

법성포단오제를 알리는 난장기

한장군놀이: 경상자인단오제

강릉단오제의 유래는 신에서 찾고 법성포단오제의 유래는 난장에서 찾는다. 경상자인단오제의 유래는 한장군이라는 한 인물에서 찾을 수 있다. 그래서 경상자인단오제는 본래 한장군놀이로 부르다가 경상자인단오제로 그 명칭이 변경되었다. 9세기 무렵 신라시대에 왜구가 자인의 도천상에 성을 쌓고 기거하면서 주민을 괴롭히자 한장군이 그의 누이와 함께 버들못가에서 여원무와 배우잡희의 놀이판을 벌여 유인한 뒤 그들을 무찔렀다. 이후 한장군에 대한 감사로 단오절에 추모제사를 모시기 시작했고, 그때 한장군이 누이와 함께 추었던 여원무와 배우잡희를 동네 사람들이 같이 즐기고 단오절의 세시풍속인 씨름, 그네타기 등을 해왔으며 무당굿 역시 빠지지 않는다. 자인면에 가면 한장군 사당이 있는데, 크지는 않지만 고즈넉하다. 묘도 있고 비석도 있고 동상도 지어져 있다. 이 지역 사람들은 한장군이 정확히 어느 시대를 살아간 어떤 인물인지는 중요하지 않다고 생각한다. 그가 이 지역을 위해 노력했던 마음과 진심을 기억하며 그에게 감사하는 마음을 대대로 이어오며 살아가고 있다.

아는 것에서 시작하는 관심

북쪽의 강원도, 동쪽의 경상도 자인, 서쪽의 전라도 법성, 이 세 곳에서 이어오고 있는 단오제. 단오는 알았지만 단오제는 몰랐던 사람이라면 앞으로는 이 깨달음으로부터 관심이 시작되었으면 한다. 강릉단오제 때 강릉을 방문하면 온 도시가 떠들썩하다. 신명 나는 즐거움과 신에 대한 유쾌한 의식들이 도시 전체에 가득하다. 법성포에 가면 알싸한 냄새와 더불어 모두 함께하는 난장이 있다. 그리고 상징적인 숲쟁이공원은 고요함과 흥겨움을 두루 갖춘 모습으로 존재하고 있다. 경상도 자인의 한장군 사당은 지역주민의 순수함과 믿음이 느껴지는 소중한 공간이다. 단오절에는 창포물에 머리를 감진 않아도, 춘향이나 이몽룡 같은 의리 있는 상대를 만나지는 못해도 강릉이나 자인, 법성을 방문하여 가을·겨울을 무사하고 태평하게 보내게 해달라고 빌어보는 것은 어떨까?

TIP

단오는 중국과 일본에도 있다. 중국의 단오는 중국 초나라 회왕 때의 충신 굴원이 나라가 망하자 이를 한탄하며 멱라수에 뛰어들어 자결한 것을 기리는 제사에서 유래되었다고 전한다. 이후 초나라 지역인 중국 남동부에서는 매년 5월 5일, 용 모양의 배로 경주를 하고 찹쌀에 대추, 돼지고기, 팥, 호두 등을 넣고 대나무나 갈대 잎에 싸서 찐 만두류의 음식을 먹으며 굴원을 기린다. 이것을 '쫑즈'라고 하는데 중국에 가면 흔히 볼 수 있다. 일본은 음력으로 5월 5일을 지내는 한국과는 다르게 양력 5월 5일에 단오를 보낸다.

양주소놀이굿*
황해도평산소놀음굿**

'소'라는 존재

경운기와 트랙터가 등장하기 전까지 '소'는 농경사회에서 필수적인 존재였다. 소는 쟁기질을 하고 짐을 실어 나르며 집안의 농사를 살뜰히 도왔고 일이 끝난 후에는 하루 종일 땡볕에서 지친 주인을 수레에 싣고 집에 돌아갔다. 그때는 '소'가 없는 농사일은 생각할 수도 없었기 때문에 소를 지금보다 더 소중히 여겼고 자식처럼 어루만지고 아끼는 이들이 많았다. 그러나 각종 기계가 등장한 이후 '소'보다 다루기 쉽고 일의 속도도 빠르다는 이유로 '소'라는 존재의 존재감이 우리 사회에서 작아졌다. 그렇게 소가 우리의 생활 속에서 멀어지고 있던 2009년, 「워낭소리」라는 영화가 등장했다. 영화 속에 등장하는 팔순 농부와 마흔 살 소의 이야기를 통해 우리는 다시 한 번 '소'라는 존재, 그리고 빠른 기계들이 주인과 절대 이뤄낼 수 없는 교감 등을 인식하게 되었다. 스위치만 켜면 작동하는 경운기, 트랙터와 달리 소는 쟁기질을 하기 위해 길들이는 시간이 필요하다. 소는 기계가 닿지 않는 구석진 곳을 살피고 두둑의 너비를 자유롭게 낼 수 있어서 기계보다 느리지만 더 꼼꼼하게 일을 해낸다. "소처럼 일하라"는 말도 있지 않은가. 말을 못하는 짐승이지만 자신이 할 수 있는 전부를 바치며 평생 주인을 위해 노력하는 소중한 생명인 '소', 그리고 그것을 하나의 문화이자 삶으로 받아들였던 과거의 사람들.

---

* 국가무형문화재 제70호(지정일: 1980. 11. 17. 보유자: 김봉순)

** 국가무형문화재 제90호(지정일: 1988. 8. 1. 보유자: 이선비)

소를 귀하게 여겼던 우리의 농경문화를 타령과 춤이 어우러지게 재미있게 구성하여 현재까지도 재미있게 연행되는 것이 있으니 그것이 바로 소놀이굿이다.

양주소놀이굿

양주소놀이굿은 소멕이놀이에서 유래한 것이다. 놀이에서 유래된 것으로 짐작해볼 수 있듯이 양주소놀이굿은 굿의 점복예언이나 사제, 무의 등의 성격보다는 오락예능적인 성격을 많이 띠고 있다. 양주소놀이굿에는 무당과 마부가 주고받는 익살스런 대화가 등장하고, 이에 타령과 춤이 어우러져 재미있고 신이 난다. 본격적인 굿판이 시작되기 전에 연행되는 제석거리는 가정의 악귀를 쫓고 농사나 사업 또는 자손이 번창하기를 기원하는 내용을 담고 있다. 제석거리가 끝나면 마부타령, 소의 마모색(생김새)타령, 소 흥정 등이 이어진다. 마부타령에서는 소의 생산지와 절의 내력, 소의 색깔 내력 등에 관하여 재담을 한다.

무당: 저 소의 고향은 어디유?
마부: 이 송아지는 저 큰 소 배때지 속이 고향이지.
무당: 아 그럼, 우리 영감님 고향은 어딘데?
마부: 난 우리 어무니 배 속이 고향이지.
무당: 어머 세상에나 세상에나.
마부: 그럼 무얼 찾는 거유?
무당: 아니 소의 생산지를 묻지 않수까?

소의 생산지를 묻고 대답하는 재담의 일부분이다. 그냥 “소의 생산지가 어디입니까?” 하고 간단히 물으면 될 것을 익살스럽고 해학적으로 표현했음을 알 수 있다. 이어지는 소의 마모색타령에서는 소의 머리 부분부터 몸 전체에 대한 내력을 타령조로 소개한다.

무당: 꼬리는 어떤 꼬리인지 타령으로 섬겨보오.

마부: (타령조로) 앉은 고리는 동고리요 선 고리는 문꼬리이, 조화 많은 용의 꼬리냐? 나는 꼬리는 꾀꼬리, 나무꾼의 지겟꼬리, 총각 도련님 당지 꼬리, 아주 먼네는 초마꼬리, 서까래 조종은 가재미꼬리, 신농씨의 백초약 이슬 떨던 토끼의 꼬리인데 어느 꼬리를 섬기리까?

위 대본의 내용은 소의 몸 중에서 꼬리에 관한 것이다. 이와 비슷하게 소의 눈, 입, 머리 등을 타령으로 읊어 신명 나게 표현했다. 소의 꼬리를 이야기하기 위해 다른 꼬리들을 다 집합시켰는데 운율감이 뛰어나다. 마지막 소 흥정에서는 이런 대사가 나온다.

그 소가 그렇게 찬란하고 좋으니 이 집 성주에서 소를 받겠다고 하니 흥정을 해서 팝시다.

소 흥정까지 마치고 나면 각 가정의 복과 번창을 위한 축원이 등장하고 이를 끝으로 마무리된다.

황해도평산소놀음굿

굿은 보통 해질 무렵에 시작해서 그다음 날 새벽까지 계속된다. 마당에 여덟 개의 무지개를 상징하는 천을 늘어뜨리는데, 이는 팔선녀가 이것을 타고 내려오기 때문이다. 그 밑에는 내려온 팔선녀가 목욕을 할 수 있도록 바가지 여덟 개를 준비한다. 무당은 삼불제석역으로 등장해 옥황상제의 명을 받고 지상에 내려와 사람을 만들고 조선을 개국한 역사를 읊는다. 이때 마부가 소를 끌고 들어온다. 마부와 소가 들어오면 이야기를 하며 노래를 부르고, 마부가 소를 끌고 다니면서 밭갈이 시늉을 한다. 애미보살이 씨를 뿌리면서 뒤따르고 지정보살은 김을 맨다. 갓을 쓰고 도포를 입은 신농씨는 농사일을 감독하는 역할을 한다. 뒤이어 소부리기와 방아찧기 등의 놀이를 하면서 간접적으로 농사법을 재현한다. 줄거리를 살펴보면 알 수 있듯이 황해도평산소놀음굿은 농사의 풍년과 장사의 번창, 자손의 번영을 기원하며 노는 굿놀이다.

좋은 일이 생기길 바라는 마음은 누구에게나 있다. 소놀이굿은 그런 사람들의 염원을 '소'라는 매개를 통해 공동체적으로 표현한 연희다. 우리에게 익숙하고 가까운 동물인 '소'를 통해 표현하고 있으므로 관객이 느낄 수 있는 친밀도가 매우 높다. 소놀이굿을 연행하는 연행자도, 그것을 보고 즐기는 관객도 하나가 되어 어우러지고 다 같이 하나의 공동체가 되어 서로의 가정에 축복을 빌어준다. 소놀이굿은 '정'이 넘치는 한민족의 정신을 잘 표현한 문화유산이다.

경기도도당굿*

국립민속박물관과 경기도박물관이 2015년 '경기민속의 해'를 맞아 경기민속을 주제로 한 전시 '경기 엇더하니잇고'를 개최했다. 경기도는 서울과 지방을 잇는 가교로서 경기도를 통해 다양한 민속이 모이고 흩어지며 모든 것을 아우르는 포용의 땅이었다.** 그러나 현대에는 그 기능이 비싼 서울의 집값을 감당해주는 위성도시로서의 역할로 부각되어 그 특징이 제대로 알려지지 못했다. 경기도는 안성남사당패가 존재하던 곳이고 안성맞춤의 유기가 활발히 제작되고 양주별산대놀이, 평택농악 등 많은 무형유산을 보유하고 있는 지역이다. 관심을 가지고 지켜봐야 할

---

* 국가무형문화재 제98호(지정일: 1990. 10. 10.)

** '경기엇더하니잇고' 전시 서문 중

것들이 많다. 경기도도당굿 역시 경기도가 보유하고 있는 무형문화재 중 하나로 이 전시에서는 도당굿에서 사용하는 나쁜 액과 질병을 담아 없애는 제의용 도구인 '오쟁이'와 '어뎅이'가 등장했다.

경기도도당굿, 도당신 그리고 화랭이

경기도도당굿은 은산별신제나 동해안별신굿과 같이 마을의 안녕을 비는 마을 굿으로 경기도 지역에서 행해졌다. 도당굿에는 주목해야 할 두 존재가 있다. 하나는 도당할아버지고 다른 하나는 화랭이다. 도당할아버지는 도당신을 모실 때 신의 역할을 담당하는 사람이다. 도당에 신을 모셔오고 몸에 신이 내리며 굿거리에도 참여한다. 대부분의 도당할아버지는 대물림으로 전해 내려온다. 화랭이는 남자 무당이다. 우리의 굿 문화는 여성을 중심으로 전해져왔다. 그러나 경기도도당굿의 굿판에는 화랭이가 있다. 여성 무당인 '미지'만큼이나 존재가 크다. 사실 화랭이는 경기도 지역만의 특색은 아니다. 동해안, 남해안 지역 등 세습무권에는 남자 무당인 '화랭이'들이 존재한다. 동해안별신굿의 김석출과 남해안 별신굿의 정영만 역시 화랭이로 여러 악기에 능통했다. 세습무권의 화랭이들이 악기를 잘 다루기 때문에 화랭이는 대부분 여자 무당의 판을 위한 악기 담당으로 존재하는 경우가 대부분이다. 그러나 경기도 도당굿의 화랭이는 주도적으로 참여하고 음악뿐 아니라 무가도 담당한다는 점에서 차별성을 갖는다. 화랭이들은 「군웅노정기」, 「뒷전」, 「터벌림」 등에서 미지 없이 화랭이들만 맡아서 굿거리를 한다. 터벌림에서는 화랭이의 장점이 더욱 부각된다. 땅재주, 줄타기 등 갖가지 기예를 부리는데, 이는 여성 무당인 '미지'가 소화하기 힘든 요소다. 「터벌림」을 통해 굿판은 더욱 연희적 성격을 띠게 된다.

경기도도당굿은 여느 지역의 굿과 마찬가지로 마을 단위로 행해지고, 마을과 마을 사람들의 안녕을 빌고 있다. 그래서 부정을 떨쳐내고 조상들을 위하며, 마을의 신을 기리며 굿을 한다. 각 지역의 굿은 그 지역의 성격과 특성에 따라 조금씩 다른 모습을 하고 있다. 경기도도당굿의 가장 큰 특징은 바로 화랭이다. 화랭이라는 독자적인 존재가 있기에 도당굿은 그 나름의 멋과 면모가 있다. 그들이 「터벌림」에서 재주를 넘는 모습을 보면 안성남사당패의 모습 같기도 하고, 악기를 치며 덩실거릴 때는 평택농악패의 모습 같기도 하다. 경기도 문화의 집약체 같은 경기도도당굿, 그리고 그것을 지켜온 화랭이들. 경기도는 도당굿의 존재만으로도 충분히 재조명받을 가치가 있다.

서울새남굿*

강신무권의 굿은 신내린 무당이 여러 신들과 만나면서 갖가지 모습으로 나타나고, 그들은 작두를 타거나 하는 다소 위험해 보이는 행동들을 동반한다. 세습무권은 신을 즐겁게 하는 것이 목적이기 때문에 그 즐거움을 극대화하기 위해 많은 악사들이 연주에 공을 들인다. 그래서 굿이 벌어지는 굿판은 조용하지 않다. 남해안별신굿이나 동해안별신굿처럼 세습무권의 굿판에는 그 즐거움에 함께 덩실거리는 사람들이 있고, 서해안배연신굿처럼 강신무권의 굿판에는 그 무당의 인도에 따라 같이 웃고 우는 사람들이 있다.

2015년 11월 29일 한국문화재재단에서 열린 서울새남굿 공개행사장을 찾기 전 상상 속의 서울새남굿의 굿판은 그 두 가지 중 하나의 모습이었다. 그러나 새남굿은 이 둘과는 다른 새로운 모습을 하고 있었다. 서울 외 지역 사람들이 서울 사람들을 표현할 때 '새침하다'는 표현을 자주 쓰곤 하는데, 서울새남굿은 그 서울의 새침함과 말쑥함을 그대로 담고 있었다. 새남굿은 안당사경맞이로부터 시작된다. 안당사경맞이의 첫 번째 순서인 부정거리는 장구장단에 맞춰 무당이 '안 좋은 것'을 털어내고 시작하려는 의미에서 진행된다. 오랜 시간 독경을 하는 무당의 모습은 다른 굿판에서는 찾아보기 힘든 매우 덤덤한 모습이었다. 서울새남굿에 등장하는 인물의 복장은 궁중무용에서처럼 매우 화려하고, 상차림 역시 궁중연회를 방불케 한다. 음악 역시 강약이 있고 매주 정제되어 있는 듯한 느낌을 준다. 이는 새남굿의 가장 큰 특징이다.

---

* 국가무형문화재 제104호(지정일: 1996. 5. 1. 보유자: 이상순)

오랜 기간 한국의 수도였던 서울에는 궁이 있었고 상류층이 많았다. 서울새남굿은 상류층이나 부유층 집안뿐 아니라 나랏일에도 자주 불렸다. 이런 이유로 상차림이나 복식, 무가나 음악 등에서 그 영향이 나타나게 되었다. 서울새남굿은 강신무와 세습무 어느 쪽에도 확실히 편중되지 않은 중립적인 성격을 가지고 있고 상층이나 궁중을 위한 굿판이 많았기 때문에 그런 영향으로 정제와 품위가 느껴진다. 새남굿의 또 하나의 특징은 바로 재수굿과 망자천도굿의 종합이라는 것이다. 굿을 크게 두 가지로 나눌 수 있는데, 하나는 어떤 집이나 일의 재수가 좋기 위해 하는 재수굿이고 하나는 죽은 이를 위해 하는 망자천도굿이다. 새남굿은 재수굿과 망자천도굿 두 가지를 하나로 합친 형태를 하고 있다. 일단 굿을 청한 제가집의 재수를 빌어주는 '안당사경맞이'를 하고, 이 안당사경맞이가 끝나면 죽은 이를 위한 천도굿을 올린다.

망자를 인도하는 이, 바리공주

새남굿은 안당사경맞이를 하는 것으로 하루, 새남굿을 하는 것으로 하루를 보낸다(2015년 한국문화재재단 서울새남굿 공개행사 기준). 안당사경맞이는 주당물림, 부정거리, 가망청배, 도당거리 등의 순서를 가지고 새남굿은 새남부정, 가망청배, 중디뱃산, 말미 등으로 진행된다. 매 순서마다 복식이 다르고 각각 다른 서사구조를 가지고 있다. 그중에서도 '바리공주'는 서울새남굿의 대표적 인물이자 우리에게 가장 익숙한 명칭일 것이다. 바리데기는 그동안 만화영화, 문학, 뮤지컬, 발레, 동화 등 여러 장르에 모티프로 쓰여왔다.

> 버려졌던 공주가 병든 왕을 위해 생명수를 찾아 나서고, 서천에 도착해서는 생명수 관리자의 요구에 따라 아들 형제를 낳아준다. 드디어 생명수를 얻어 불라국으로 돌아온 바리는 이미 죽어버린 오구대왕의 뼈와 살에 숨을 불어 넣는다. 그 공으로 바리는 저승신이 된다.

이것이 바리데기의 줄거리다. 새남굿의 본풀이인 '말미' 과장에서 '바리데기'가 등장한다. 우리가 알고 있는 바리데기의 설화가 그대로 등장한다. 병든 왕을 고칠 방법은 생명수밖에 없다는 것을 알고는 딸들에게 부탁했지만 아무도 듣지 않았고, 청해동자가 이렇게 말한다.

> "다시 회춘하시려면 동해용궁의 개안주, 서해용궁의 베리용, 봉래방장의 무장승의 양유수를 얻어다가 잡수시면 다시 회춘하시리다. 바리공주 사처를 찾으소서."

이에 왕은 바리공주를 찾으려고 애쓰고 바리공주를 찾는 신하에게 천금상에 만호봉을 봉하리라고 말한다. 이렇게 찾은 바리공주가 자신을 버린 왕을 위해 생명수를 찾아 떠나는 모습을 극적으로 그렸는데, 이 무가를 '말미' 과장에서 무당이 그대로 구송한다(읽는다). 저승신이 된 바리데기가 '문들음'에서 망자를 저승까지 안전하게 인도해주는 대상으로 또 한 번 등장한다. 극락문을 열어달라는 망자와 열어주지 않겠다는 사재 사이에서 바리데기는 망자를 대신하여 말한다.

"지장보살님께 전주 이씨 열두 혼백 남망자가 자비를 구하러 왔습니다. 억울한 누명을 호소합니다."

아비를 위해 생명수를 구하러 떠난 바리데기가 저승신이 되었다는 결말을 아는 이는 많지 않다. 그저 효심이 깊은 인물로만 인식되어왔다. 바리데기는 본래 무가에서 발생한 구비설화였다. 이승과 저승을 이어주는 하나의 매개체였다. 이처럼 굿을 통해 설화를 이해할 수 있고 설화를 통해 굿을 이해할 수 있다.

서울새남굿은 재수굿과 망자천도굿 두 가지 굿을 한 번에 볼 수 있고, 화려하고 기품 있는 궁중문화의 영향을 받은 특징도 나타난다. 굿판

인 것 같기도 하고 제사를 지내는 것 같기도 한 여러 모습을 볼 수 있고, 현대의 희극처럼 재미있는 이야기를 담고 있다. '바리데기'라는 익숙한 인물이 등장하고, 바리데기가 상상하지 못했던 임무를 수행하면서 놀라움을 준다. 새남굿은 굿의 의례 면에서, 또 설화의 재탐구라는 측면에서 매우 의미 있는 무형문화재다. 산자와 죽은 자를 동시에 위로하는 배려가 있고, 그것을 지켜보는 사람들을 담담하게 웃고 울린다. 서울의 새침떼기 같기도 하고, 서울의 멋쟁이 같기도 하다. 그것이 새남굿이 다른 지역과 차별되는 특성이자 매력일 것이다.

제주칠머리당영등굿*
제주민요**

제주지역은 섬으로 육지와는 다른 자연환경과 독특한 풍속이 있고, 사람들의 정서와 문화도 차이가 있다. 최근 연예인들의 제주도 이주가 활발하고 올레길이 안정을 찾는 힐링코스로 알려지면서 제주와 육지의 거리가 많이 가까워졌지만, 여전히 제주는 범접할 수 없는 신비감과 멋을 가지고 있다.

> 떠나요 둘이서 힘들 게 별로 없어요
> 제주도 푸른밤 그 별 아래
> 그동안 우리는 오랫동안 지쳤잖아요
> 술집에 카페에 많은 사람에
> 도시의 침묵보다는 바다의 속삭임이 좋아요
>
> 최성원 「제주도의 푸른밤」 가사 중

제주는 도시에서 볼 수 없는 푸르른 밤과 바다의 속삭임을 가지고 있는 장소이고, 여전히 별이 반짝이고 사람냄새가 나는 정다운 공간이다. 관광을 위해 많은 곳이 개발되었지만, 제주만큼 인간냄새를 풍기며 발전해나가는 곳도 드물다. 그래서 예술가들이 이곳을 찾고 정처없는 방랑객들이 한숨 푹 쉬고 지나간다. 제주는 이전부터 '삼무도'라 불렸다. 제주에 없는 세 가지는 도둑, 거지, 대문이었다. 인심이 많았던 제주에서는 못 먹는 이를 서로 도우며 지냈고, 대문이 없어도 도둑이 들지 않았

---

* 국가무형문화재 제71호(지정일: 1980. 11. 17. 보유자: 김윤수)

** 국가무형문화재 제95호(지정일: 1989. 12. 1.)

다. 서로 믿으며 기꺼이 내어주고 나눠주며 생활했던 이들이 제주도 사람들이다.

그래서 제주의 바다는 더 푸르고 유채꽃밭이 지천이며 그 꽃밭에 부는 바람은 달달한 향기까지 풍긴다. 그렇게 제주의 이미지는 우리에게 아름다운 곳으로 각인되어 있다. 또 제주도 하면 왠지 한번 쓰윽 만져보고 싶어지는 돌하르방과 제주방언을 쏟아내며 물질을 하는 해녀도 떠오른다. 스킨스쿠버가 산소통을 메고 들어가도 오래 버티기 힘든 바다 속을 해녀들은 장비도 없이 들어간다. 바다에 들어가서 미역, 전복 등 바다에서 나는 맛있는 먹을거리들을 가져온다. 거뜬해 보이는 해녀들이지만 그녀들도 여자이기에 그 일이 고되고 힘들었을 것은 당연하다. 여자가 많다는 제주는 실제 성비로 따져보면 여자의 수가 그리 많지도 않다. 그럼에도 여자가 많은 섬으로 불리는 이유는 숫자 때문만은 아닐 것이다. 여자가 해야 할 일이 많고 감당해야 할 삶의 무게가 크다는 것에서 전해온 말일 수도 있다. 이렇게 바다를 터전 삼아 살아가는 그들에게 자연스럽게 전해져 내려온 문화가 있다. 바로 제주민요와 제주칠머리당영등굿이다. 고된 노동을 달래기 위해 불렀던 민요와 인간의 힘으로만 지탱할 수 없는 큰 바다에서 안전하게 살아가고자 했던 의식이 영등굿이다.

제주민요

민요는 서민적이다. 노동의 피로를 달래주었고 오랜 세월 동안 어떤 지역의 풍속과 문화를 반영하며 발전해왔다. 제주민요 역시 제주도의 지역성을 담고 있다. 민요의 노랫말은 일상생활을 담고 있고 삶의 지혜를 반영하고 있다. 또 혼자 부르는 노래가 아니라 여러 사람이 함께한다는 점에서 공동체적 결속감을 부여할 수 있고, 고되고 힘든 마음을 가락에 담아 흘려보내며 치유하게 하는 힘도 가지고 있다. 제주민요에는 「맷돌·방아 노래」가 있고 「멸치 후리는 노래」, 「방앗돌 굴리는 노래」도 있다. 제목만 들어도 어떤 노래일지 상상할 수 있는 단순하고 소박한 노래들이다. 제주민요에는 「해녀노래」도 있다. 바다로 물질을 하러 나가는 해녀들이 불렀던 노래다. 헤엄을 쳐나가면서 불렀고, 배를 타고 나갈 때에는 노를 저으면서 불렀다. 해녀들의 작업은 단체로 진행되는 만큼 노래도 혼자 부르는 독창보다는 여럿이 함께 부르는 노래가 많다. 그래서 선창과 후창이 있다.

요 노 저어	어서 가자
우리 배는	재기도 하고
남의 배는	뜨기도 하다
수덕 좋고	재수 좋은
우리 배야	어서 가자
명주바다	실바람 불어라

노를 저어 작업을 하는 곳까지 나가는 모습을 덤덤하게 그리면서 바람이 세지 않길 바라는 해녀의 염원이 담겨 있다.

너른 바다	앞을 재어
한 길 두 길	들어가니
저승길이	오락가락

그러면서도 이렇게 바다에 나가며 생명의 위협을 느끼는 두려움도 표현하고 있다. 수심 깊은 곳까지 들어가서 물질을 해야 하는 해녀의 고된 생활을 엿볼 수 있는 대목이다.

제주민요 중 하나인 「해녀노래」를 통해 해녀들이 일터로 나가며 느꼈던 복잡한 심정과 그것을 이겨나가고자 했던 지혜를 엿볼 수 있다. 그러나 그 노래자락에도 털어내지 못한 무언가가 분명히 존재했을 것이다. 자연은 늘 갑작스럽다. 매일같이 필요한 햇빛을 제공하고 바람을 선물하기도 하지만, 느닷없이 많은 비를 내려 소중한 것들을 떠내려 보내기도 하고 어제까지 우직했던 산이 갑자기 산사태로 무너져 내리기도 한다. 예측할 수 없기에 늘 소중하게 생각해야 하고 또 조심해야 한다. 그런 마음을 담은 것이 바로 제주칠머리당영등굿이다.

제주칠머리당영등굿

제주도는 2월에 영등굿을 지낸다. 이달을 '영등달'이라고도 한다. 우리 속담 중에 "영등달 초하루 사흘 맑으면 종달리 여자 죽젓개 들고 춤춘다"는 말이 있다. 2월의 제주도는 바람이 많이 불고 비가 많이 내린다. 제주에서는 바람의 신을 '영등할망'이라고 부르는데, 바람이 많이 부는 이때 영등할망이 온다고 믿기 때문에 '영등달'이라고 부른다. 이 시기에 날씨가 좋은지 안 좋은지 여부에 따라 그해 해산물 수확에 영향을 미치게 된다. 그렇기 때문에 아낙네들은 오매불망 좋은 날씨를 기다렸다. 그래서 날씨가 맑으면 종달리(북제주도 구좌읍) 여인들이 춤을 출 정도로 기뻐했다는 것을 표현한 속담이다. 제주 사람들은 영등달을 무척 중요하게 여겼다. 그래서 영등달에 바람의 신인 영등할망을 맞이하고 보내는 의식을 한다. 그게 바로 '영등굿'이다. 제주의 많은 마을에서 각기 열리지만, 특별히 제주시 건입동 산지 칠머리당의 영등굿이 제주 대표 영등굿으로 자리잡았다. 제주칠머리당영등굿은 그 가치를 특별히 인정받아 무형문화재로 지정되었다. 영등굿은 그것을 이끌어나가는 심방과 본주들이 있고, 해녀와 선주들이 주체가 된다. 바다에 가까운 일을 하는 이들이기 때문이다. 제물로 쓸 해산물도 해녀들이 직접 구한다. 전복과 소라 등 해산물들이 상에 올라간다. 여러 과정이 순서에 맞추어 진행되지만, 그중에서도 '씨드림'은 특히 재미있다. 해녀들이 주로 채취하는 전복, 소라 등의 씨를 바다에 뿌린다. 밭에 씨를 뿌리듯 하는 의례다. 그렇게 씨를 뿌리고 나면 음악과 장단에 맞추어 해녀들이 나와 춤을 춘다. 그 후 영감신을 모시는 영감놀이가 이어지고, 모든 액을 배에 실어 바다에 띄워 보내면서 용왕에게 제물을 바치며 기원하는 배방선 의식을 한다. 제주의 명물들을 만들어놓은 짚배에 실어 보내는 의식이다. 이때 백지에 제물을 싸서 던지기도 하는데, 이는 바다에서 죽은 영혼들을 달래기 위함이기도 하고 용왕신께 드리는 마음이기도 하다. 제물을 백지에 싸기 때문에 이 의식을 '지드림'이라고 한다. 의식들이 끝나면 다시 신을 원래의 위치로 돌려 보내는 도진을 하고 그렇게 영등굿은 끝이 난다.

어쩌면 제주도는 외부인의 시각으로 봤을 때 한없이 아름답고 행복한 섬으로만 보일 수 있지만, 그곳에 사는 사람들에게는 이겨내야 할 것이 많은 힘겨운 삶의 터전이었을지도 모른다. 물이 가깝고 바람이 거세기

때문에 그것을 끊임없이 걱정하고 견디고 막아내야 했을 것이다. "백지장도 맞들면 낫다"는 말처럼 혼자 극복하기 어려운 시련들을 제주민요를 부르며 털어내었고, 변덕스러운 날씨와 그 날씨에 마음 졸이며 사는 이들은 영등굿을 하며 마음을 달랬다. 두 소중한 문화재를 통해 그저 예쁘게만 보이는 제주도의 삶, 그 이면을 들여다볼 수 있다.

동해안별신굿* 남해안별신굿**

"강신무, 내릴 '강' 자. 신, 신을 내린다 이 말이야.
세습은 벌 '세' 자. 빌아가 공을 들여 굿을 한다는 말이지."

2003년 국립예술자료원 「김석출」 구술채록문 중 발췌

우리나라 무계에는 강신무와 세습무가 존재한다. 강신무는 그야말로 어느 날 갑자기 신내림을 받은 자가 무당이 되어 신과 인간을 연결해주는 역할을 하게 되는 것을 말하고, 세습무는 집안 대대로 무당일을 이어서 해오면서 무업의 대를 이어나가는 것을 뜻한다. 다음에 소개할 서해안배연신굿 및 대동굿 보유자 김금화가 강신무의 대표적인 사례다. 동해안별신굿과 남해안별신굿은 세습무 형태로 이어져왔다. 명실공히 동해안별신굿의 일등공신인 고(故) 김석출은 작은아버지, 큰아버지, 어머니, 작은어머니가 모두 굿을 하는 집안에서 자랐다. 자연스럽게 여덟 살 때부터 굿판에 앉아 징을 치게 되었고, 어른들의 악기 심부름을 하면서 악기를 익히고 굿판에서 하루를 보내며 자연스럽게 굿판의 모든 것을 체득하게 되었다. 남해안별신굿의 정영만 보유자 역시 부모는 무업에 종사하지 않았으나 할머니가 남해안별신굿의 제2대 예능보유자인 고주옥이었고 왕고모 정모연은 제1대 예능보유자였다. 왕고모와 할머니 밑에서 자연스레 춤과 음악을 배우면서 무당일을 시작하게 되었다. 강신

* 국가무형문화재 제82-1호(지정일: 1985. 2. 1. 보유자: 김용택)

** 국가무형문화재 제82-4호(지정일: 1987. 7. 1. 보유자: 정영만)

무는 거부할 수 없는 신의 숙명을 받아들였기 때문에 하루에도 몇 번씩 신들이 이들 곁에 찾아온다. 그래서 강신무는 정신을 집중하고 다가오는 신과 교감하는 것이 매우 중요하다. 반면 세습무에게 중요한 것은 예술적 재능이다. 세습무의 의식은 강신무처럼 직접 신으로 빙의해서 굿을 이어가는 것이 아니라 인간의 입장으로서 신을 즐겁게 하는 것에 초점이 맞추어져 있기 때문에 음악과 춤이 발달할 수밖에 없었다.

세찬 바닷바람 같은 동해안별신굿

동해안별신굿의 지역적 범위는 강원도 거진에서부터 부산까지다. 가끔 속이 답답하고 힘이 들 때, 어딘가 훌쩍 떠나고 싶을 때 사람들이 가장 많이 떠올리는 곳이 강원도 그리고 부산이다. 이곳에 가면 답답했던 마음이 세찬 파도소리와 시원한 바닷바람에 씻겨 내려간다. 동해안별신굿의 장구와 징소리는 마치 그 바다와도 같이 세고 든든하다. 장구와 징, 꽹과리 등 타악기 위주로 구성되어 있어서 이 느낌이 더욱 배가된다. 동해안별신굿의 악기소리를 듣고 나면 언제 그랬냐는 듯 마음이 탁 풀리고 괜히 엉덩이가 들썩들썩하다. 이 넘쳐나는 신명, 말로 표현할 수 없는 느낌과 위로의 힘을 배우고자 호주에서 최고의 드러머로 인정받는 사이먼 바커가 김석출을 찾아오는 여정을 담은 영화 「땡큐, 마스터 킴」은 이미 화제가 된 바 있다.

별신굿이란 본래 마을 사람들의 평화와 안녕을 빌고, 마을의 풍요와 다산을 비는 것에 목적을 둔다. 마을 사람들의 평화와 안녕을 위해서는 무엇보다도 마을 속에 있는 근심과 아픔이 해결되어야 한다. 동해안별신굿은 그 역할을 톡톡히 한다. 마을 사람들은 굿의 비용을 부담하는 것부터 물품을 같이 준비하고 심지어 굿의 진행과정에까지 일정한 역할을 맡아서 한다. 굿을 할 때가 되면 고향을 떠난 사람들도 돌아와 자리를 같이하기도 한다. 바닷바람과 그 알싸한 냄새가 있는 곳에서 온 마을 사람들이 덩실거리다 보면 어느덧 평안해지며 희망을 얻는다. 동해안별신굿은 신을 즐겁게 할 뿐만 아니라 마을 사람들도 즐겁게 하는 일석이조의 기능을 지속하며 그 명맥을 꾸준히 이어가고 있다.

제의성을 고수하는 남해안별신굿

남해안별신굿은 통영과 거제도를 중심으로 발전해왔다. 현재 보유자인 정영만 역시 통영에서 활동하고 있다. 현재 무형문화재로 지정된 '굿'은 경기도도당굿, 은산별신제, 진도씻김굿 등 10개가 넘는다. 그중에서도 남해안별신굿은 특히 제의성을 중시한다. 굿에는 오신(신을 즐겁게 하는 일) 과정이 있어 이를 위해 노래를 하거나 춤을 추기도 하고 양중과 무당이 재담을 주고받기도 한다. 예를 들어 동해안별신굿에는 '범탈놀이'라는 것이 있는데, 마을의 태평을 위해 범을 죽여야겠다는 가설에 그 범을 죽이는 과정에 마을 사람들을 참여시키고 재미있는 요소들을 삽입하여 희극적인 효과를 발생시킨다. 남해안별신굿의 경우 이런 연극적인 요소가 없고 오락적인 부분에서만 본다면 다른 지역에 비해 많이 약하다. 그러나 남해안별신굿은 제의적인 성격이 강하기 때문에 경건하고 진지하며 마을 사람들에게 조용히 한 해를 돌아보고 의식을 치를 수 있도록 하는 계기를 제공한다.

세습무당들은 엄마 배 속에서부터 굿판의 음악을 듣고 춤을 추는 것을 보았다. 태어나면서부터 부모 혹은 할머니, 할아버지를 따라 굿판을 다니면서 자연스럽게 체득한다. 그래서 세습무당의 굿판은 억지스럽지 않고 과장된 면이 없다. 온몸에 밴 천연적인 느낌 때문일 것이다. 또한 대를 이어 마을을 지키면서 마을의 대소사를 알고 마을 사람들과 오랜 시간 같이한 그 익숙함은 말할 수 없이 편안하다. 좋은 일에 같이 웃어주고 슬픈 일에 더 크게 울어주며 험한 해안가를 지켜온 동해안별신굿과 남해안별신굿, 그 존재 자체만으로도 큰 위로가 된다.

서해안 배연신굿 및 대동굿*

"세상 사람들 몸의 병, 마음의 병 고쳐주는 큰 무당이 되겠씨다."

영화 「만신」 중 류현경(김금화 분) 대사

대한민국에는 '좋은 날'이라는 것이 존재하고 '좋은 기운'이라는 것이 있다. 결혼하기 전에 사주를 보기도 하고, 어느 날 이사를 가고 장사를 개업해야 더 좋은지 묻기 위해 점집을 찾기도 한다. 그러나 그것은 모두 비공개적으로 이루어진다. 무당과 굿이 공개적으로 담론화될 수 없는 사회적인 분위기 때문이다. 다른 종교와의 공존 문제도 있고 '굿'이라는 치유의 존재를 과학적으로 증명할 수 없을 뿐 아니라 오래되고 낡은 전통이라는 점에서 많은 지성인들은 이를 배척한다. 한국 사람들이 가지고 있는 이중적인 모순으로, 의지하면서 배척하는 것이다. 필요할 땐 찾았다가 필요하지 않을 때에는 미신이라며 천대하는 것. 그것이 김금화가 무당으로 살아오면서 가장 힘들었던 부분이기도 했다. 그가 쓴 『비단꽃 넘세』라는 자서전을 보면 필요할 때만 찾는 얄팍한 사람들의 심사를 원망하기도 했다는 내용이 있다. 그러나 이내 본인의 소임과 보람으로 고통과 원망을 견뎌낼 수 있었다고 회고한다. 가끔 자신을 찾아오는 얄팍한 사람들이지만 그를 위해 온 정신을 다해 굿을 한다. 그것이 세상 사람들의 모든 아픔을 감싸는 무당의 임무이자 책임이라고 생각하기 때문이다.

---

* 국가무형문화재 제82-2호(지정일: 1985. 2. 11. 보유자: 김금화)

"나는 왜 이렇게 살아야 하는지, 다른 이의 평안을 빌어주면서도 늘 죄인처럼 불안하고 이것저것 눈치를 보아야 하는지 서글프기만 했다."

김금화 자서전 『비단꽃 넘세』 중

무당은 신과 사람 사이의 중간 역할을 한다. 누군가 아프거나 힘들 때 그를 위해 신과 만나 그의 평안을 부탁하는 일을 한다. 그러나 그것이 언제나 마음먹은 대로 되는 것은 아니다. 김금화의 굿으로 인해 도저히 나을 것 같지 않은 병이 낫기도 하고 미리 일러준 선견지명으로 큰 화를 면한 이들도 많지만 그렇지 못할 수도 있다. 그런데 예외가 생길 때면 무당의 몇 시간 혹은 며칠의 노력이 돌을 맞는다. 같이 두 손을 꼭 모으고 빌었던 염원이 깨어지고 나면 그 책임이 고쳐내지 못하고 살려내지 못한 무당에게 가는 것이다. 소문난 의사에게도 의료사고가 존재하고 최선을 다한 의사에게도 예기치 못한 상황이라는 것이 발생할 수 있다. 무당의 굿도 그렇다.

우리가 신의 영역에도 사람의 공간에도 속하지 않는 중간자인 무당에게 감사해야 할 것은 나를 위해 본인을 놓고 홀연히 나에게 집중하여 나만을 위해 신을 만난다는 것과 나의 아픔을 본인의 것과 같이 아파하고 그 아픔을 덜기 위해 최선을 다해준다는 것에 있다. 힘든 일이 있을 때 내 앞에 앉아 그저 묵묵히 나의 아픔을 들어주는 친구와는 술 한잔으로도 마음이 탁 트인 듯 가볍듯이 무당을 그렇게 생각해주었으면 좋겠다.

만신, 김금화

김금화는 아마 우리나라에서 가장 당당하고 멋진 무당일 것이다. 1982년부터 나라굿을 도맡아 해오고 있다. 백두산 천지에서 대동굿을 하기도 하고 얼마 전 가슴 아프게 진도 앞바다에서 떠나버린 많은 영혼들을 기리는 진혼제도 김금화 몫이었다. 낡은 전통이라고 무시하는 사람들에게, 귀신소리 같아서 무섭다는 어린이들에게 움츠러들지 않고 당당히 나와 신의 말을 전하고 우리의 평안을 빌어주는 역할을 충실히 해왔다. 현재는 국가무형문화재 제82-2호 서해안배연신굿 및 대동굿 보유자이기도 하다. 대동굿은 해안지방에서 수신을 위안하고 어민의 무사함과 풍어를 비는 제의로서, 물이 가까운 도시에서는 풍어를 비는 것이 매우 중요하며 신앙처럼 여겨진다. 여든이 가까운 나이지만 여전히 에너지 넘치는 모습으로 최선을 다해 풍어를 빌고 장구잽이와 신명 나는 재담을 이어간다.

굿에서 가장 중요한 것은 '무가'다. 흔히 굿판에는 어떤 형식 없이 자유롭게 말을 이어나갈 것이라고 생각하지만 그렇지 않다. 외워야 할 것이 많다. 한시도 쉴 새 없이 말을 내뱉어야 하는데, 대본이 있는 것도 아니어서 처음 무당일을 시작하면 큰 무당들의 굿판을 따라다니며 귀나 입으로 배워야 한다. 무당은 악기도 다루어야 하고 춤도 잘 추어야 한다. 웬만한 배우 못지않은 수준이다. 그래서 김금화의 굿판은 뮤지컬 한 편 같이 볼거리가 풍성하다. 거기다 이웃을 생각하고 나라를 생각하는 영혼까지 듬뿍 담았으니 감동스럽지 않을 리 만무하고 신의 마음을 움직이지 않을 수 없다.

김금화의 금화는 '비단꽃'이라는 뜻이다. 그러나 그녀의 삶은 비단꽃처럼 예쁘지도 평탄하지도 못했다. 늘 세상의 끝에 서서 위태로운 삶을 보냈다. 어떻게 하면 지상의 소리와 천상의 소리가 맞닿을 수 있을까 생각하며 온몸을 내던져 방울을 흔들고 춤을 추었다. 그런 그녀에게 누가 돌을 던질 수 있을까? 모든 사람의 슬픔을 내 것처럼 생각하고 같이 아파하느라 본인의 삶에는 치중하지 못했던 김금화. 우리가 그 무당에게 해줄 수 있는 가장 큰 위로는 마음을 헤아리는 것, 그리고 그 마음에 감사하는 것이다. 평생을 이웃과 이 나라를 위해 바쳐온 그녀에게 이젠 우리가 위로의 손길을 내밀어야 할 때다.

위도띠뱃놀이*

위도라는 곳은 전라북도 부안군에 속한 섬으로, 해안선의 형태가 고슴도치를 닮았다 하여 고슴도치 위(蝟) 자를 따서 '위도'라고 불리게 되었다. 부안 격포항에서 거리가 14km 정도 되고 여객선이 하루에 왕복 네 번 운행되는데, 시간은 50분 정도 소요된다. 위도 여객터미널에서 내려서 해안도로를 타고 10분 정도 가거나 위도 내에서 운영되고 있는 버스를 이용하면 띠뱃놀이가 전승되고 있는 대리마을에 도착할 수 있다.

* 국가무형문화재 제82-3호(지정일: 1985. 2. 1. 보유자: 김상원, 이종순)

위도띠뱃놀이는 무엇일까?

위도띠뱃놀이는 '놀이'보다는 '굿'이라는 단어로 더 잘 설명될 수 있다. 위도 앞바다는 이전부터 조기가 넘쳐나는 곳으로 유명했는데, 이때부터 어민들이 풍어와 만선을 기원하던 풍습에서 나온 것이다. 띠뱃굿은 마을의 나쁜 운 '재액'을 띠배에 실어 바다로 띄워 보내는 마을 굿으로 볼 수 있다. '띠배'라는 명칭은 배를 띠풀로 만드는 것에서 유래되었다고 보는 의견도 있고, 바다에 배를 '띄워 보낸다'는 데서 유래되었다는 의견도 있다. 이 명칭에 대한 유래는 아직 정확히 밝혀진 것은 없다.

2015년 2월 21일(음력 정월 초사흗날) 위도 대리마을에서 띠뱃놀이 공개 행사가 열렸다. 9시부터 시작된 행사가 오후 5시가 되어서야 마무리되었는데, 직접 본 내용을 바탕으로 전 과정을 소개하면 다음과 같다.

행사의 시작-당산제-원당제-하산-작은당제-띠배와 허세비[*] 만들기-용왕밥 던지기-주산돌기-서편용왕제 및 우물굿-용왕제-줄밥뿌리기-띠배 띄우기

띠배를 띄울 때 한 가지 중요시해야 할 사항은 띠배를 띄워 보내는 시간이 바닷물이 밀물에서 썰물로 바뀐 직후여야 한다는 사실이다. 이유는 이때 띄워야만 띠배가 다시 마을로 돌아오지 않고 멀리 떠가기 때문이다. 띠배를 멀리 잘 띄워 보내고 나면 하루 동안의 굿이 끝난 것으로 본다. 이날부터 보름날까지 계속 놀이를 하며 즐긴다. 이때 마당밟이, 줄다리기, 판굿 등을 한다.

본 과정은 당일 행사에 해당하는 것으로 행사 이전 준비과정인 금줄 달기, 제물 준비, 뱃고사, 오폭기 달기 등은 설명에서 제외되었다.

* 사람의 형상을 한 짚인형으로, 얼굴은 익살스럽고 남근은 유난히 도드라졌다. 허세비는 띠배를 만드는 동안 같이 만들어 마을의 오방위(伍方位)에 두었다가 띠배를 띄울 때 띠배 안에 같이 실어 보냈다.

위도띠뱃놀이에서 불리는 노래

위도띠뱃놀이에서는 「에용소리」, 「배치기소리」, 「술배소리」, 「가래질소리」, 「줄꼬는 소리」의 총 5가지 민요가 불린다. 이 민요들은 모두 노동요로, 모두 같이 선·후창을 주고받으며 즐겁게 부를 수 있는 노래들이다. 이 중 「에용소리」는 전 과정에서 가장 많이 불리는 노래로, 그 내용은 다음과 같다.

에 용 에에용, 에 용 에에용
에 용 에에용, 에 용 에에용
도세 돌아 돌아를 보세 줄을 메고 돌아보세
에 용 에에용, 에 용 에에용
빌어보세 빌어를 보세 고기잡이를 빌어보세
에 용 에에용, 에 용 에에용
조기를 잡자 조기를 잡어 대장 앞바다 조기 잡세
에 용 에에용, 에 용 에에용
조기를 잡자 조기를 잡아 칠산 앞바다 조기 잡세
에 용 에에용, 에 용 에에용

「에용소리」를 실제로 들어보고 싶다면 매년 정월 초사흗날 위도 대리마을에서 열리는 띠뱃놀이 공개행사 현장으로 가면 된다. 실제로 들어보면 더 흥겹고 신이 날 것이다. "에 용 에에용~ ♩♪"

진도씻김굿*

저세상으로 편히 가소서

어떤 이가 죽음을 맞이했을 때 표현하는 말은 다양하다. 흔히 "돌아가셨다"라고 하거나 "저세상으로 갔다"는 말을 많이 한다. 이 말을 자세히 살펴보면 궁금증이 든다. 어디로 돌아가셨고 저세상은 어디일까? 돌

* 국가무형문화재 제72호(지정일: 1980. 11. 17. 보유자: 박병원)

아갔다는 말은 어딘가로 다시 회귀함을 의미하고 저세상으로 갔다는 것은 이 세상 말고 다른 세상이 또 존재한다는 것을 말한다. 한국에는 49재가 있고 3년장이 있다. 과거에는 부모가 돌아가시면 3년 동안 그 곁에서 지키다가 3년이 지난 후에야 다시 정상적인 생활로 돌아오곤 했는데, 이것은 망자의 혼을 제대로 돌보지 않으면 그 혼이 이승을 떠나지 못한다는 한국의 무속적 믿음에 바탕을 두고 있다. 가는 길만큼은 곱고 편히 보내드리기 위해 좋은 수의를 입혀 드리고 넉넉하고 튼튼한 상여를 준비한다. 이것은 죽음이 끝이 아니라 새로운 세계로 가는 시작이라고 믿기 때문이다. 육신은 죽었지만 그 영혼은 저승으로 간다는 생각으로 그곳에서만큼은 이승세계의 아픔과 슬픔을 잊고 행복하길 바라주는 것. 그것이 한국인이 갖는 고인에 대한 예의다.

죽은 이의 넋을 씻겨주는 일

삶이라는 것은 희로애락의 반복이다. "고생 끝에 낙이 온다"는 말이 있고 "기쁨 뒤에 슬픔이 온다"는 말이 있다. 늘 즐거울 수도 늘 슬플 수도 없다. 어쩔 수 없는 삶의 도리라 생각하며 살아가지만 죽을 때가 되면 생전에 풀어내지 못했던 것들이 떠오른다. 이루지 못한 꿈, 소망, 타인에게 가졌던 원망들이다. 이런 걸 다 안고 저승에 가면 이승을 떠나온 그 슬픔은 더할 것이다. "이승에서의 아픔과 미련 등을 잊고 저세상에서 편히 사시옵소서" 하고 그의 넋과 한을 풀어주는 것이 씻김굿이다.

진도지역에서 씻김굿을 하는 무당들을 '당골'이라 한다. 당골들은 소복을 입고 한지로 만든 넋전을 무구로 삼아 굿을 한다. 굿을 하는 의식이 진실하고 소리가 하도 절절해서 사람들은 눈물을 훔친다. 고풀이는 당골이 무가를 부르며 무명천 20자 열두 매듭을 하나씩 풀어 죽은 이의 저승길을 터주는 의식이다. 가슴속에 맺힌 원한이나 고생을 풀어준다 하여 '해원(解冤)'이라고도 한다. 그 후 씻김이 제대로 되었음을 확인하는 넋올리기, 죽은 사람이 극락에 닿을 때까지 모든 관문을 무사히 통과하라고 축원하는 희설, 저승 가는 길을 닦는 길닦음을 하고, 당골이 대문간에 상을 차리고 징을 치며, 조상과 여러 신들을 배웅하며 풀어 먹이는 종천을 마지막으로 씻김굿은 끝난다. 한 망자의 넋을 풀어주기 위해 당골은 밤을 새운다. 밤새 울려 퍼지는 소리와 넋전의 움직임에 신들의 마음도 움직인다. 씻김굿은 초상이 났을 때 직접 시신 옆에서 하는 곽머리씻김굿이 있고, 죽은 지 1년 되는 날 하는 소상씻김굿이 있다. 또 3년 되는 날 하는 대상씻김굿이 있다. 진도지역에서는 어르신들이 돌아가실 때 씻김굿에 대한 당부를 잊지 않는다고 한다.

'씻는다'는 의식은 종교와 나라를 불문하고 '정화'의 의미로 여겨져왔다. 단옷날 창포물에 머리는 감는 것도, 제를 올리기 전에 깨끗한 정화수를 먼저 바치는 것도 같은 이치다. 죽음을 가까스로 모면한 사람들은 하나같이 이야기한다. 죽음의 순간에 주마등처럼 삶의 찰나들이 스쳐지나갔다고. 삶의 찰나들에서 늘 당당할 수 있는 이가 얼마나 되며, 아프고 힘든 기억이 없는 이가 얼마나 될까? 이 세상을 떠날 적에 미처 풀어내지 못한 찰나의 기억들과 아픔을 누군가 밤을 새워 달래준다면 저세상으로 가는 길이 쓸쓸하지 않을 것이다. 그것이 진도씻김굿의 존재 의미다.

삼화사수륙재*
진관사수륙재**
아랫녘수륙재***

사람은 누구나 죽는다.
그러나 모두가 행복한 죽음을 맞이하는 것은 아니다.

우리나라의 제례에 따르면 사람이 죽으면 그의 가족은 그를 애도하는 마음으로 장사를 지내고 그 사람의 은덕을 기리고 추모해야 한다. 그리고 매년 그를 떠올리며 제사를 지내는 것이 오랫동안 한국의 풍습으로 자리잡아왔다. 그러나 가족이 없는 사람도 있고, 타국 혹은 타지에서 불의의 사고로 갑자기 생을 마감하는 사람도 있다. 특히 요즘같이 1인 가구가 늘어나는 현대사회에서는 가끔 믿지 못할 뉴스를 듣게 된다. 방안에서 쓸쓸하게 죽은 지 며칠이 지났는데도 아무도 모르고 있다가 악취가 난다는 이웃의 신고로 발견됐다거나 유족이 나타나지 않아 기다리다가 결국 나라에서 조촐하게 의식을 치러준다거나 하는 뉴스가 그것이다. 누구나 언젠가는 맞이하는 죽음의 모습이 쓸쓸하다면 가는 그 발걸음이 차마 떨어지지 않을 것이다. 이승에서 떠나지 못하고 떠돌고 있는 외롭고 아픈 영혼들을 어루만져주는 것이 바로 수륙재다.

---

* 국가무형문화재 제125호(지정일: 2013. 12. 31.)
** 국가무형문화재 제126호(지정일: 2013. 12. 31.)
*** 국가무형문화재 제127호(지정일: 2014. 3. 18.)

수륙재(水陸齋)

수륙재의 정확한 정의는 이승과 저승을 떠도는 영혼과 아귀를 극락으로 천도하기 위해 법식을 베푸는 대표적인 불교의 천도의식이다. 이 의식은 의식을 행하는 절 혹은 지역에 따라 조금씩 다른 형태로 존재해왔지만, 망자를 달래는 의식이라는 큰 의미에서 같다고 볼 수 있다. 불교에서는 이런 재(齋)가 많이 존재하고 있지만, 수륙재가 가지고 있는 특성은 어떤 특정인물이나 계층만을 대상으로 하고 있는 것이 아니라 이 세상의 모든 인간을 평등하게 재의 대상으로 삼는다는 점이다. 불교는 만물이 평등하다는 것을 기본사상으로 삼고 있다. 그래서 살생을 하지 않고, 출가를 하는 것에도 남녀차별을 두지 않고 허락한다. 수륙재 역시 그 사상을 바탕으로 죽음 앞에서 귀천을 가리지 않고 모두를 위한 안녕을 빌어주는 것이다.

수륙재는 불교문화이기 때문에 사찰을 중심으로 발전해왔다. 그러나 사찰을 중심으로 발전되어온 것에는 또 다른 이유가 존재한다. '수륙'이라는 말은 땅과 육지를 지칭하는 말이기도 하지만, 여러 신선이 흐르는 물에서 음식을 취하고 귀신이 깨끗한 땅에서 음식을 취한다는 뜻에서 따온 말이다. 이에 따라 수륙재는 청정한 사찰이나 높은 산봉우리에서 행해지게 되었다. 그중에서도 서울 북한산에 있는 진관사, 강원도 동해시 두타산의 삼화사, 경상남도 창원시 무학산의 백운사 수륙재가 국가지정 무형문화재로 인정받아 전통의 명맥을 이어오고 있다.

레퀴엠과 수륙재

서양에도 수륙재와 흡사한 '레퀴엠'이라는 문화가 존재한다. 죽은 사람의 영혼을 위로하기 위한 가톨릭 미사곡인 레퀴엠의 명칭은 가사의 첫마디가 '레퀴엠(안식을……)'으로 시작되는 것에서 비롯되었다. 한번쯤 성당에 가서 미사를 드려보거나 천주교 결혼식에 참석해본 사람이라면 느낄 수 있듯이 천주교의 의식은 매우 엄격하게 진행된다. 그 엄숙함에 고개가 절로 숙여질 정도라면 죽은 자를 위한 미사를 드릴 때에는 경건함의 정도가 얼마나 클지 짐작이 갈 것이다. 입당송으로 시작하는 레퀴엠의 첫 구절은 "그들에게 영원한 안식을 주소서(Requiem aeternam dona eis Domine)"이고, 뒤이어 형식에 따라 봉헌송, 감사의 찬가 등이 불린다. 모차르트, 베르디 등의 작곡가들 역시 많은 레퀴엠을 남겼기 때문에 우리는 여러 느낌의 레퀴엠을 만나볼 수 있다. 서양의 레퀴엠이 수륙재와 같이 이승을 떠도는 무주고혼을 위한 의식은 아니지만, 죽은 자의 넋을 기리고 그를 애도한다는 점에서 공통점을 찾아볼 수 있다. 떠나는 이의 안녕을 빌어주고 가는 길을 더 평안히 보내주고 싶은 마음은 한국이든 서양이든 다르지 않다는 것이다.

한동안 한국에는 웰빙 바람 못지않게 웰다잉 바람이 불었다. 잘 사는 것도 중요하지만 잘 죽는 것도 중요하다는 것이 요지였다. 삶의 마지막을 존엄하고 품위 있게 마무리하자. 그래서 미리 유서를 남겨놓고 묘비명도 지어보고 내 삶을 돌아보는 기록들도 정리하고 그래서 죽음의 순간이 왔을 때 아쉬워하지 않고 편안하게 떠나자는 것이다. 그러나 그렇게 준비해도 죽음의 순간은 늘 갑작스럽고 아쉽고 슬프다. 이승에서 다 이루지 못한 것들도 아쉽고, 사랑하는 사람들의 곁을 떠난다는 것은 몇 번을 다짐해도 아프기 마련이다. 죽음은 절대 웰(well)하기 힘든 존재일 수도 있다. 그런데 내가 그렇게 아프게 떠나갈 때 누군가 내 아픔을 나누어주고 나를 달래준다면 내가 가는 발걸음이 덜 무거울 수도 있다. 가족과 친족, 친지가 그렇게 해준다면 더없이 좋고, 그렇지 못하다면 그 누군가라도 나의 안녕을 빌어주었으면 좋겠다. 사람이 삶과 죽음을 반복하는 한 수륙재가 반드시 존재해야 할 이유다.

6

무예

택견*

부드러운 것이 강한 것을 이긴다

유능제강(柔能制剛)은 '부드러운 것이 강한 것을 이긴다'는 뜻으로 노자의 『도덕경』에 수록되어 있다. 노자는 "약한 것은 강한 것에 이기고, 부드러운 것은 굳센 것에 이긴다는 것을 천하에 알지 못하는 사람이 없지만 능히 이를 행하지는 못한다"고 했다. 우리나라 속담 중에도 "작은 고추가 맵다"는 말이 있고, '외유내강'이라는 사자성어가 있다. 이는 보이는 것이 전부가 아니며 그 속의 내공이 얼마만큼 두터운지가 더 중요하다는 것을 내포하고 있다.

우리나라 무예 중에는 한없이 부드러워 보이지만 그 안에 엄청난 힘과 정신을 갖추고 있는 것이 있다. 바로 '택견'이다. '이크, 에크' 굼실거리며 앞서거니 뒤서거니 하는 택견의 움직임을 보면 그 몸짓이 춤처럼 느껴질 정도로 부드럽다. 그러나 자세히 들여다보면 택견은 매우 현명한 방법으로 상대를 제압하는 동시에 예의와 품위를 지킨다. 요란하지 않고 그 흔한 도구 하나 사용하지 않으며 맨손으로 상대를 완벽히 제압하는 우리의 전통무예 택견은 대한민국의 자랑스러운 무형유산이다.

기술과 정신의 결합

택견이 외유내강의 힘을 갖기 위해서는 내공이 매우 튼튼해야 한다. 내공을 갖기 위해서는 기술만큼이나 정신적인 면이 중요하다. 그래서 택견의 수련과정에서는 정신수련과정 역시 기술만큼이나 오랜 시간 연

* 국가무형문화재 제76호(지정일: 1983. 6. 1. 보유자: 정경화)

마하고 익힌다. 택견의 가장 기본이 되는 몸가짐 절을 보면 이를 더 자세히 알 수 있다.

절: 택견의 예법
바로: 몸을 가지런히 하여 양발을 뒤꿈치에 붙이고 발끝을 45도로 향하게 하여 양손을 포개고 아랫배(하단전)에 가볍게 댄다.
절: 윗몸을 90° 정도 공손하게 상대에게 예를 표하듯이 구부렸다가 천천히 일어난다.

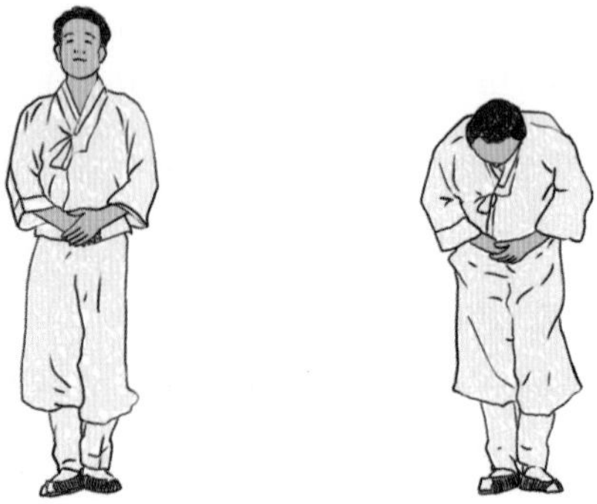
바로　　　절

이같이 수련된 정신을 바탕으로 드러내는 기술적인 동작은 매우 무서운 힘을 내포하고 있다. 위협적이지 않지만 상대를 순식간에 제압하며, 상대에게 스스로 물러서게끔 할 수 있는 위엄을 선보인다. 보기에 거칠거나 상대를 긴장시키는 극적인 동작들이 없어 보이지만 막상 택견 수련자와 대련을 하다 보면 속수무책으로 당하기 십상이다. 자연스럽게 이어지는 부드러운 동작을 이길 수 없는 이유는 바로 택견이 기술과 정신이 뭉친 결합체라는 것에 있다. 한민족의 부드럽지만 단단하고 작지만 큰 민족성을 잘 내포하고 있는 택견은 2011년 중국과 일본의 쟁쟁한 후보들을 제치고 세계무예 중 최초로 유네스코 인류무형문화유산으로 등재되며 그 가치를 세계적으로도 인정받았다.

택견의 기술

택견의 기술은 걷어차기, 낚시걸이, 활갯짓 뱃심내고 허리재기, 칼잽이, 물구나무 쌍발차기 등 그 종류가 수십 가지에 이른다. 한 가지 특징은 기술들의 이름이 전부 한글로 되어 있어 이름만으로도 대강 추측해 볼 수 있다. 이 기술을 전부 소개할 수는 없고 몇 가지 대표적이고 재미있는 것을 소개한다.

활갯짓: 손동작에 속하며, 걸음을 걸을 때 두 팔을 힘차게 내젓는 것을 말한다. 택견을 보면 손을 휘젓는 동작을 많이 볼 수 있다. 마치 새가 날개를 퍼덕이는 것처럼 보인다. 활갯짓에는 활갯짓 뱃심내고 허리재기, 활갯짓 두 손 크게 긁기, 활갯짓 두 손 크게 제치기, 활개 긁으며 품밟기, 활개 치돌리며 품밟기 등이 있다.

발질: 발질에는 여러 가지가 있지만 걷어차기, 후려차기, 곧은발질 등이 있다. 택견의 발동작이 다른 무예보다 멋스러워 보이는 이유는 택견의 발질이 힘을 뺀 상태에서 허리와 무릎과 발목의 굴신작용을 이용하여 튕겨차는 타법을 쓰기 때문이다.

활갯짓

발질

택견은 삼국시대부터 행해진 민속놀이이자 무예로서 우리의 민족성을 잘 보존하고 있는 낭만적인 무예다. 누군가와 승패를 가리는 스포츠 종목이 아니라 우리의 영혼과 역사를 간직하고 있다. 공격보다 방어를 더 많이 하는 넉넉한 정신을 가진 택견. 일제강점기 때 민족말살정책에 의해 사라질 뻔했으나 송덕기 옹, 신한승 등의 노력으로 현재까지 이어져왔다. 올림픽 종목인 태권도에 비해 상대적으로 대중의 관심이 적은 택견. 우리는 누구보다 이 택견을 아끼고 사랑해야 할 의무가 있다.

7

음식

조선왕조궁중음식*

밥이 보약이다

최근 많은 건강식품이 등장해 영양분과 필수 성분들을 고르게 섭취할 수 있도록 도와준다. 그러나 아무리 건강식품들을 잘 챙겨먹는다 해도 잘 차린 음식 한 상을 이길 수는 없다. 제때에 잘 챙겨먹는 밥의 뜨끈한 힘은 '왕'에게도 예외가 아니었다. 조선의 왕은 하루 동안 총 여섯 번의 상차림을 받았다. 그 여섯 번의 상차림이 조선시대 마지막 주방상궁이었던 한희순으로부터 황혜성에게 전해지고 현재 한복려, 정길자에게 이르러 '조선왕조궁중음식'이라는 무형문화재로 등재되기에 이르렀다.

---

* 국가무형문화재 제38호(지정일: 1970. 12. 30. 보유자: 한복려, 정길자)

여섯 번의 상차림에는 올리는 시간과 올라가는 음식들이 일정하게 정해져 있다. 그 시절 왕이 된 기분으로 왕의 밥상을 들여다보자.

왕은 언제 무엇을 드셨을까?

한정식집에 가면 식사 전에 죽을 주는 경우가 많다. 이는 죽이 속을 편하게 하기 때문이다. 조선시대 왕 역시 아침을 드시기 전에 미리 부드러운 죽과 미음으로 속을 다스린 후 10시가 되서야 아침식사를 하셨다. 초조반 상은 비교적 간단하다. 같이 먹을 수 있는 반찬과 조미할 수 있는 소금, 꿀, 간장 등이 종지에 담겨 올라온다. 김치 역시 심심한 나박김치나 동치미를 올려 자극적이지 않은 편안한 식사가 될 수 있도록 한다.

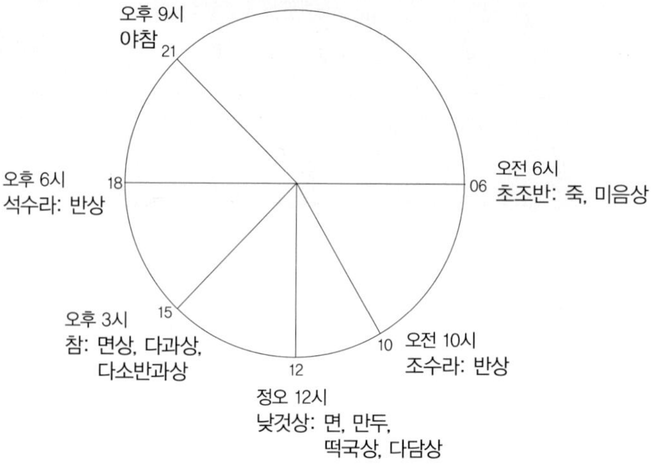

10시가 되면 '조수라'라는 아침상이 준비된다. 여기서 '조'는 아침 조(朝)이고 '수라'는 궁중어로 왕과 왕비께 올리는 진지를 말한다. 드라마 「대장금」에서 보면 수라간에 머무는 주인공을 볼 수 있다. 수라, 곧 왕에게 올리는 진지를 만드는 곳을 '수라간'이라 한다. 아침밥상은 '반상'이다.

반상이란 밥과 반찬으로 구성된 상차림을 뜻한다. 평소의 수라상은

12첩 반상 차림으로 수라와 탕 두 가지씩과 기본 찬, 쟁첩(반찬을 담는 그릇)에 담는 열두 가지 찬물로 구성된다. 조수라를 통해 석수라의 뜻도 추측할 수 있다. 석수라는 저녁 석(夕)에 수라가 결합된 단어로 저녁밥상을 말하며, 역시 반상으로 차려진다. 그렇다면 점심 역시 정오의 오(吾) 자를 결합해 '오수라상'이라 칭할 수도 있었을법한데 왜 점심은 '낮것상'이라 불렀을까? 당시 왕은 아침과 저녁은 푸짐하게 먹되 점심은 가볍게 드셨다. 낮것상이란 점심과 저녁 사이의 간단한 상차림으로, 보통 장국상 또는 다과상이 준비되었다. 이 밖에 오후 3시와 9시에는 간단히 참을 드셨다. 3시의 참은 그냥 '참'이라고 부르고, 9시의 참은 밤 야(夜) 자를 결합해 '야참'이라 불렀다. 여섯 번의 밥상은 평소 왕의 밥상이다. 우리도 평소에 먹는 밥이 있고, 특별한 날에는 분위기도 내고 기분도 돋우고자 하는 마음에 조금 다른 음식들을 준비해 먹곤 한다. 왕도 예외는 아니었다. 명절, 나라의 큰 행사가 있거나 왕족들의 탄일, 종친들의 생신 등에는 평소에는 보기 힘든 특별한 음식들이 준비되었다. 이를 궁중의 '연회식'이라 부른다. 연회식에는 진연, 진찬, 고배상, 진어상 등이 있다. 각 행사의 성격에 따라, 또한 초대되는 사람들에 따라 다른 음식들이 준비되었다.

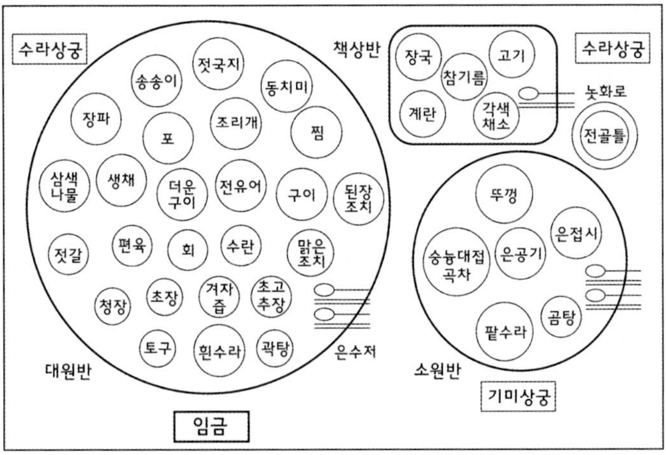

수라상(국립문화재연구소 자료 참조)

음식과 병과

정길자, 한복려 보유자가 현재 조선궁중음식의 전통을 이어가고 있다. 정길자 보유자는 병과 부문, 한복려 보유자는 음식 부문으로 지정되어 있다. 무엇이 다를까? 일반적으로 초조반, 조수라, 석수라에 올랐던 상차림은 음식으로 분류되었고 떡류, 각색당, 연사과, 강정, 다식 등 참이나 낮것상에 올랐던 음식들은 병과로 분류되었다. 크게는 같은 범주 안에 있지만 작은 갈래에서 조금 다르다. 현재 정길자와 한복려 보유자는 각각 궁중음식문화, 궁중병과연구원을 운영하며 후학들을 양성하고 있다. 두 보유자가 있기에 현재의 우리가 왕의 밥상을 들여다볼 기회가 있지 않았을까?

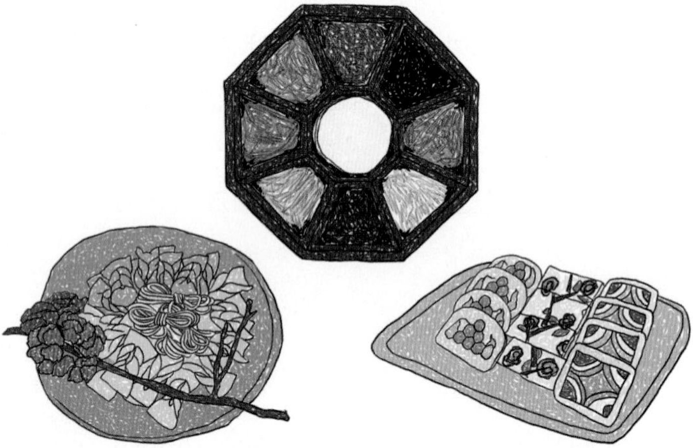

TIP

경복궁 내 '궁궐의 부엌' 소주방(燒廚房)이 4년여의 복원공사를 마치고 2015년 5월 2일 일반에 공개되었다. 소주방은 1915년 일제에 의해 철거된 지 100년 만에 복원됐다. 이제 경복궁에 가면 장금이가 수라상을 분주히 준비했던 주방을 볼 수 있다.

면천두견주*

첫사랑같이 달콤한 술

면천두견주는 충남 당진시 면천지역의 향토술이다. 진달래 꽃잎을 섞어서 만들기 때문에 진달래의 다른 이름인 두견화를 따서 '두견주'라고 부른다. 진달래꽃은 예부터 지금까지 많은 문학작품에 봄의 상징이자 설렘을 비유할 때 많이 사용되어왔다.

> "이른 봄빛에 사르르 알몸을 떨며 무거웠던 그 겨울을 활활 벗어버리고 연분홍 연한 맨살로 만천하에 활짝 헌신하는 이 희열"

조병화의 「진달래」의 한 구절이다. 진달래의 수줍은 연분홍, 그 고운 빛에 흠뻑 젖은 시인의 감정이 느껴진다. 피천득 시인과 김소월 시인도 이 아름다운 진달래를 표현하기 위해 갖은 미사여구를 아끼지 않았다. 아름답고 예쁜 꽃, 그 고운 얼굴과 아름다운 향기가 나는 진달래를 담아

---

* 국가무형문화재 제86-2호(지정일: 1986. 11. 1. 보유자 없는 보유단체)

만드는 술은 얼마나 달콤할까? 직접 마셔보니 입속에 향미가 끈적하게 남을 만큼 달다. 마시고 난 후에도 오랫동안 남아 있는 향기에 가슴이 설렌다.

효심이 가득한 술

고려 개국공신 중 한 명인 복지겸이 원인 모를 중병을 앓았고 그의 병세가 날로 악화되자 당시 열입곱 살이던 그의 딸 영랑이 아미산에 올라가 지극한 정성으로 백일기도를 드렸는데, 기도가 끝나는 마지막 날 밤 꿈에 신령이 등장해 "아버지의 병을 고치려면 아미산에 있는 진달래꽃의 꽃잎과 찹쌀을 담아 술을 빚되 반드시 안샘의 물로 빚어야 한다. 술을 빚어 100일 후에 아버지에게 마시게 하고 뜰에 두 그루의 은행나무를 심어 정성을 드려야 한다"고 말했다.

이것이 면천지역에서 전해내려오는 두견주에 얽힌 설화다. 영랑이 신령의 계시대로 진달래꽃 술을 빚어 아버지 복지겸의 병을 고치게 되었다고 하는데, 이때 빚은 진달래꽃 술이 현재 두견주의 유래라고 보는 것이다. 향이 좋고 색만 예쁘기만 한 줄 알았던 면천두견주는 감동적인 설화까지 가지고 있어 겉으로 보나 속으로 보나 참 아름다운 술인 듯하다.

면천두견주의 제조

면천두견주는 만드는 시간이 100일이 걸려 '100일주'로도 불린다. 간단하게 100일의 과정을 정리하면 밑술을 담는 데 10일, 고두밥 쪄서 덧술 붓고 발효하는 데 70일, 술을 떠서 숙성되는 시간이 20일 이렇게 100일이 지난다. 찹쌀, 누룩, 물, 진달래라는 별로 어울리지 않는 것들을 '시간'이 하나로 묶어 술로 만들어내는 것이다.

밑술: 고두밥, 누룩, 용수
고두밥: 불린 찹쌀의 물기를 제거한 후 시루에 안쳐서 증미를 한다. 익은 고두밥은 넓게 펴서 냉각시켜둔다.
밑술: 냉각해둔 고두밥에 용수, 누룩을 혼합한다. 밑술용 술독에 담아둔다.
덧술: 고두밥과 용수, 누룩 그리고 진달래꽃을 혼합하여 잘 버무린 다음 큰 술독에 담아둔다.

면천두견주의 제조과정은 더 복잡하지만 간단히 큰 부분만 나열했다. 밑술을 담아놓는 술독을 소독하는 일부터 발효과정에서의 온도조절, 숙성, 올바른 저장과 보관 등 손이 많이 가는 정성으로 만들어진 술이다.

찹쌀

진달래꽃

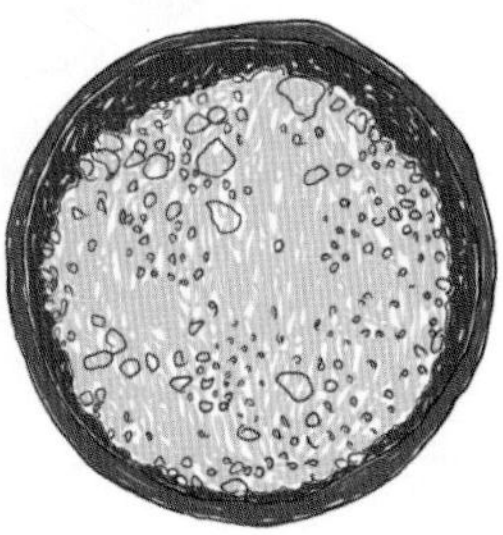
누룩

당진시는 2014년 8월 솔뫼성지를 방문한 프란치스코 교황에게 촛대와 면천두견주를 선물했다. 짧은 시간이지만 우리나라에 평화의 메시지와 사랑을 전도하고 떠난 교황의 손에 들린 면천두견주 역시 큰 사랑을 담고 있어 보답으로 부끄럽지 않았을 듯하다. 보유자가 없는 단체종목이어서 마을 사람들이 오순도순 모여 술을 만든다. 진달래가 피지 않는 계절에도 미리 채취해둔 꽃잎으로 술을 만든다. 진달래의 고운 빛이 그리울 때, 달달하게 취하고 싶을 때 당진을 찾아 두견주 한번 마셔보는 것도 여수 밤바다만큼 낭만적일 듯하다.

경주교동법주*

그들이 사는 방법

옛말에 "부자가 3대를 못 간다"고 했다. 옛말은 거의 언제나 옳지만 예외가 있다. 바로 경주 최부잣집이다. 최부잣집은 무려 12대를 연이어 만석을 했다. 현대사회의 경영학자들에게도 연구대상인 최부잣집의 비결은 바로 그들이 사는 방법과 원칙에 있다.

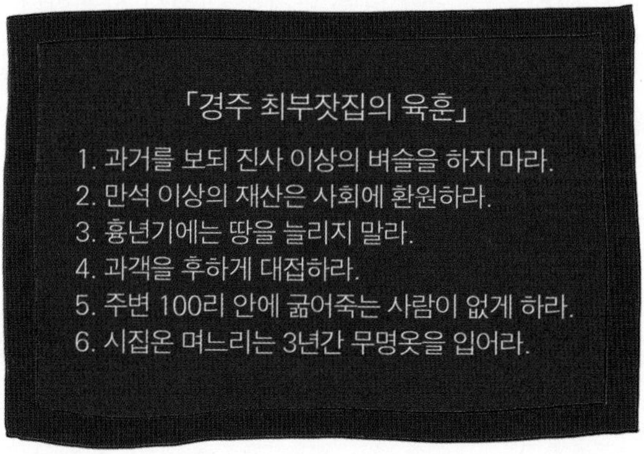

육훈 중에 네 번째 "과객을 후하게 대접하라"라는 항목은 경주교동법주와도 밀접한 연관이 있다. 경주교동법주가 봉제사(조상의 제사를 받드는 일) 혹은 손님접대에 쓰인 술이기 때문이다. 조상을 받들고 이웃을 생각하는 마음으로 정성을 다해 빚어낸 교동법주는 경주 최부잣집의 원칙에 충실했고, 그들이 살아가는 방식에 부합했던 정직하고 인심 좋은 술

---

* 국가무형문화재 제86-3호(지정일: 1986. 11. 1. 보유자: 최경)

이었다. 그 술은 종부에서 종부로만 전수되다가 현재는 명예기능보유자 고(故) 배영신의 아들인 최경에 의해 전승되고 있다.

어두운 마음에 등불 하나

경주교동법주는 그 역사가 350여 년이나 되었다. 처음 이 술을 빚은 사람은 조선 숙종 때 궁중에서 음식을 관장하던 관직에 있던 최국선이다. 족보를 따져보면 현재 보유자인 최경의 10대조인 셈이다. 술의 원료는 좋은 물과 밑누룩, 찹쌀이다. 여기서 '좋은 물'이라 하면 물맛이 좋고 깨끗한 물을 말한다. 경주교동법주의 한 가지 비법은 최부잣집 안에 매우 신선하고 물맛이 좋은 우물이 있는 것이다. 집을 지을 때 같이 파낸 이 우물은 물맛이 매우 좋아 교동법주의 맛을 내는 데 큰 도움을 준다. 이 물을 100℃ 이상으로 끓인 다음 완전히 식혀서 사용한다. 밑술로 밑누룩과 찹쌀을 사용하고 덧술로 찹쌀밥을 넣어 빚은 후 100일간 숙성시키면 금빛깔의 경주교동법주가 만들어진다.

예부터 지금까지 경주 최부잣집은 손님이 끊이질 않는다. 주위의 이웃들부터 외국의 중요한 손님들까지 경주에 오면 꼭 한 번쯤은 최부잣집에 들러 신라시대의 아름다운 한옥을 구경하고 무르익은 경주교동법주 한 잔을 맛본다. 그래서 여전히 최부잣집의 술독에는 술이 늘 넉넉히 차 있다. 경주교동법주는 오랜 시간이 지났지만 본래의 성질과 목적을 잃지 않고 오롯이 자리를 지켜왔다. 이것이 많은 술들이 존재함에도 불구하고 경주교동법주가 사랑받는 이유일 것이다.

소반장* 문배주**

소반, 한상 차림의 미학

조선시대부터 1900년대 초·중기를 배경으로 하는 영화나 드라마를 보면 머리에 밥상을 이고 가는 아낙네의 모습을 볼 수 있고, 집안의 부엌에서 상을 들고 안채로 이동하는 어머니의 모습을 볼 수 있다. 현대사회에는 식탁에 모두가 모여 앉아 같이 밥을 먹는 문화가 되었지만, 당시에는 남자와 여자가 밥을 따로 먹었고 집안의 서열에 따라 아버지는 독상을 받는 일이 많았기 때문에 독립적으로 작은 소반에 옹기종기 아버지만을 위한 밥을 준비하곤 했다. 지금은 주거 형태가 변해서 주방이 집안으로 들어와 있지만 당시에는 부엌과 방이 거리가 있기 때문에 어머니들이 보통 상을 들고 이동하는 일이 많았다. 그래서 밥상의 무게가 너무 무거워도 안 되었고 너무 커도 안 되었다. 규모가 작으면서 좌식생활을 했던 조상들에게 가장 적합했던 상은 바로 소반이었다. 소반에는 밥이 올라가기도 하고 다과와 차가 올려지기도 했고 술이 올려지기도 했다. 밥이 올라가면 밥상이고, 술이 올라가면 술상이 되었던 소반은 '쟁반에 다리를 붙인 것'이라고 생각하면 이해하기 쉽다. 만약 소반이라는 것이 존재하지 않고 쟁반의 형태로 지속되어왔다면 높이가 낮아서 밥을 먹기 힘들었을 것이다. 우리의 소반은 그렇게 기능적인 면도 있었지만, 예술적으로도 매우 높은 가치를 가지고 있다. 통영, 나주, 해주 등 각 지역마

---

* 국가무형문화재 제99호(지정일: 1992. 11. 10. 보유자: 김춘식, 추용호)

** 국가무형문화재 제86-1호(지정일: 1986. 11. 1. 보유자: 이기춘)

다 그 기교가 다르다. 소반에 술을 올리고 술과 함께 먹을 만한 안주거리들을 올리면 술상이 된다. 일을 끝마치고 주막에 들른 일꾼들이 하루 일과를 마무리하며 술 한잔 기울이고픈 아버지가 찾았던 술상. 그 한상 가득 차려진 술과 음식은 아마 일상의 큰 위로였을 것이다.

향기 가득한 술, 문배주

요즘 술집에는 재미있는 술들이 많다. 각종 과일을 첨가한 과일주가 있고, 꽃 이름을 붙여 향을 강조한 술들도 있다. 술은 독해서 마시면 취하고 잘못 마시면 며칠 동안 아플 수도 있다. 그래도 일상에서 술이 필요한 이유는 해소의 역할을 해주기 때문이다. 해소의 역할을 해주는 술이 향기나고 과일맛이 난다면 더 기분 좋게 마실 수 있다. 그것이 많은 사람들이 술을 찾는 이유일 것이다. 우리의 전통술 문배주 역시 향기가 가득하다. 그러나 문배주는 현대의 과일소주와 다른 점이 있다. 과일소주는 실제로 넣은 과일맛이 나기 마련이다. 포도를 넣으면 포도주가 되고, 자몽과 소주를 섞으면 자몽소주가 된다. 하지만 문배주는 문배나무의 과

실을 넣지 않았는데 문배나무의 향이 난다. 가공적으로 맛을 만들지 않았는데 스스로 만들어낸 향기가 흡사 나무의 열매냄새를 풍기는 것이다. 문배주의 재료는 조, 수수, 누룩뿐이다. 따로따로 맛을 보면 아무 맛도 없는 심심한 재료들을 가지고 향기나는 술을 만든다는 것은 쉽지 않은 일이다. 비결은 인내에 있다. 술을 빚기 시작해서 1년이라는 숙성기간을 거치게 되는데, 이때 숙성을 위해 사용되는 것이 '옹기'다. 이렇게 숙성된 술은 꽃 향을 잔뜩 풍기고, 마셔보면 목넘김 역시 부드러워 술 한 잔에 무릉도원을 만끽할 수 있다. 술이 삶의 해소제라면 문배주는 그 역할을 가장 잘 해낼 수 있다. 소반에 문배주와 안주거리인 두부와 김치를 올려 술상을 내오면 좋아하지 않을 사람이 없을 것이다.

소반과 문배주는 현대생활에서 자주 접하는 물건들은 아니다. 보통 식당이나 집에서는 테이블이 고정되어 있고 음식들이 하나 둘 올려진다. 예전처럼 상을 통째로 들고 이동하는 경우는 거의 없다. 언제부터인가 무언가를 기념할 때가 오면 샴페인 혹은 와인을 마시는 것이 통념처럼 되어왔다. 좋은 일이 있거나 무언가 털어내고 싶을 때에도 손쉽게 맥주와 소주를 찾으며 문배주를 찾는 일은 거의 드물다. 시간이 지남에 따라 사라지고 있는 문화이지만 한번 떠올려보자. 늦은 저녁에 나를 위해 준비된 작은 술상 하나, 그리고 그 술에서 풍겨오는 문배향을. 그런 행복감을 상상할 수 있다면 소반과 문배주는 앞으로도 우리 곁에 계속 존재할 것이다.

8

공예

옹기장*

장맛을 보면 그 집안을 알 수 있다

요즘은 그야말로 먹방의 시대다. 많은 방송 프로그램에서 음식을 맛있게 만드는 방법을 가르쳐주고 맛있게 먹는 모습을 보여준다. 시청자는 이 프로그램들을 통해 레시피를 얻기도 하고, 맛있게 먹는 모습을 보면서 대리만족을 하기도 한다. 그 많은 요리 프로그램들에서 어김없이 등장하는 것은 '비법'이다. 같은 재료라도 어떤 양념을 쓰고 무슨 소스와 버무리는지에 따라 맛이 달라진다. 그 약간의 차이가 다른 요리들과 차별되게 하는 비법이다. 이 특별한 비법은 과거에도 존재해왔다. 바로 각 집마다 있었던 '장맛'이다. 한국은 된장, 고추장, 간장 등 장을 이용해 음식을 만드는 것이 발달했고 김치, 젓갈, 메주 등 발효음식이 많다. 과거의 집들은 마당이 있었고, 마당에는 장독대들이 줄을 지어 서 있었다. 장독대 안에는 가족들이 몇 해 동안 먹을 수 있을 만한 먹을거리들이 가득

---

* 국가무형문화재 제96호(지정일: 1990. 5. 8. 보유자: 김일만, 정윤석)

담겨 있었다. 어머니들이 머리에 수건을 두르고 버선발로 나와 조금씩 덜어가던 '장'과 김치만으로도 밥상이 풍성했다. "장맛을 보면 그 집안을 알 수 있다"는 말이 있다. 새끼손가락 끝에 살짝 찍어낸 장맛으로 그 집안을 가늠하는 것이 가능했을 만큼 과거 우리 사회의 장독대는 더없이 중요한 존재였다.

장독은 옹기의 한 종류다. 많은 도기, 자기들 중에 특별히 옹기로 집안의 부엌을 구성한 것은 우연이 아니라 과학적 근거가 뒷받침된 선택이었다. 옹기의 가장 큰 특징은 숨을 쉰다는 것이다. 옹기를 자세히 살펴보면 표면에 많은 구멍이 나 있는 것을 알 수 있다. 이 구멍을 통해 공기가 드나든다. 흔히 발효식품은 미생물을 이용하기 마련이고 미생물은 산소를 필요로 하는데, 이 구멍으로 드나드는 공기가 산소를 공급해줌으로써 발효식품이 잘 익어가도록 도와준다. 또한 옹기를 가마에 넣고 구울 때 발생하는 탄소 알갱이에는 방부성이 있어서 음식이 그 안에서 썩지 않도록 도와준다. 장맛이라는 것은 바로 장독대가 가진 비밀에서 오는 것이다. 장독대가 없었다면 '장맛'은 존재하지 않았다고 단언할 수 있을 만큼 냉장고가 없고 겨우내 먹을거리를 찾기 힘들었던 시절에 장독대는 필수였다.

옹기장수가 배불리 먹던 시절

옹기에서 '옹(甕)'은 독의 한자어다. 물·술·장 등을 담아두는 큰 오지그릇이나 질그릇을 말한다. 흙으로만 빚은 질그릇(우리 조상들은 흙을 '질'이라고 불렀다)과 이 질그릇에 오짓물을 입혀 구운 오지그릇이 모두 옹기다. 장독대를 예로 들어서 설명했지만 옹기의 종류는 이보다 훨씬 더 많다. 밥을 담는 그릇부터 시작해서 접시, 항아리에 이르기까지 옹기의 쓰임새는 다양했다. 보통 옹기를 굽는 마을은 강가나 해안지역에 위치하고 있었는데, 이는 해안 근처가 나무나 흙이 풍부해서 재료를 구하기 쉽다는 이유도 있었지만 바닷길을 따라 배로 운반하는 것이 편리했기 때문이다. 과거의 옹기는 모든 가정에서 필요한 생활 필수품이었기 때문에 옹기장수들은 다 만들어진 옹기를 배에 한 가득 싣고 여기저기 팔러 다녔다. 지금은 옹기를 찾는 이가 많지 않지만 과거의 옹기장수들 중에는 배고픈 사람이 없었을 정도로 모두가 좋아하고 필요로 하는 물건이었다. 그러다가 양은이 수입되어 들어오면서 옹기보다 가볍고 편리하다는 이유로 더 많이 사용되기 시작했고, 스테인리스가 들어오면서 옹기는 우리 곁에서 더 멀어지고 말았다. 게다가 1970년대에 '아파트'라는 새로운 주거개념이 들어오기 시작하면서 장독대 없애기 운동이 시작되었고, 옹기는 그렇게 조금씩 우리 생활에서 멀어져갔다.

정신적인 밑바탕, 옹기

그러나 옹기를 단순히 옛것이라고 치부하기에는 그것이 가지고 있는 정신적인 가치들이 너무나 많으며 스테인리스나 양은, 김치냉장고가 대체할 수 없는 절대적인 존재성을 가지고 있다. 옹기는 식기로도 쓰였고 음식을 저장하는 저장고로서의 역할도 했지만 제조, 신앙, 일상생활 등 많은 분야에서 다양하게 쓰였다. 요즘은 한약방에 가서 약을 지으면 한 팩씩 예쁘게 포장해주지만, 과거에는 어머니들이 직접 한약을 달여 가족들에게 먹였다. 한약을 달이던 약탕기도 옹기였다. 또한 신앙적인 역할도 담당했다. 우리 옛말에 "신주단지 모시듯 한다"라는 말이 있다. 신주단지는 조상의 혼령이 담긴 것으로 여겨 민간에서 조상숭배의 한 형태로 혼령을 모시는 단지를 말하며, 이 신주단지 역시 옹기를 사용했다. 마을 굿을 할 때도 제물을 옹기에 담아서 옮겼다. 우리 무형문화유산 책에도 소개된 은산별신제에서는 조라술을 담근다. 담그는 용기가 옹기이고 제사를 올리러 갈 때 제물을 가득 담은 용기도 옹기다. 이 밖에도 재떨이, 요강 등 다양한 용도로 쓰였고 굴뚝을 만들 때에도 옹기를 사용했다. 그야말로 과거의 생활에서 옹기는 대체할 수 없는 절대적인 존재였던 것이다. 조선시대에 그려진 풍속화들을 보면 그 배경에 어김없이 옹기들이 등장하고 있다. 인물에 주목하지 않고 그 배경을 하나하나 살펴보면 장독대도 있고 신주단지도 있다. 그만큼 일상의 한 부분이었고 생략할 수 없는 필수적인 요소였다.

동화 「미운 오리새끼」는 유난히 미운 오리새끼가 알고 보니 백조였다는 결말로 마무리된다. 겉모습만 보고 사람을 판단하면 안 된다는 교훈은 옹기에도 그대로 적용될 수 있다. 옹기는 고운 흙만 걸러내서 만든 백자나 청자와 달리 알갱이가 섞여 있는 채로 만든다. 그래서 표면이 고르지 않고 울퉁불퉁한 것들도 등장한다. 그러나 이 알갱이로 인해 가마에서 구워질 때 미세한 구멍이 뚫리게 되고 이것들이 옹기를 숨쉴 수 있게 한다. 겉모습은 거칠고 아름답지 않지만, 품고 있는 것에 대해 최선을 다한다. 옹기는 못생겼지만 깊이 있고, 튀지 않지만 은은하다. 백조가 된 오리처럼 충분히 사랑받을 만한 가치가 있다.

사기장*

사옹원 분원

사옹원은 본래 왕의 식사를 관장하던 공간이다. 사옹원의 분원은 식사에 사용되는 사기를 제작하기 위해 만들어진 일종의 제조시설 같은 곳으로 몇백 명의 사기장들이 소속되어 사기 제작을 담당했다. 많은 인원이 소속되어 있는 곳이었기 때문에 사옹원에도 조직이라는 게 존재했다. 도제조, 제조, 부제조 등의 간부가 있었고 사기를 불에 구워서 만드는 일을 관리하는 분원낭청이 있었다. 공초군은 사기장들이 도자기를 만들고 생활하는 사옹원에서 잡역을 담당한 인물을 말한다. 경기도 광주에 가면 분원초등학교를 찾아볼 수 있다. 이 학교는 본래 사옹원 분원이 있었던 자리에 세워져 있다. 1921년 일제가 조선의 백자기술과 그 역사를 부정하기 위해 가마터 자리에 설립했다. 그러나 그 명맥이 끊어지기는커녕 경기도 광주지역은 지금까지도 사기장의 명맥을 이어오며 명실공히 왕실 도자기의 명성을 이어가고 있다.

도기, 자기, 사기

우리는 흔히 '도자기'라는 표현을 많이 사용한다. '도자기'는 사실 '도기'와 '자기'가 합쳐진 말로 그 개념이 모호하다. 인간은 과거부터 지금까지 필요에 의해 주위환경을 만들어왔다. 멀리 있는 사람들과도 자주 안부를 나누고 편하게 메시지를 주고받고 싶다는 꿈이 핸드폰으로 실현되었듯 인간이 음식을 채집해서 살기 시작하면서 그 음식을 담아두

* 국가무형문화재 제105호(지정일: 1996. 7. 1. 보유자: 김정옥)

고 저장해놓을 그릇이 필요했다. 가장 손쉽게 구할 수 있는 '흙'으로부터 시작된 작은 실험은 '토기'라는 것을 만들어냈고, 이 토기는 단순히 보관 용도를 벗어나 장식단계까지 이르면서 인간의 본능적인 예술성을 나타냈다. 그러나 흙은 흡수성이 좋기 때문에 흙으로 만든 그릇은 물을 빨아들였고 이 단점을 보완하기 위해 인간은 끊임없이 새로운 방법을 고안했다. 그러면서 가마가 생기고 높은 온도의 불에서 구워내기 시작했는데, 이것이 자기 만들기에 매우 적합한 '백토'라고 불리는 고령토의 발견과 합쳐지면서 '자기'가 생겨나게 되었다. 이 자기를 '사기'라고도 부른다. 결국 자기와 사기는 같은 말이고, 사기장은 바로 이 자기를 만드는 사람을 말한다.

교토, 고려박물관

몇 해 전 일본 교토의 고려박물관에서 전시장을 가득 메우고 있는 백자의 엄청난 힘에 감동받은 적이 있다. 어떤 장식도 없고 완벽한 조형성도 갖추지 않았지만 따뜻하고 은은한 달덩이 같은 백자항아리는 필자 말고도 많은 사람들의 발길을 멈추게 했다. 교토의 고려박물관은 일제강점기 일본으로 건너가 사업가로서 성공한 정조문 선생이 평생 동안 일본에 떠도는 한국의 문화재들을 모아놓은 전시관으로, 현재는 아들인 정희두 선생이 운영하고 있다. 일본의 식민지배를 받던 당시에 일본에서 한국인의 지위는 참담했다. 정조문 선생이 학교를 다닐 때에도 그저 조선인이라는 이유로 몰매를 맞는 일이 허다했다. 나라를 사랑하지만 그 나라에 대한 지울 수 없는 열등감이 늘 존재했다. 그런데 정조문 선생은 백자달항아리를 통해 민족적 자부심을 되찾게 된다. 이렇게 아름다운 것을 만들어내는 대한민국이 내가 태어난 나라인데 부끄러울 것이 무엇이겠는가? 자기의 기술을 만들어낸 것은 중국이고 대대적으로 발전시킨 나라도 중국이지만, 한국의 자기는 세계의 경매에서 중국 자기에 절대 밀리지 않는다. 말로 형용할 수 없는 넉넉함과 우아함은 어떤 기술로도 흉내 낼 수 없는 따뜻한 한국성이다.

백자항아리, 일본 교토 고려박물관 소장(출처: www.koryomuseum.jp)

공장에서 대량으로 찍어내는 그릇들을 만드는 방법은 간단하다. 원하는 무늬를 그대로 프린트해서 찍어낼 수도 있다. 그러나 자기는 내가 의도한 대로 완벽히 나오지 않는다. 바로 불과 흙이 어떻게 만나서 타오르는지에 따라 결과가 달라지기 때문이다. 예상외의 엄청난 무늬와 색이 나올 수도 있고, 고르지 못한 못난이 그릇이 만들어질 수도 있다. 그렇다고 해서 이 자기를 우연히 만들어내는 예술품이라고 단정 지을 순 없다. 불가마에 들어가기 전까지 흙을 반죽하고 밀고 모양을 만들고 건조시키는 등의 8가지 과정을 거쳐야 하기 때문이다. 장인의 정성과 불과 흙이 만들어내는 예술품인 자기는 단 하나밖에 존재하지 않는다. 세상에 단 하나, 같은 것이 없는 자기, 그 특별함은 자기를 아끼고 사랑해야 할 이유임에 틀림없다.

번와장[*]
제와장[**]

2008년 2월 10일 우리나라의 국보 1호 숭례문이 불에 타서 무너졌다. 우리나라의 가장 큰 보물인 숭례문이 삽시간에 무너져 내리는 모습을 현장에서 혹은 보도를 통해 지켜보면서 많은 국민의 가슴 역시 새카맣게 타버렸다. 말로 표현할 수 없는 상실감과 허탈함, 이 모든 것이 그저 담뱃불 하나가 만들어낸 결과라고 보기에는 감당하기에 너무나 큰일이었다. 그 큰 슬픔을 위로하고 어루만지고자 숭례문 복원팀이 조직되었고 이내 복원공사가 시작되었다. 단청장, 대목장 등이 몸체를 만들어

* 국가무형문화재 제121호(지정일: 2008. 10. 21. 보유자: 이근복)

** 국가무형문화재 제91호(지정일: 1988. 8. 1.)

냈고 그 위에 건물의 미를 최종적으로 다듬는 기와를 다루는 장인 번와장이 지붕을 만들어 올리면서 2013년 5월 21일, 8년 만에 숭례문은 다시 우리 곁으로 돌아왔다.

기와를 잇는 장인, 번와장
기와를 만드는 장인, 제와장

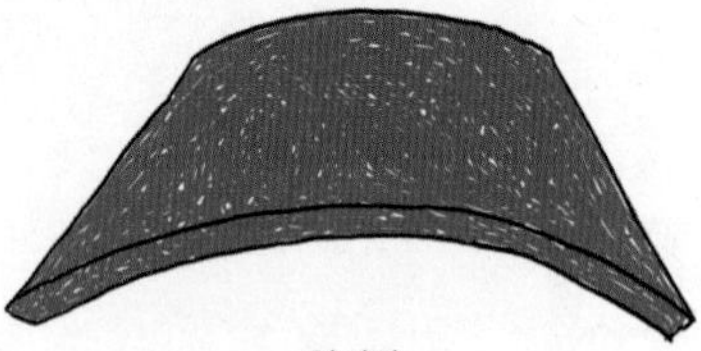
암키와

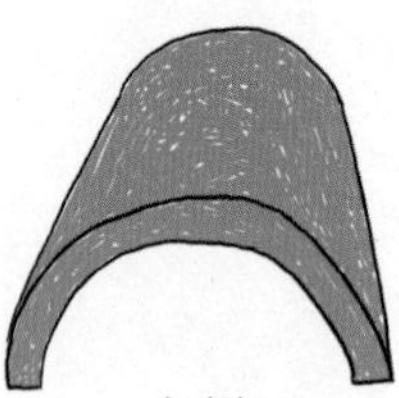
수키와

기와는 지붕을 잇는 건축 재료 중 하나다. 낙랑시대 건물에 처음으로 사용되면서 우리나라에서 사용되기 시작했다. 기와에는 크게 암키와(평평한 기와), 수키와(둥근 기와) 두 가지가 있으며 이 기와를 합쳐 하나로 만들어진 것도 있다. 기와를 가지고 한옥 등의 지붕에 기와를 잇는 사람을 '번와장'이라고 부르고, 기와를 만드는 장인을 '제와장'이라 부른다. 기와는 건축물을 아름답게 돋보이도록 하기도 하지만 지붕에 빗물이나 습기가 새어들지 못하게 씌워서 지붕 밑에 있는 목재의 부식을 방지하는 역할도 한다. 기와는 기원전 1세기경부터 우리나라에서 사용되어왔을 것으로 추측한다. 제와장의 손을 거쳐 만들어진 기와는 상황에 따라 조금씩 가감되는 경우가 많지만, 일반적으로 다음과 같은 순서를 따라 이어진다.

진흙을 이겨 얇게 편다-위아래로 암키와를 걸친다-좌우의 이음매에 수키와를 덮는다-처마 위에 막새를 붙인다

이근복 보유자는 이와 같은 방법에 본인의 실전경험과 연구를 바탕으로 해서 조금 더 효율적이고 지붕을 오래 보존할 수 있는 방법을 고안하기도 한다. 그중 하나는 동선을 이용해서 막새를 묶어주어 기와의 흐름을 방지하는 기술이다. 이 방법을 통해 기와의 견고성을 높일 수 있다. 그는 성실함과 인내심 그리고 끈기와 고집으로 번와장으로서의 역할을 충실히 하며 경복궁, 창덕궁 등의 지붕 역시 거뜬히 만들어냈다.

번와장이 기와를 뜯어내고 다시 붙이기를 수백 번 반복하면서 인내심과 끈기로 한 장 한 장 쌓아 올리는 작업을 지켜보면 문화재를 아끼고 사랑하며 주어진 일에 최선을 다하는 그의 장인정신이 느껴진다. 그 장인정신의 바탕에는 튼튼하고 아름다운 기와를 만들어낸 제와장의 장인정신이 있다. 그들의 열정을 통해 혹시 다시 그런 일*이 일어난대도 그렇게 속수무책으로 와르르 무너지지 않을 것임을 확신할 수 있다.

* 2008년 2월 10일 숭례문 화재사건을 계기로 '문화재 방재의 날'이 제정되었다. 이때 주요 문화재 현장에서 재난대응 훈련을 동시에 실시한다.

조각장*
목조각장**

조각하다

'조각한다'는 것은 어떤 물체가 입체감을 갖게 된다는 것을 말한다. 나무나 돌, 금속 등 뭉뚱그려져 있는 재료들이 누군가의 손길을 거쳐 새로운 생명력을 갖게 되고 구체적이고 생동감 있는 모습을 갖게 된다. 그래서 잘생긴 사람을 보고 '조각 같은 외모'라고 표현하고, 일상이나 시간

---

* 국가무형문화재 제35호(지정일: 1970. 7. 22.)

** 국가무형문화재 제108호(지정일:1996. 12. 31. 보유자: 전기만, 박찬수)

같은 추상적인 단위가 구체화되었을 때도 조각에 비유한다. 조각은 예술에서 크게 다루어지는 영역으로, 동서양의 상황에 따라 여러 모습으로 발전되어왔다. 현재는 미디어아트나 설치미술들과 함께 융합되어 새로운 영역을 개척하고 있다. 한국에서 국가무형문화재로 지정된 조각장과 목조각장은 시각예술에서 전반적으로 이야기하는 조각보다 조금 더 한국의 상황에 맞는 모습으로 존재하고 있다.

조각장과 목조각장

조각장(彫刻匠)은 '조각을 하는 장인'을 뜻한다. 조각장은 금속을 다루는 장인을 지칭하고, 목조각장은 나무로 조각하는 장인을 말한다. 우리나라는 삼국시대에 불교가 전해지면서부터 사찰 건축과 불상 등 불교의식과 관련된 조각들이 많이 제작되어 특히 목조각 분야가 크게 발전한다. 그 이유로 큰 범주에서 보면 조각장 안에 속해 있어야 할 목조각장이 독립적인 문화유산으로 지정되어 있다. 금속공예품을 다루는 장인인 조각장의 일은 어떤 것을 파내어 형태를 만든다기보다는 물건의 표면을 깎거나 무늬를 새기는 것이다. 금, 은, 동 등의 금속제품이 더욱더 멋스럽고 아름답게 보일 수 있도록 하는 역할을 담당하고 있다. 목조각장의 경우에는 불교와 관련된 용품들을 많이 만들기 때문에 불상이나 상징 등의 비교적 상세하게 작업해야 할 것들이 많다. 나무에 밑그림을 그리고 필요없는 부분을 먼저 쳐낸 후에 대충 형태가 드러나면 다시 속을 더 걷어내는 작업을 하여 작품을 만든다.

우리는 매일같이 조각이 될 재료들을 마주친다. 나무, 돌, 금속 등은 생활에서 흔히 만날 수 있다. 아무 형태도 갖지 않는 원형의 재료들을 마주할 때 느낄 수 없었던 감동을 만들어내는 것은 진심을 다한 두드림으로 생명력을 만든 조각장인이다. 번민으로 사찰을 찾는 사람들에게 위로와 안정을 주는 것도, 금속에 미감을 더해 더욱더 빛나게 하는 것도 장인들의 몫이다. 그들이 없었다면 모르고 지나쳤을 존재들이지만, 장인들이 있어서 다행이다.

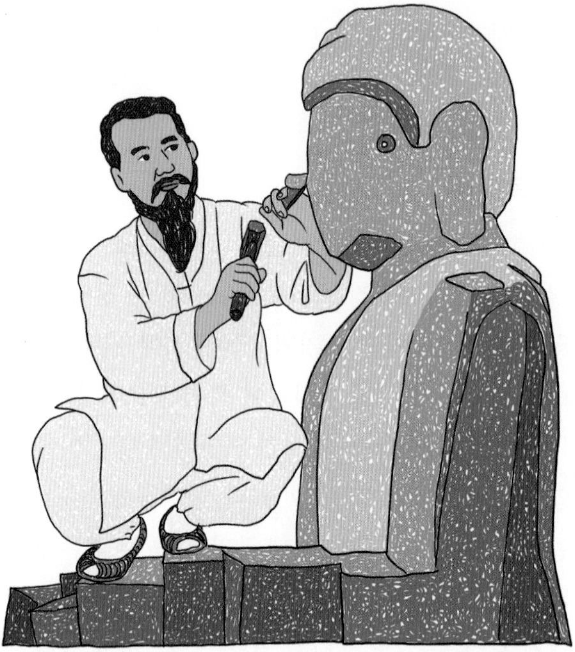

장도장*
낙죽장**

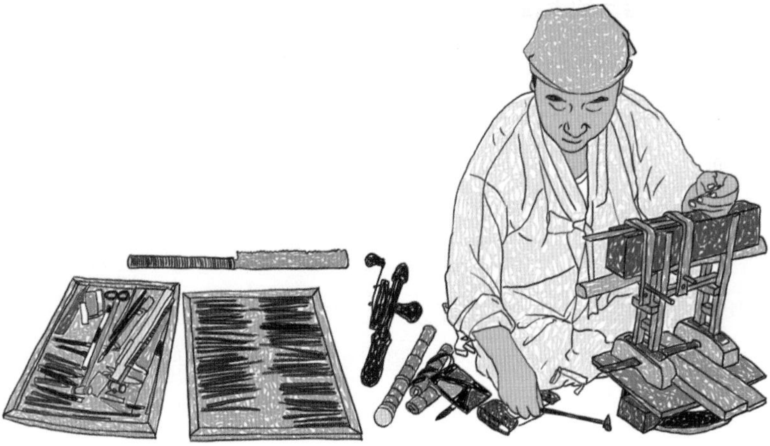

"도장이 아닙니다"

2015년 5월 25일, 곡성기차마을에서 열린 장도장 한상봉 보유자의 공개행사 때 지나가는 많은 이들이 칼에 글자를 새겨넣는 작업을 하는 장인을 보며 물었다. "도장 만드시는 거예요?" 익숙하지 않은 단어이기도 하거니와 도장 비슷하게 글자를 새겨넣고 있으니 도장으로 보일 만도 했다. 아이를 데려온 많은 부모님들은 쏟아지는 아이들의 질문세례에 제대로 답을 하지 못해 당황스러워했다. 그때 한상봉 보유자가 나지막한 목소리로 말했다. "칼을 만들고 있는 겁니다". 장도장은 칼을 만드

* 국가무형문화재 제60호(지정일: 1978. 2. 23. 보유자: 박종군, 한상봉)

** 국가무형문화재 제31호(지정일: 1969. 11. 29. 보유자: 김기찬)

는 장인이다. 정확히 말하면 장도(칼집이 있는 작은 칼)를 만드는 장인이다.

"와~ 도장이다" 하고 지나가는 많은 분들께 말하고 싶다.

"장도장은 도장이 아닙니다. 칼을 만드는 장인입니다. 장도는 선비와 문인들의 전통사상 중시와 의리정신을 볼 수 있고 과거 우리 부녀자들의 '정절'을 볼 수 있는 우리의 소중한 무형유산입니다."

장도, 은장도만 있을까?

사극드라마에 보면 가끔 부녀자들이 정절을 지키기 위해 지니고 다녔던 은장도가 나온다. 그 때문인지 장도라고 하면 은장도를 흔히 먼저 떠올리기 마련이다. 그러나 장도는 그 도심(刀心)이 붙은 칼자루가 칼집에서 쉽게 빠지지 않도록 하고 실생활에 쓰일 수 있는 젓가락과 귀이개, 과일꼬지 등을 꽂아서 쓰는 첨자도(添子刀), 나무로 된 칼자루와 칼집 끝을 버선코 모양으로 만든 몽개칼(즉, 을자도), 칼자루와 칼집의 끝머리 코에 흰색을 덮어씌우는 까치장도, 칼집과 칼자루를 순은으로 만든 은장도, 칼집과 칼자루를 화려하게 장식하고 귀한 재료를 쓴 갖은 장도, 구하기 힘든 흑시 대신 보통 감나무를 태워서 칼집과 칼자루를 만들고 간단하게 장식한 맞배기장도(粧刀) 등 여러 가지가 있다.

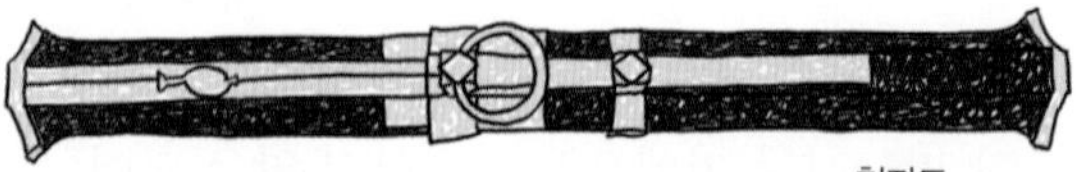

첨자도

을자도

맞배기장도

이 모든 장도를 한자리에서 살펴볼 수 있는 장도박물관이 전라남도 광양에 있다. 장도박물관의 관장은 장도장 보유자 박종군이다. 그의 부친인 박용기(장도장 명예보유자)가 설립했고 박종군 보유자가 관을 이어받아서 운영하고 있다. 장도박물관에서 볼 수 있는 장도 중 하나인 낙죽장도는 낙죽과 장도의 결합어다. 여기서 낙죽이라는 것은 불에 달군 인두로 대나무에 무늬를 새기는 일을 말한다. 한마디로 말하면 대나무로 칼집을 만들어 그 위에 인두로 시, 매화, 대나무, 명문장 등을 낙죽하고 쇠로 칼을 만들어내어 그것을 잘 맞추어내면 낙죽장도가 되는 것이다. 장도장 보유자 한상봉이 이 기술을 이어가고 있다.

악어와 악어새, 낙죽장과 장도장

낙죽장도를 만드는 데 가장 기본은 좋은 대나무를 고르는 것이다. 장도의 칼집에 대나무를 쓰기 때문에 대나무에 따라 장도의 모양과 질이 결정된다. 일반적으로 낙죽장도를 만드는 장인이 직접 대나무 채취부터 한다. 장도를 만들기 가장 좋은 재료는 분죽이다. 분죽을 캐는 것으로 첫 번째 과정이 시작된다. 분죽으로 칼집을 먼저 만든 후 쇠로 칼몸을 제작한다. 칼몸에 금상감으로 북두칠성을 그려넣고 '일편심(一片心)'이라는 문자를 새기는 경우가 많다. 금상감까지 마치고 나면 칼집에 낙죽을 하게 되는데, 낙죽하는 내용은 명문장이나 시구다. 완성된 칼집에 칼끈을 제작해서 매달고 열처리까지 하면 낙죽장도가 마무리된다. 간단해 보이지만 매 과정마다 오랜 시간이 소요된다. 특히 상감을 할 때는 밑그림을 그리고 홈을 판 후에 미리 재단해놓은 금줄과 은줄로 상감작업을 하기 때문에 더 많은 시간이 소요된다.

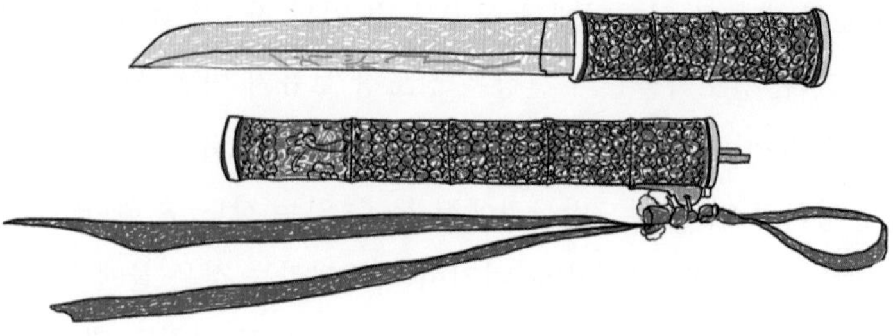

박종군, 한상봉 보유자는 자칫 끊어질 수도 있는 우리나라 장도의 기술을 발전하고 보전시키기 위해 각자 각고의 노력을 기울이고 있다. 또한 김기찬 보유자는 장도에 낙죽으로 생명력을 불어넣고 있다. 박종군 보유자는 박물관에서 여러 교육프로그램을 개발·시행하고 있으며, 한상봉 보유자는 기차마을 한켠 작업실에서 주말마다 관람객을 위한 체험 행사를 열고 있다. 문화유산 현장에 보면 이런 말이 나온다. “유형의 문화재와 함께 무형의 문화재는 모두 민족문화의 정수이며 그 기반이다.” 우리 민족문화의 정수인 소중한 문화유산의 보급과 전파를 위해 힘쓰는 두 보유자가 있기에 장도를 다루는 기술은 우리의 후손들에게도 소중한 문화유산으로 남을 것이다.

입사장*

냉정과 열정 사이

금속품은 매끄럽고 단단해 보이기는 하지만 차가운 느낌이 난다. 그래서 다른 재료의 것들에 비해 손이 잘 가지 않는다. 그대로 두어야 더 멋이 있을 것만 같은 도도함이 있다. 조금은 냉정해 보이는 이런 금속품에 따뜻함을 불어넣는 장인이 있다. 입사장인은 금속품 위에 끌을 이용하여 점, 선, 면을 새긴 다은 금이나 은실로 판을 박아 넣어 문양이나 도상을 표현한다. 금속재질에는 먹으로 무엇을 그려내기도 쉽지 않고 물감으로 색을 칠하기도 힘들다. 이러한 단점을 극복하기 위해 실을 박아서 작업하는 입사는 금속에 새로운 생명력을 불어넣는다. 흔히 섬유에 바느

* 국가무형문화재 제78호(지정일: 1983. 6. 1. 보유자: 홍정실)

질로 수를 놓는 따뜻함의 결합은 자주 보아왔지만 차가움과 따뜻함의 결합은 보기 쉽지 않다. 냉정과 열정 사이에서 탄생한 새로운 금속과 입사 작품은 따뜻함의 결합체만큼 정교하고 아름다운 모습을 하고 있다.

바느질처럼 한땀한땀 정성으로

옷에 촘촘히 박힌 바느질 자국을 보면 그 옷을 메우기 위해 수고했을 이의 노고와 정성이 떠오른다. 금속 위에 촘촘히 박힌 입사는 바느질 자국처럼 정교하고 빈틈이 없다. 게다가 금선과 은선을 사용하기 때문에 빛나고 반짝인다. 매화, 대나무, 학, 기린 등의 소재가 많이 사용된다. 정성으로 입사된 금속품은 언제 그랬냐는 듯 밋밋하고 심심했던 얼굴을 벗고 세련되고 화려한 모습으로 입사장인의 손끝에서 재탄생한다. 딱딱한 재료들을 가지고 만들어낸 생기와 활력은 원래 그 성질을 가지고 있던 것들이 만들어내는 것보다 더 감동적이다. 입사에는 크게 두 가지 기법이 있는데, 하나는 고려시대부터 전해지는 전통방법으로 표면에 홈을 파고 그 안에 은선을 박아넣는 것이다. 다른 하나는 조선 중기 이후부터 내려온 철입사방식으로 바탕 철의 표면을 정을 이용해 가로세로로 넓게 쪼아 표면이 거칠어지면 그 위에 얇은 금·은판이나 선을 놓고 망치로 쳐서 금속에 붙이는 방법이다.

세상에는 각기 다른 성질을 가진 것들이 존재한다. 무거운 것이 있으면 가벼운 것이 있고, 길이가 긴 것이 있으면 짧은 것도 있다. 부드러운 것과 거친 것이 있고, 차가운 것과 따뜻한 것이 있다. 다름에 대한 인정과 포용이 부족하면 이 다름으로 인해 많은 충돌이 일어난다. 다름을 인정하지 않는 사회에서 우리는 입사장의 지혜를 생각해야 한다. 차가움에 따뜻함의 생명력을 불어넣어주는 것은 우리에게 꼭 필요한 미덕이다.

금속활자장*

종이책이 종말을 고한다고 했다. 인터넷시대가 도래했고, 1990년대에는 전자책이라는 것이 등장했다. 들고 다니기에 무겁고 한장한장 넘겨보는 수고를 해야 하는 종이책의 단점을 완벽하게 보완한 새로운 기술의 등장이었다. 전자책에는 여러 권의 책을 넣을 수 있고 휴대성이 용이해졌다. 페이지를 직접 넘기는 대신 간단한 화살표 버튼을 누르는 것으로 손쉽게 앞뒤 페이지를 넘나들 수 있다. 현대의 전자책은 여기에 전자사전 기능까지 겸해 더욱 만능으로 발전해가고 있다. 그럼에도 불구

* 국가무형문화재 제101호(지정일: 1996. 2. 1. 보유자: 임인호)

하고 전자책은 출판시장에서 고전을 면치 못한다. 전자책이 출시되었을 때 수많은 미래학자들은 전자책의 편리성으로 인해 종이책은 사라지게 될 것이라고 예측하기도 했다. 그러나 2015년 현재, 전자책이 등장한 지 20년도 지난 지금 종이책은 여전히 사랑받고 있다. 종이책은 전자책처럼 가볍고 편리하진 못하지만 전자책이 가질 수 없는 낭만이 있다. 종이의 감촉이 있고, 그 종이에 인쇄된 활자의 질감을 느낄 수 있다. 종이책은 막 뽑아져 나온 국수 면발 같은 고유의 냄새가 있다. 사람들은 이 느낌과 감촉, 냄새를 결코 버리지 못할 것이다. 이런 이유로 종이신문도 여전히 존재한다. 핸드폰 클릭 몇 번이면 손쉽게 여러 기사를 검색해볼 수 있는 현대사회이지만 종이신문만이 줄 수 있는 느낌과 고유성은 대체 불가능한 존재다. 이렇게 종이책이 우리 곁에 가깝게 존재할 수 있는 이유는 바로 '인쇄술'에 있다. 인쇄술이 발명되기 전의 책은 누군가가 그대로 옮겨 적은 필사본이 전부였다. 컴퓨터로 써 내려간 것처럼 행과 열을 맞추어 쓴 필사본의 책은 제작기간이 오래 걸릴 뿐 아니라 그로 인해 대중화되지 못하고 소수의 지배계층만이 독점할 수 있는 전유물이었다. 인쇄술이 등장하면서 이러한 패러다임은 완전히 바뀌게 된다. 대량으로 책을 찍어낼 수 있게 된 것이다. 이 인쇄술을 가능하게 했던 것이 바로 금속활자였다.

종교와 인쇄술

종교는 실로 많은 영역에 영향을 미쳤다. 우리나라는 특히 불교의 영향을 많이 받았다. 불교의 탱화, 영산재와 수륙재, 단청, 석탑 등이 모두 불교문화에서 생겨났다. 서양문화권은 천주교의 영향으로 독자적인 건축양식과 아름다운 음악들을 만들어냈다. 종교는 가능한 한 많은 이들을 포용하고 받아들이고 싶어 한다. 그것의 시작은 교육이 될 것이다. 믿음을 위해서는 그것에 대한 이해가 선행되어야 한다. 그래서 서양문화권에서는 성경이나 코란을, 한국에서는 불교경전을 가능한 한 많은 이에게 알리고자 하는 방법들이 생겨났다. 서양에서 구텐베르크가 활자조형을 만들어 그것을 포도주로 압착하는 방식과 결합한 결과는 대단했다. 그로 인해 더 많은 사람들이 성서를 제대로 읽을 수 있게 되었고, 종교를 널리 알리는 데 일조했다. 우리나라 역시 불교의 가르침을 알리기 위해 활자와 인쇄술이 사용되었다. 바로 세계 최초의 금속활자(인쇄)본으로 불리는 『직지』가 그 대표적인 예다.

세계기록유산으로도 지정된 『직지』는 고려시대 백운화상이 부처와 역대 고승들의 말씀을 요약·정리해놓은 것으로, 1377년에 청주 흥덕사에서 찍어냈다. 이는 구텐베르크보다 80년 정도 앞선 것이다. 『동국이상국집』에 기록되어 있는 내용으로 보아 금속활자는 직지보다 훨씬 더 이전에 한국에서 이미 쓰이고 있었을지도 모른다. 그 내용이 정확히 밝혀지면 직지보다 100년 더 이른 역사를 갖게 된다. 한 글자 한 글자 활자로 만들어 그 위에 잉크 혹은 먹을 바른 후 종이에 찍어내는 방식은 당시 손으로 일일이 옮겨 적던 수고를 덜고 대량으로 생산할 수 있는 획기적인 기술이었을 것이다. 활자인쇄술 이전에는 목판인쇄술을 사용하여 인쇄했다. 목판인쇄술은 중국에서 발명되어 후에 한국, 일본 등 주변 국가에 전파되었다. 그러나 목판인쇄술은 글자를 따는 것이 아니라 서적을 인쇄하기 위해 한 판을 제작하는 것으로 비용과 시간이 많이 들고 한정된 책밖에는 인쇄해낼 수 없었다. 또 나무의 특성상 썩거나 부러지는 등의 약점이 있어 새로운 기술의 발명이 필요했다. 그때 도자기의 종주국답게 중국은 먼저 교니활자인쇄술을 발명한다. 흙 또는 진흙을 구워서 만든 활자가 교니활자다. 그러나 흙의 팽창력 때문에 문제가 생겼고 이후 목활자도 사용되었지만 취약점이 많았다. 그러다가 한국에서 그 취약점을 대체할 수 있는 새로운 발명품인 금속활자가 등장하게 된 것이다. 금속은 나무보다 단단하여 변형될 가능성이 크지 않다. 또한 보관이 용이하다. 금속활자의 발명 후 불교의 가르침을 널리 알리는 데 쓰인 것은 물론이고 여러 학자들이 책을 비교적 쉽게 구해볼 수 있는 환경을 제공함으로써 당시 한국의 삶의 질을 한층 높였다고 해도 과언이 아니다.

구텐베르크의 활자 발명이 세계 최초인 것처럼 알려졌던 시대가 있었다. 그것을 뒤엎고 세상에 『직지』가 공개되었을 때 온 세계가 떠들썩했다. 현대 문명을 만든 대부분의 것들이 서양에서 시작되었다고 믿는 서양인에게 새로운 시선을 제공했고 한국인으로서의 자긍심을 느끼게 한 계기였다. 『직지』는 2001년 유네스코 세계기록유산으로도 등록되면서 그 가치를 다시 한 번 인정받았다. 지금은 첨단 인쇄술의 등장으로 금속활자본이 더 이상 획기적인 기술은 아니지만, 그 당시 우리 선조들의 번뜩이는 지혜와 아이디어는 현대를 살아가는 우리에게 꼭 필요한 덕목이 아닐까 한다.

주철장*

새해를 시작하는 종소리, 그 소리의 근간 주철장

매해 마지막 날인 12월 31일 자정이 되면 서울 종로에 위치한 보신각에서 타종행사가 열린다. 이것을 '제야의 종'이라고 부른다. 제야의 종은 중생의 백팔번뇌를 없앤다는 의미로 전국의 사찰에서 108번 타종을 하던 불교의 행사에서 유래되었다. 현재 제야의 종은 총 33번만 타종한다. 묵은 해를 보내고 다가오는 해를 새로운 마음으로 맞이하는 의미가 있어 많은 사람들이 현장에 나가 직접 종소리를 듣기도 하고 텔레비전을 통해 그 현장을 지켜본다. 종소리를 들으며 지난 한해를 떠올려보고 다가오는 해에 꿈과 목표를 간절히 바라며 손을 모으고 앞에 선다. 그 웅장한 소리, 오랫동안 지속되는 울림이 한해를 새롭게 시작하게 해주는 원동력이 된다.

온 서울에 들릴법하게 두텁고 낮은 소리를 내뿜는 종은 누가 만들까? 바로 주철장이다. 주철장은 녹인 쇳물을 틀에 굳혀 기물을 만드는 장인으로, 그 기술을 종에 한정한 것은 아니다. 주철장은 고대부터 쇠를 이용하여 물품을 만드는 데 일조해왔다. 한국에 불교가 정착되고 이에 따라 사찰들이 많이 건립되면서 사찰에 세워두어야 할 종들이 필요하게 되었고, 주철장에 의해 많은 '범종'이 제작되었다. 그러므로 현재의 주철장을 한마디로 정리하자면 '쇠를 이용해 종을 비롯한 물품들을 만드는 기술을 가진 장인'이다. 주철장이 없었다면 우리는 새해를 시작할 때 그 웅장한 소리를 못 들었을지도 모른다. 새 시작의 소리, 그것은 주철장이

---

* 국가무형문화재 제112호(지정일: 2001. 3. 12. 보유자: 원광식)

만들었다고 해도 과언이 아니다.

범종 제작과정의 핵심

주철장은 주로 범종을 만드는 작업을 한다. 범종의 제작과정을 하나하나 다 살펴보자면 이 책에 다 담을 수 없을 만큼 내용이 많다. 주철장의 작업은 매 과정마다 기다려야 하고 같은 동작을 반복해야 하는 경우도 많다. 앞의 설명을 다시 읽어보면 '녹인 쇳물'을 가지고 기물을 만드는 장인을 '주철장'이라 함을 알 수 있다. 이 '녹인 쇳물'이라는 단어가 주는 의미심장함을 생각해보자. 물도 데우면 뜨거운데 하물며 쇠를 녹인 물이라니 생각만 해도 그 빨간 불꽃에 데일 것 같은 느낌마저 든다. 범종은 일반적으로 밀랍주조공법, 사형주조공법, 펩셋주조공법의 세 가지 방법으로 만들어진다. 이 중에서도 밀랍주조공법은 정밀한 범종 제작이 가능한 공법으로 본래 소멸되었던 것을 원광식 보유자가 10년의 연구 끝에 재현하는 데 성공했다. 밀랍주조공법은 말 그대로 밀랍을 사용해서 만드는 것이다. 밀랍과 송진을 녹여서 만든다. 또 한 가지 알아야 할 것은 일반적으로 범종은 내부와 외부를 따로 만들어 나중에 이를 합치는 구조로 제작된다. 합칠 때에는 내·외부 사이의 공간에 쇳물을 집어넣는다. 보통 외형틀을 먼저 만들고 내형틀을 만든다. 외형틀을 만들 땐 새끼줄로 기본형태를 만들고 밀랍을 바르면서 형태를 잡는다. 또 종이 더 튼튼하고 잘 구워지게 하기 위해 주물사를 계속해서 발라주는 과정은 말리고 다시 바르기를 수십 번 반복한다. 처음 주물사를 발라주는 과정이 끝나면 명주실을 감아서 진흙이 더 잘 붙도록 한다.

사찰을 돌아다니면서 종을 보게 되면 각각 그 문양이 다름을 알 수 있다. 그 문양은 어떻게 만들까? 종을 다 만든 후에 위에 새기는 것일까? 이 작업은 생각보다 매우 작은 것에서부터 시작한다. 먼저 한지에 문양을 그리고 그 한지를 뒤집어 엎은 후에 흑연가루를 뿌린다. 이것을 그대로 석판에 올려놓으면 석판에 문양이 생긴다. 문양을 판 후에 이를 떠낸

다음 종에 붙여서 같이 굽게 되면 종에 문양이 생기게 되는 것이다. 마지막 과정인 쇳물은 1,200℃에 육박하는 온도로, 쇳물을 주입하는 과정을 옆에서 지켜보면 후끈후끈 뜨거워서 쳐다볼 수조차 없다. 그 뜨거운 쇳물이 스며들어가면서 힘찬 종을 만들어낸다. 여기까지의 과정으로 종 주물작업이 끝난 것이다. 마지막 단계에서 거푸집을 해체해서 완성된 종만 꺼낸다. 꺼낸 후에 종소리가 맑고 깨끗한지 확인한다. 종을 치고 난 뒤 4~5초 뒤에 파동이 나타나야 한다. 이렇게 소리 테스트까지 끝나고 나면 오랜 인고의 시간을 거친 단단한 종이 탄생한다.

인고의 시간, 아픔의 시간을 거치고 나면 성숙해진다. 거푸집 속에서 뜨거운 불길을 견디어내고 새로운 모습으로 다시 태어난 종을 보고 있으면 성숙을 넘어서 경외로움이 느껴진다. 그 경외로움을 직접 느끼고 싶다면 원광식 보유자가 계신 충북 진천의 성종사로 가면 된다. 종의 단단함, 그리고 그것을 지키기 위해 노력해온 보유자의 집념 등이 느껴지면서 감회가 새로울 것이다.

나전장*
두석장**

혼수의 필수품

1972年9月23日 (土曜日) 매일경제신문 第2017號 [6]

結婚시즌활짝…

禮式場·禮物·드레스費用알아보기

호텔·홀은 2시간에 최소3만원
드레스는 빌려쓰면 최하 8천원

피로는 罹病의 根源
잘자고 잘쉬도록 돌봐야

가구란 한번 마련하면 그렇게 쉽게 바꿀 수 있는 게 아니다.
첫 번째 기회에 신중을 기해 자기의 취미나 분위기에 알맞은 것을 고르도록 머리를 써야 한다……
화려하고 고전적인 멋을 풍기는 자개장은 그 값의 차이가 매우 다양하다.

위 기사는 1972년 9월 23일 「매일경제」의 "結婚시즌 활짝…"이라는 기사다. 이 기사를 통해 당시의 결혼문화를 추측해볼 수 있다.

현대사회는 쉽게 조립할 수 있는 가구들도 많고 자주 이사를 다니는 집이 많아 비싸고 무거운 가구를 잘 들여놓지 않지만, 당시만 해도 처음 살림을 시작할 때 좋은 가구를 사서 오랫동안 쓰는 것이 풍토였다. 그래

* 국가무형문화재 제10호(지정일: 1966. 6. 29. 보유자: 송방웅, 이형만)

** 국가무형문화재 제64호(지정일: 1980. 11. 17. 보유자: 박문열, 김극천)

서 안방에는 상징처럼 자개장롱이 반짝반짝 빛나고 있었다. 자개는 조개, 전복 등 빛깔이 고운 어패류의 껍데기를 가공한 것으로, 가구에 자개를 붙이면 그 빛깔이 오묘하고 아름다워 1970~80년대에 집안의 자개가구는 부를 나타내는 하나의 상징으로서 당시의 주부들이 가장 갖고 싶어 하는 아이템이었다. 불과 30년 전만 해도 실생활 속에 녹아들어 있던 자개가구들은 이제 서양식 주거환경의 보급으로 간단해지고 가벼워지면서 실생활보다는 전시장에서나 그 모습을 볼 수 있다.

자개를 만드는 일, 나전
나전일을 하는 사람, 나전장

앞서 언급한 바와 같이 자개는 조개, 전복 등 빛깔이 고운 어패류의 껍데기를 가공한 것을 말한다. 해변가를 거닐다 보면 유난히 신비한 빛을 띠는 조개나 소라껍데기를 찾아볼 수 있다. 인공의 물감이 만들어낼 수 없는 그 자연의 색을 그대로 생활에 옮겨놓는 것이 바로 나전이다. 일단 이 어패류의 재료를 '섭패장'이 잘 갈아서 자개 상태로 공급하면 이 자개를 가지고 끊음질, 박음질 등 각종 기술을 동원하여 가구에 자개를 입히는 일을 '나전'이라고 한다. 그리고 수많은 나전장 중에서 이 일을 특히 잘하는 이를 '나전장인', '나전장'이라 부른다. 어패류를 기본으로 하는 작업이기 때문에 물이 가까운 곳에서 나전이 발달할 수밖에 없었는데 그중에서도 전복, 소라껍데기의 색이 매우 좋은 통영 앞바다에서 나전일이 활성화되어 있었다. 조선시대에 군수품을 생산·조달하던 통영12공방에도 나전공방이 있었다. 이를 '패부방'이라고 한다. 나전은 고려시대부터 시작되었다고 전해진다. 나라의 공식적인 종교가 불교였던 고려시대에는 나전으로 불교용품을 많이 만들었다. '나전단화금수문경', '고려나전경함' 등의 유물을 통해 추측할 수 있다. 조선 초기에 이르러 바깥출입이 자제된 양반댁 여인들은 본인들의 한복, 비녀, 노리개 등을 나전으로 된 기물에 보관함으로써 만족감과 행복감을 느꼈다. 당시 여인들의 나전사랑은 1970~80년대의 자개장롱에 대한 어머니들의 욕구만큼이나 높았을 것이다. 후기로 가면서 신분이동이 생기고 양반과 상인의 구분이 모호해지며 나전을 사용할 수 있는 대상도 넓어졌다. 이전에는 왕족, 양반들만 쓸 수 있었다면 이제는 돈을 주고 구입할 수 있는 일반적인 소비재가 된 것이다. 나전은 기물, 가구, 소반 등에 폭넓게 쓰이며 그것들에 숨결을 불어넣고 아름다움을 배가시킨다.

아름다움에 실용성을, 두석장

자개는 예쁘고 아름답다. 그러나 그것이 실용성을 갖추지 못한다면 하나의 예술품에 불과할 것이다. 자개를 입힌 많은 기물과 가구들은 비녀를 담아두는 비녀함으로 쓰이고 옷을 넣어두는 옷장으로도 쓰였다. 나전이 된 기물과 가구들이 실생활에서 여인들과 어머니들의 사랑을 듬뿍 받을 수 있었던 비결은 바로 장석이다. 장석은 기능의 필요성에 의해 공예품에 붙이는 금속재료 장식을 말한다. 이 장석을 만드는 장인을 말 그대로 '장석장'으로 부르기도 하지만, 현재 공식 무형문화재 지정명칭은 '두석장'이다. 가구를 여닫을 때 그 맞닿는 부분은 다른 곳보다 더 빨리 닳을 수밖에 없다. 그러나 장석이 그곳에 붙어 있으면 그런 것도 방지하고 장식적인 효과까지 얻을 수 있어 일석이조다. 접합부분을 더욱 강화하거나 모서리가 상하는 것을 방지하기 위해 부착하는 장석을 '감잡이'라고 한다. '경첩'은 두 개의 금속판이 기둥축을 중심으로 맞물려 돌아갈 수 있도록 만든 장치를 말한다. 이 밖에도 배목, 앞바탕, 귓새 등 많은 장석이 존재한다. 장석 같은 경우에는 미리 만들어놓을 수 없다. 가구를 보고 가구에 맞추어서 제작하기 때문에 가구에 장석을 붙이고 나면 원래 그 자리에 있었던 것처럼 편안하다.

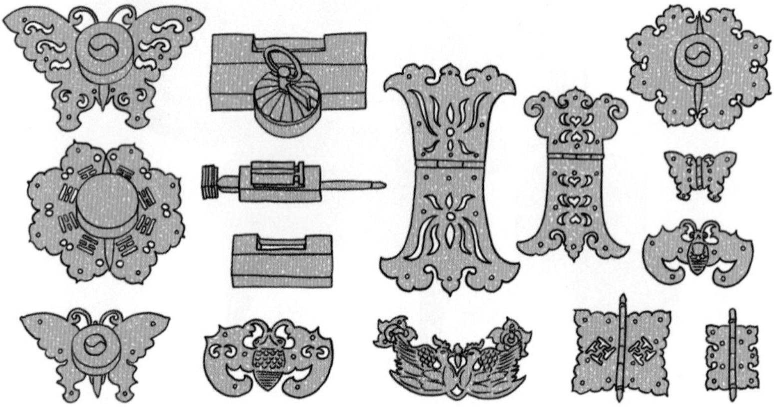

많은 장석은 길상무늬로 제작되었다. 복을 상징하는 박쥐나 부를 상징하는 모란 모양으로 장석을 만들어 사용함으로써 집안에 복과 부를 불러오기도 했으며, 자물쇠도 장석에 속한다. 어릴 때 할머니 댁에 가면 시집올 때 가져오셨다는 가구의 상단에는 꼭 자물쇠가 걸려 있었다. 뭐가 들어 있는지는 모르지만 할머니는 늘 그 자물쇠를 애지중지했다. 바깥일은 남자가, 집안일은 여자가 하는 것이 당연해서 '바깥사람', '안사람'이라고 부르던 시절에 집안의 작은 비밀스러운 공간 하나는 할머니에게 큰 일탈이자 재미였을 것이다. 장석은 가구에 의미와 재미를 부가하고 기능성까지 높여주었다.

2015년 4월 호림아트센터에서 열린 「조선의 나전」 전시에는 많은 작품이 전시되었다. 옷상자, 벼루뚜껑, 안경집 등 실생활에 많이 쓰이는 용품들에 나전장인들의 자개박음이 더해져 반짝반짝 빛나고 있었다. 조선시대 사람들은 실제로 그런 빛나는 함에 옷을 담고, 먹을 갈고, 안경을 넣어두었을 것이다. 현대사회의 많은 것들은 편리하고 간편하지만 깊이 있는 즐거움과 행복감을 주지는 못한다. 당시의 사람들은 이 빛나는 함을 여는 순간, 그리고 본인의 물건이 이 함에 들어가는 순간 그리고 닫는 순간 등 매 순간이 즐겁고 행복했을 것이다. 갓을 넣어두는 갓함은 갓 모양을 그대로 하고 있었다. 거기에 여닫기 편하도록 장석을 달았다. 실제로 만져볼 수는 없었지만 장석이 있기에 함을 여닫는 '똑딱'소리가 들리는 듯했다. 기물 하나를 완성하기 위해 1만 개 이상의 자개조각을 붙여 완성하는 나전, 그리고 그것에 생명력을 더하는 맞춤형 장석. 옛 선조들의 지혜는 현대의 시선으로 절대 따라갈 수 없다.

악기장*

활을 만드는 시장(矢匠)이 있으면 그 활을 담는 통을 만드는 전통장과 칠장이 있기에 나전장의 나전일이 수월하다. 이렇게 많은 문화유산이 서로 없어서는 안 될 유기적인 관계를 맺고 있다. 특히 우리 무형유산 중에는 악기가 없으면 그 발현이 불가능한 것들이 많다. 가야금산조 및 병창, 거문고산조, 줄풍류, 종묘제례악, 석전대제, 판소리, 농악 등은 모두 악기를 사용하는 무형문화유산이다. 가야금과 거문고가 없는 줄풍류를 생각할 수 없고, 종묘제례악이나 석전대제에 편경과 편종이 없으면 그 무게감을 살릴 수 없다. 판소리와 농악에 북이 없다고 생각해보자. 시작하기도 끝을 내기도 쉽지 않고 흥도 나지 않는다. 이렇게 제사나 놀이마당, 또 연주에도 필요한 악기를 만드는 사람들을 '악기장'이라고 한다. 우리나라에는 가야금, 거문고, 편경, 편종, 피리, 해금, 대금, 북, 장구 등 많은 전통악기들이 존재하고 있지만 무형유산으로 지정된 종목은 세 종류로 분류된다. 첫 번째로 편경·편종장이 있고, 해금, 거문고 그리고 가야금을 만드는 현악기장이 있으며, 북을 메우는 북메우기장이 있다.

흰기러기와 사자를 만드는 장인, 김현곤(편경·편종장)

편경과 편종은 대중화된 악기는 아니다. 12음계가 단단한 틀에 매달려 있는데, 한 음의 무게가 보통 50*kg* 정도 나가니 이동성이 떨어질 뿐만 아니라 편경 같은 경우에는 옥돌로 만들어 그 가치가 매우 높기 때문에 조심해서 다루어야 한다. 편경·편종은 '각퇴'라는 소뿔로 때려서 연

* 국가무형문화재 제42호(지정일: 1971. 2. 24. 보유자: 김현곤, 고흥곤, 이정기)

주하는 방식을 사용한다. 편경의 경우에는 옥돌의 상단 왼쪽 부분과 오른쪽 아랫부분을 때리고, 편종의 경우에는 종 겉면에 동그랗게 튀어나온 당좌 부분을 치면 소리가 난다. 이 소리가 맑고 웅장하며 무게가 있기 때문에 주로 궁중에서 사용되어왔다. 보통 편경의 소리를 흰기러기의 울음소리에 비유한다. 그만큼 청아하다는 뜻이다.

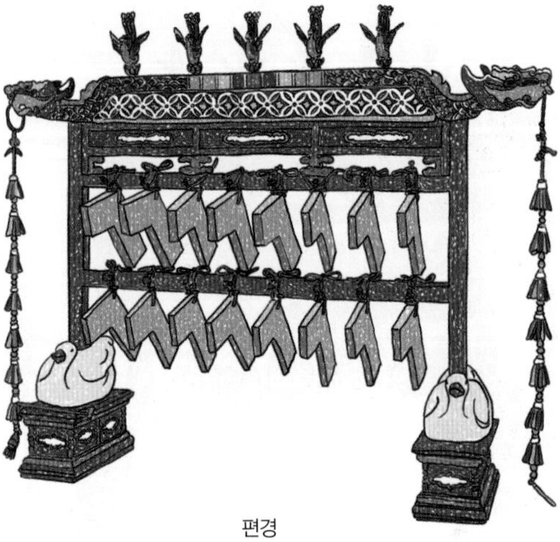

편경

편종은 사자의 포효하는 소리에 비유한다. 그만큼 용맹스럽고 강건한 소리를 낸다는 뜻이다. 편경과 편종은 그 전통이 끊어져 한동안 이를 똑같이 만들어내는 사람이 없었지만, 김현곤 장인이 『악학궤범』과 본인의 악기에 대한 감과 열정으로 이를 완벽하게 보존해냈다. 편종과 편경은 보기에는 틀에 매달려 있는 옥돌과 종이 비슷해 보여 만드는 방법이 쉬울 것 같지만, 편경의 경우 크기가 똑같은 대신 두께로만 소리 차이를 내야 하기 때문에 돌을 그 음에 딱 맞게 갈아내는 것이 중요하다. 1mm만 차이가 나도 음이 다르니 장인이 끊임없이 두드려보고 만져보며 작업을 해야 한다. 편종과 편경에 대한 관심이 매우 컸던 세종대왕은 중국에서 들여오던 편종을 한국에서 제작하기 위해 주종소를 설치하고 『악학궤범』에 편종·편경의 제작 재료, 재료의 산지, 제작방법, 형태와 구조, 조율법, 연주법 등을 자세히 기술하도록 지시하여 그 내용이 현재까지 내려오고 있다. 세종대왕의 지혜가 있었고 그것을 제대로 재현해낸 김현곤 보유자의 능력이 함께 있었기에 그 웅장하면서 맑고 청아한 편종과 편경 소리를 들을 수 있게 된 것이다.

편종

한국음악에 서정성을 더하는 장인, 고흥곤

한국음악은 서정적이다. 북, 꽹과리, 장구, 징 등 많은 타악기들이 전통음악의 악기로 사용되는데, 이 타악기들까지도 애틋하고 아련하게 만드는 것이 줄 달린 현악기들이다. 대표적으로 가야금과 거문고를 예로 들 수 있다. 가야금은 6세기경 가야국의 가실왕이 만들어 신라에 전해졌다고 하는 악기로, 가야국의 '가야'를 따고 줄달린 악기를 뜻하는 '금(琴)'자를 붙여 가야금이라고 부른다. 가야금을 만드는 과정은 일단 울림통이 될 나무를 고르는 것부터 시작된다. 오동나무를 위로 밤나무를 아래로 가게 하여 이것을 붙여 하나의 울림통을 만든다. 이 울림통 위에 인두질을 해서 나무의 결이 자연스레 살아나고 이후 습기로 인한 부식을 막는 효과를 준 뒤에 가야금의 악기 둘레 장식과 문양을 만들어 붙이고 명주실로 현을 제작한다. 이때 음의 높이에 따라 줄 굵기가 다르기 때문에 각기 다른 두께로 실을 꼬아주는 작업이 필요하다. 꼬아준 실을 안족(雁足)*에 걸면 된다. 이는 대강의 과정을 설명한 것으로, 세부적으로는 더 많은 작업과정과 시간이 소요된다. 거문고도 비슷한 과정을 거친다. 거문고와 가야금의 다른 점은 거문고는 6줄이고 가야금은 12줄이며, 거문고는 고려시대에 가야금은 신라시대에 만들어졌다. 또한 가야금은 양반집 규수들이 즐겨 사용했던 악기이고 거문고는 선비들이 사용했던 악기이기 때문에 줄이 더 굵고 힘찬 소리가 난다.

현재 한국의 많은 가야금, 거문고 전공자들은 고흥곤 보유자의 악기를 가지고 있거나 갖고 싶어 한다. 소리가 아름답고 공명이 크기 때문이다. 가야금과 거문고는 그 바탕이 될 나무를 말리는 데만 7년이라는 긴 시간이 필요하다. 오랜 시간 기다려온 나무들이 장인의 손을 거쳐 아름다운 소리를 내는 악기로 변모하게 되는 그 과정의 감동이 만들어내는 소리가 아닐까?

* 줄이 얹어지는 삼각형 모양의 기둥으로, 그 모양이 기러기 발을 닮았다 하여 이렇게 부름

시작과 끝을 만드는 북을 메우는 장인, 이정기

북은 과거부터 현재까지 곳곳에 존재해왔다. 전쟁의 승전보를 알릴 때에도, 나라의 대소사를 퍼뜨릴 때에도, 행사의 시작과 끝에도 북이 존재해왔다. 그래서 북은 종류도 여러 가지다. 나무로 된 틀에 매달아 채로 쳐서 소리를 내는 좌고는 현재 궁중음악에 사용되고 있고, 판소리의 장단을 칠 때 쓰는 북은 좀 더 작고 장식은 화려하지 않다. 다른 북과 구별하기 위해 '소리북'이라는 이름을 따로 가지고 있기도 하다. 또한 우리나라 전통춤이자 무형문화재이기도 한 승무를 출 때에도 북이 필요하다. 이를 '승무북'이라 한다. 승무의 양대산맥인 고(故) 이매방과 한영숙은 춤의 특성이 조금 다른 것에 따라 북도 다른 형태를 사용했다. 그 밖에도 건고, 응고 등 많은 종류의 북이 존재한다. 이를 만드는 장인을 '북메우기 장인'이라 한다. 왜 북장이라 하지 않고 북메우기장이라고 할까? 바로 북을 만드는 과정에서 그 해답을 찾을 수 있다. 북의 기본은 나무로 만든 공명틀에 가죽을 씌워 완성시키는 것이다. 그 때문에 가죽을 씌워서 공명틀에 빈 공간이 없도록 촘촘히 메워주는 작업이 중요하다. 그래서 북메우기 장인이라 한다. 이렇게 가죽을 씌우고 나면 소리가 더 잘 울리고 멀리 퍼지라고 장인들이 올라서서 밟으면서 가죽을 편다. 그 후 틀을 만들고 정리하고 다시 깎아내고 단청을 하는데, 이 단청작업이 중요하다. 어떻게 단청을 하느냐에 따라 북의 분위기가 완전히 달라질 수 있기 때문이다. 북메우기 장인 이정기는 단청의 달인이다. 북뿐만 아니라 편경·편종 악기 틀의 단청까지도 책임진다. 그가 그린 용은 비범하고

가죽 늘리기

북통 깎기

단청하기

색깔이 밝고 알맞다.

한국의 악기는 그 재료에 따라 총 8가지로 구분된다. 금속으로 만든 악기인 '금부', 돌로 만든 악기인 '석부'가 있고, '사부'는 줄로 만든 악기이며, '죽부'는 대나무로 만든 악기다. 편종의 종은 금속으로 만들어졌기 때문에 금부에 속하고, 편경은 돌로 만들어졌기 때문에 석부에 속한다. 거문고와 가야금은 줄로 만든 악기를 칭하는 사부에 속한다. 대금, 중금 등 대나무로 만들어진 악기는 '죽부'라 부른다. 북은 가죽으로 만들어졌다 하여 '혁부'라 부르고 박, 축, 어 등의 악기는 나무로 만들어져 '목부'라 부른다. '토부'는 흙으로 만들어진 악기를 말하고 나각이 이에 속한다. 이 8가지 재료는 8괘로 해석되고 국악기가 내는 12율, 즉 12음은 열두 달로 해석된다. 편경과 편종의 경우에는 윗부분이 하늘, 아랫부분이 땅을 뜻한다. 현악기의 위가 곡선인 것은 하늘을 표현하기 위함이고, 아래를 평평하게 한 것은 땅을 표현하기 위함이다. 북은 '구름'을 뜻한다. 우리 악기를 들여다보면 음양오행적 우주관을 담고 있음을 알 수 있다. 세상의 이치가 담긴 악기와 그것을 이치와 도리에 어긋나지 않도록 올바르게 만들어내는 장인들이야말로 우리의 소중한 무형문화유산이다.

궁시장*

궁시장, 활과 화살을 만드는 사람

궁시장은 활을 만드는 '궁장'과 화살을 만드는 '시장'이 합쳐진 단어다. 화살이 있어야 활이 제 역할을 할 수 있고 활이 있어야 화살도 날아갈 수 있으니 이 두 물건은 반드시 함께 있어야 하며 함께 있을 때 빛이 난다. 이를 만드는 사람도 마찬가지다. 궁장만 존재할 수도 없고 시장만 있을 수도 없다. 활과 화살은 무기로 쓰이기도 하고 전화나 컴퓨터가 없던 과거에는 신호나 통신을 위한 용도로도 사용되었다. 나라를 지키는 데 꼭 필요한 존재였던 셈이다. 이전 기록에 궁시장을 궁장과 시장으로 기록하지 않고 유독 '궁인(弓人)'·'시인(矢人)'이라 한 것을 보면 특별히 이 궁시장을 예우했던 것으로 보인다.

한국 활과 화살의 비결

우리의 전통 활은 '각궁(角弓)'이라고 부른다. 여기서 각은 '뿔 각(角)' 자로 그 재료를 추측해볼 수 있게 한다. 각궁은 대개 물소뿔로 만들어지거나 대나무, 참나무, 뽕나무 등을 사용한다. 우리나라의 각궁이 외국의 활에 비해 탄력성이 좋은 비결은 바로 소힘줄에 있다. 활의 안쪽에 민어부레풀을 이용해서 붙이는 소의 힘줄이 큰 힘을 발휘하는 것이다. 이를 '심놓이'라고 한다. 한 번만 대는 것도 아니고 재벌, 막벌 등을 거쳐 여러 번 덧대어 만드니 그 힘이 좋을 수밖에 없다. 또한 현재 대중화된 카본활에 비해 각궁이 더 편하고 조준거리도 많이 나가는 이유는 '해궁' 과정

---

* 국가무형문화재 제47호(지정일: 1971. 9. 13. 보유자: 유영기, 김종국, 권영학, 박호준)

을 거치기 때문이다. 해궁이란 활의 몸체가 완성된 후 활의 균형을 바르게 하고 사용자의 취향에 맞게 활의 상태를 조절하는 것이다. 사람에 맞추어 활의 균형을 잡아주니 당연히 기성화되어 있는 활보다 편하게 느껴지는 것이다. 이것이 한국 활의 특성인 만큼 만드는 사람에게도 제일 어려운 부분이기도 하다.

"활을 만드는 과정은 처음부터 끝까지 다 어렵지만 그중에서도 '심놓이'와 '해궁'이 가장 어렵습니다. 소힘줄을 불에 녹여서 활에 붙여야 하는데, 불을 쬐면서 물을 바르며 붙입니다. 소힘줄이 활에 골고루 밀착되도록 붙이는 것이 중요합니다. 또한 해궁의 경우 사람들의 몸의 특성에 맞게 그것을 일일이 손봐야 하기 때문에 이 과정 역시 만만치 않습니다."

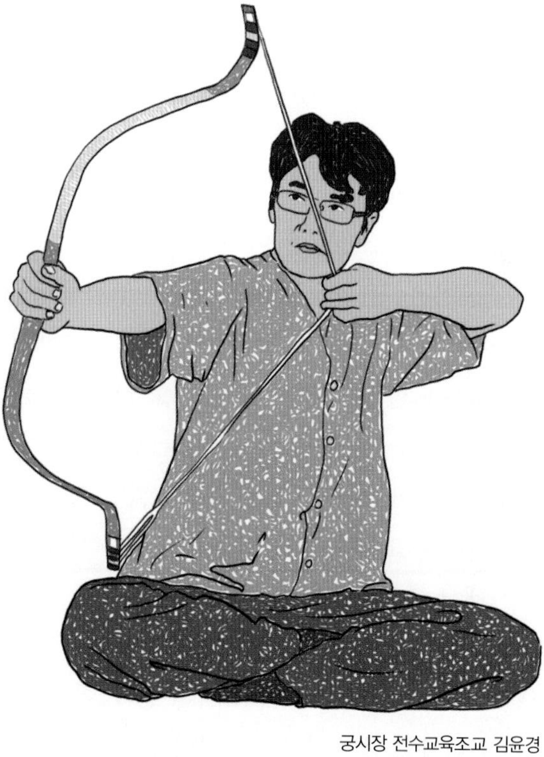

궁시장 전수교육조교 김윤경

화살을 만들 때 가장 중요한 것은 물에 충분히 불린 소힘줄을 화살촉을 끼우는 부분에 감는 일이다. 만약에 소힘줄을 감지 않고 살촉을 그대로 쓰게 되면 화살이 목표물에 맞는 순간 대나무가 산산조각 난다. 소힘줄을 감아야만 화살이 과녁에 정확히 꽂힐 수 있게 된다.

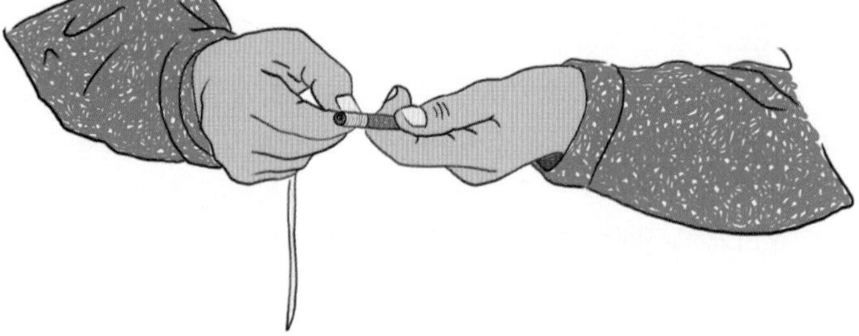

우리 한민족을 표현하는 단어 중 하나가 '동이족'이다. '동쪽의 활을 잘 쏘는 민족'이라는 뜻이다. 동이족 시절부터 지금까지 활은 한국의 민족성을 대표하는 존재다. 올림픽에서 양궁선수의 입술에 시위가 맞닿으면 모두가 숨을 죽인다. 선수가 화살을 당기고 과녁에 그 화살이 정확히 명중하는 순간의 소리는 온 나라를 힘 나게 해주는 원동력이다. 「최종병기 활」, 「신기전」 등 활을 소재로 차용한 영화들도 많다. 신석기시대부터 현대에 이르기까지 활과 화살은 우리 곁에 계속해서 존재해왔으니 그 역사적 가치는 말할 것도 없다. 유명한 고구려 무용총에도 활을 쏘는 사람을 볼 수 있고, 조선시대의 서화작품들에도 자주 등장한다. 활을 쏠 때에는 자세를 바르게 해야 하고 집중력을 잃지 않아야 한다. 올바른 태도와 높은 정신력을 요한다. 활과 화살을 만드는 사람은 '정신'까지 담아내야 한다. 그래서 활을 쏘는 사람보다 더욱 바르고 가지런하다. 전통 활과 화살은 현재 많이 쓰이는 카본 활에 비해 작업시간이 많이 소요된다. 각궁은 1년에 80점 정도밖에 생산하지 못한다. 이 힘들고 어려운 작업을 장인들이 이어가고 있는 이유는 우리의 민족성을 지키고 싶음은 아닐까?

불화장* 단청장** 석장***

종교의 힘

'종교'는 나라와 시대를 막론하고 예부터 지금까지 사회에 큰 영향을 주고 있다. 문학, 미술, 음악 등 예술의 전반적인 분야에 영감을 주고 사람들에게 가치관을 심어주며 한 나라의 이념을 좌지우지하기도 한다. 그래서 종교는 인문학, 사회학, 예술학, 과학 등 모든 학문에 폭넓게 적용되고 있다. 유럽을 중심으로 한 서양은 그리스도교를 중심으로 발전해왔고 한국을 비롯한 중국, 일본 등 동북아시아 지역은 불교를 중심으로 발전해왔다. 조선시대에 와서 숭유억불정책으로 유교를 숭상하고 불교를 배척하여 불교의 힘이 많이 약화되었지만 조선시대 이전, 특히 고려시대에는 불교의 영향력이 온 나라에 뻗어 있었다. 이 종교가 만들어낸 역사적 배경으로 유럽권의 나라들과 아시아권의 나라들은 사뭇 다른 분위기를 갖게 되었다. 첨탑이 높은 고딕양식의 성당, 스테인드글라스로 반짝이는 성전이 둘러싸인 곳을 보고 아시아의 도시를 떠올리는 사람이 없듯 조용한 산사에 고즈넉한 사찰, 그 절을 가득 수놓은 불화와 처마를 에워싼 단청, 그리고 그 앞에 우두커니 서 있는 오래된 나무 한 그루와 석탑, 돌계단을 보고 유럽의 이미지를 떠올리기는 어렵다. 한국인만이 알 수 있는 조용함과 고즈넉함, 그것을 만들어내는 불화와 단청 그

---

* 국가무형문화재 제118호(지정일: 2006. 1. 10. 보유자: 임석환)

** 국가무형문화재 제48호(지정일: 1972. 8. 1. 보유자: 유병순, 홍창원)

*** 국가무형문화재 제120호(지정일: 2007. 9. 17. 보유자: 이의상, 이재순)

리고 돌계단과 석탑, 그것을 만드는 장인들이 있으니 그들이 바로 불화장, 단청장, 석장이다.

경전을 쉽게, 불화장

사찰에 가면 고즈넉한 분위기 속에 엄숙함과 경건함이 느껴진다. 위압적이지 않지만 스스로 조심하게 되고 강요하지 않아도 두 손이 절로 모아진다. 사찰의 내벽과 외벽에 그려진 벽화들에서 그 이유를 찾을 수 있다. 사찰은 그 자체가 불교의 교리와 정신을 담고 있다. 불교는 불교 경전에 의거하지만 경전을 보고 읽고 실행하는 데 그치는 것이 아니라 불화를 통해 그 가르침을 더 깊이 이해하도록 한다. 공부를 할 때 혹은 책을 읽을 때 간혹 읽어도 읽어도 눈에 들어오지 않고 도저히 이해되지 않을 때가 있다. 그럴 때 적절한 삽화 혹은 의미를 지닌 도상화가 큰 도움이 될 때가 있는데, 불화가 그런 역할을 한다고 생각하면 된다. 불교 신앙의 내용을 축약하여 그림으로 표현한 것이다. 불화에는 벽화, 탱화, 경화 세 종류가 있다. 벽화는 말 그대로 벽에 그리는 그림이고, 탱화는 천이나 종이에 그림을 그린 후 이를 액자 혹은 족자 형태로 만들어서 걸어놓는 것을 말한다. 경화는 불경의 표지 혹은 삽화의 형식으로 그려지는 그림이다. 그중에서도 비중이 가장 높은 것이 탱화다. 비단에 그리기도 하고 천 혹은 종이에 그리기도 하는데, 경전 내용을 주제로 하여 그려진 탱화는 한국 불교 신앙의 내용 그 자체라고 할 수 있다. 르네상스시대에 레오나르도 다빈치나 미켈란젤로, 보티첼리 등이 그렸던 그림 역시 예수 그리스도를 주제로 하고 있다. 로마네스크 미술 역시 「최후의 심판」이나 「그리스도의 수난」 등을 주요 소재로 하여 교회의 위엄과 권위를 효과적으로 표현할 수 있도록 했다. 이를 통해 종교의 형식에 따라 내용은 다르나 종교를 다루고 그것을 형상화하려고 했다는 점에서 공통점을 찾아볼 수 있다.

불화는 매우 가느다란 붓으로 그려야 한다. 세필로 인물과 불교의 각종 도상들을 세밀하게 그려내며 다시 테두리를 그려넣고 금박을 붙이는 작업 등을 한다. 넓게 그려내는 것이 아닌데다가 이젤에 캔버스를 올려놓고 그리는 그림이 아니라 왼쪽다리를 방바닥에 누여놓고 오른쪽다리는 세운 채 그려야 하므로 자세도 균형이 있어야 하고 마음도 편안해야만 오랜 시간 작업을 이어갈 수 있다. 그래서 불화를 그리는 작업은 불경을 읽는 것과 같다고도 한다.

두 마리 토끼를 한 번에, 단청장

단청장과 불화장은 2006년까지만 해도 한몸이었다. 그때까지 단청장이 불화를 그리는 역할까지 도맡아해왔기 때문이다. 그러나 단청과 불화는 그리는 목적과 내용 면에서 많은 차이를 가지고 있다. 우선 단청을 하는 목적은 건축물의 수명 연장과 위엄의 표현이다. 보통 사찰은 목재로 만들어져 있다. 목조건물은 아름답지만 한 가지 취약한 단점이 있다면 자연현상에 약하고 시간이 지나면 표면이 갈라지고 부식이 생기는 등의 문제가 있다. 그래서 목조건물은 자주 돌보고 수리를 해주어야 하는데, 단청이 그 역할을 할 수 있다. 표면에 천연재료로 칠이나 도채를 함으로써 목재의 부식을 막는 것이다. 또한 목조건물이 다른 건물과 다른 시각적 차별성을 가지는 가장 큰 이유는 사찰을 둘러싸고 있는 불화와 단청 때문이다. 불교만이 가지고 있는 기하학적 무늬들이 연속해서 그려진 사찰의 위풍당당함은 사람들에게 불교의 위엄을 알리기에 충분하다. 서양의 스테인드글라스 역시 비슷한 이유를 가지고 있다. 고딕양식으로 만들어진 성당이 어두운 단점을 보완하고자 스테인드글라스를 이용해 색색의 빛을 비추게 했고 성경의 내용을 테마로 하고 있어 신자들에게 가르침을 주는 것에도 사용되었다. 단청은 주로 사찰에 많이 그려졌지만 궁궐이나 성곽에도 쓰였다. 2008년 화재로 무너져 내린 숭례문을 복구할 때에도 단청의 복원에 관한 사항이 매우 중요하게 논의되었다.

한국인의 지혜와 끈기, 석장

10원짜리 동전의 뒷면에는 우리에게 매우 익숙한 탑이 하나 있다. 누구나 경주로 수학여행을 갔을 때 한 번쯤 사진을 찍었을법한 다보탑이다. 다보탑은 조형성과 예술성을 모두 가진 석탑으로 평가받고 있는데, 이는 경전에서 말하는 칠보탑의 형태를 현실에 그대로 재현했을 뿐 아니라 석가여래와 다보여래의 만남을 표현했기 때문이다. 사찰에 가보면 그 모양은 조금씩 다르지만 반드시 석탑이 있다. 보통 화강암으로 만드는 석탑은 제작 과정이 만만치 않다. 일단 재료가 돌이라는 점에서 재단부터가 어렵다. 가위질 한 번으로 자를 수 있는 게 종이라면 돌은 갈라질 때까지 두드리고 또 두드리며 기다려야 한다. 이 과정을 '할석'이라고 한다. 돌에 쐐기를 박아놓고 조금씩 내려치는 과정이다. "돌도 십 년을 보고 있으면 구멍이 뚫린다"는 말도 있듯이 성실함과 꾸준함의 지혜를 믿는 우리 조상들이기에 조금씩 천천히 깨지는 그 돌을 다룰 수 있는 것이다. 불교는 중국, 일본 등에도 존재하고 있지만 중국에는 벽돌로 만든 전탑이 많고 일본에는 나무로 만든 목탑이 많다. 한국 역시 백제시대에 많은 목탑이 만들어졌지만 통일신라시대와 고려시대를 거치면서 석탑이 많이 만들어져 현재 전국에 천 개 이상의 석탑이 존재하고 있다. 한국의 독특한 문화이자 끈기와 인내를 상징하는 국민성이라고 할 수 있다. 탑이라는 것은 어떤 걸 쌓아서 높게 만드는 것을 뜻하기 때문에 무거운 것부터 가벼운 순서대로 쌓아야 한다. 그래서 맨 아래에 있는 돌이 가장 크고 무겁기 마련이다. 맨 위에 올라가는 작은 돌도 무겁기 때문에 운반하는 문제가 어렵다. 조선시대에 정약용은 거중기를 만들어 쓰기도 했다. 석장은 석탑뿐 아니라 성곽, 돌계단 등 많은 곳에 손길을 뻗는다. 무엇하나 쉬운 것이 없지만 일단 만들어놓으면 단청을 해야 하는 목조건물과 달리 영구적이다.

어떤 사람을 떠올렸을 때 눈, 코, 입 등 자세한 이목구비보다 전체적인 이미지나 분위기가 먼저 생각나는 경우가 많다. 그 사람을 만났을 때 자세히 살펴보면 새로운 정보나 느낌을 받는 경우가 있는데, 예를 들어 생각보다 입이 크다거나 작다거나 혹은 매서운 인상인 줄 알았는데 눈매가 부드럽다거나 등이 그것이다. 한국의 이미지가 그 사람이라면 그 사람의 눈, 코, 입은 불화와 단청과 석탑이다. 얌전하게만 보이는 그 이미지를 찬찬히 뜯어보면 새로운 면이 보일 것이다. 경전의 내용과 화려한 도상무늬들 그리고 그 화려함 속에 어울리는 소박하지만 석탑들을 살펴보는 재미를 언제든 느껴볼 수 있다. 가까운 산에 올라서 혹은 멀지 않은 여느 사찰에서 혹은 덕수궁 돌담길에서라도.

채상장* 전통장** 염장***

대나무가 울창한 곳에 들어서면 무더운 여름날에도 시원함을 느낄 수 있다. 하늘 높이 솟아오른 대나무 숲은 뜨거운 태양을 피하게 해주는 동시에 바깥세상과 단절된 듯한 조용한 공간을 제공한다. 그래서 사람들은 사색을 하기 위해, 힐링을 하기 위해, 누군가와 조용히 담소를 나누기 위해 대나무 숲을 찾는다. 대나무 숲을 가만히 걷다가 그 표면을 어루만져보면 한없이 매끈하다. 누군가의 살결이 와서 닿는 것처럼 부드럽고 친근하며 따뜻하다. 대나무의 냄새는 청량하고 맑다. 화려한 꽃들이 내뿜는 진하고 화려한 향기는 아니지만 생김새처럼 은은하고 소박한 향을 지니고 있다. 대나무는 다른 나무와 달리 구불거리는 부분도 없고 속이 비어 있으며 굵기도 다르지 않다. 일정한 굵기로 하늘을 향해 올곧게 솟아 있다. 또한 대나무는 잘 썩지 않는다. 이러한 특성들 때문에 대나무는 예부터 공예의 재료로 쓰여왔다.

엇갈림의 미학, 채상장

채상장은 대나무껍질을 얇게 저민 후 그것을 실처럼 엮어내어 생활에 필요한 용기를 만들어내는 장인이다. 장인들은 채상을 만들기 위해

---

* 국가무형문화재 第53호(지정일: 1975. 1. 29. 보유자: 서신정)

** 국가무형문화재 第93호(지정일: 1989. 6. 15. 보유자: 김동학)

*** 국가무형문화재 第114호(지정일: 2001. 6. 27. 보유자: 조대용)

통으로 되어 있는 대나무를 실처럼 엮어낼 수 있을 정도로 얇게 떠낸다. 정교함을 더하기 위해 물에 불린 후 장인의 무릎에 대고 다듬기도 한다. 이 작업을 거친 대나무껍질은 매우 얇고 긴 노란색의 실 형태가 된다. 더 예쁜 용기를 만들기 위해 우리 조상들은 이 대나무 속살의 노란색에 천연염료를 입혔다. 붉은색, 푸른색으로 재탄생한 대나무껍질이 장인의 손을 거쳐 아름다운 공예품으로 탄생한다. 채상은 과거 귀족계층의 여성들이 사랑한 고급공예품 중 하나였고, 조선 후기에는 서민층에서도 사랑받아 결혼할 때 챙겨가던 혼수품 중 하나였다. 채상은 필요에 따라 여러 용도로 쓰였다. 옷을 담아두기도 했고 귀중한 장신구를 담아두기도 했으며 늘 바느질을 했던 옛날 우리 어머니들의 침선구를 보관하는 역할도 했다.

화살을 안전하고 멋스럽게, 전통장

전통의 전(箭)은 '화살 전'으로 화살을 담아서 가지고 다니던 통을 뜻하며, 이것을 만드는 장인을 '전통장'이라 한다. 무형문화재 47호 궁시장에서 소개한 바와 같이 화살은 과거에 무기로 쓰이기도 하고 전화나 컴퓨터가 없던 과거에 신호나 통신을 위한 용도로도 사용되었다. 여러 용도로 쓰인 화살은 과거에 자주 지니고 다녀야 하는 물건 중 하나였다. 화살은 끝이 뾰족하기 때문에 그냥 가지고 다니면 위험할 수 있다. 또한 그것을 지니고 다녀야 하는 사람들은 군사를 담당하는 군인들이거나 활쏘기를 취미로 하는 사람들이었을 테니 분명히 외형의 아름다움에 대한 욕구가 있었을 것이다. 그것이 발현된 것이 바로 전통이다. 전통은 반드시 대나무로만 만드는 것은 아니다. 종이로 만든 것도 있고 가죽으로 만든 것도 있다. 여러 재료 중에서 특히 대나무가 많이 쓰인다. 전통을 만드는 데 쓰이는 대나무는 굵고 단단해야 하기 때문에 2년 이상 된 왕대나무를 사용한다. 대나무의 마디를 제거하고 껍질에 문양조각과 칠을 해 전통을 만든다.

더위를 피하는 방법, 염장

선풍기와 에어컨이 당연한 여름 필수품으로 자리를 잡고, 한옥에서 아파트로 주거형태가 바뀐 후에는 집에 '발'을 걸어두는 일이 없어졌다. 과거 앞뒤가 트인 한옥에 살던 시절에는 '발' 없이 여름을 나기 어려웠다. 우리 조상들은 뜨거운 태양의 열기를 피하기 위해 구들이나 상방등에 문 대신 발을 달아두었다. 대나무로 촘촘히 엮은 발을 걸어두면 햇빛이 방안으로 들어오지 않을 뿐 아니라 촘촘한 대나무 발 사이로 들어오는 바람이 대나무 특유의 청량감을 느끼게 한다. 또한 이 '발'은 안에서는 밖이 보이고 밖에서는 안이 보이지 않도록 해서 여름에 문을 열고도 자유롭게 생활할 수 있도록 했다.

대나무는 장인의 손길을 거쳐 여러 모습으로 재탄생한다. 껍질은 색을 입혀 여인들의 중요한 물건을 담아두는 채상이 되고, 몸통은 사내들의 화살을 안전하고 멋있게 보관하는 전통이 된다. 그리고 그 여인네들과 사내들의 여름의 안녕을 위해 염장의 손을 거쳐 '발'로 만들어진다. 꽃을 화려하게 피우는 나무도 아니고 진한 향기를 가지지도 못했지만, 그 단순함과 소박함으로 대나무는 우리 생활에 가장 가깝고 깊숙하게 들어와 있다.

소목장*

소목장이란?

소목장(小木匠)은 '소목(小木)'과 '장인(匠人)'의 결합어로, 소목을 다루는 장인을 말한다. 소목장은 건물의 창호, 장롱, 궤함, 문방구를 비롯한 세간과 여러 가지 목물을 제작하는 목수를 뜻하는 말로, 건축물의 구조를 세우는 과정을 담당하는 대목장에 대칭되는 용어로 쓰인다. 소목장이라는 명칭은 고려 때부터 사용되었으며, 결구법을 사용해 가구를 제작한다는 특징을 가지고 있다. 소목장은 나무 본연의 미를 살려 전통의 미를 살렸다는 평가를 받았으며, 1975년 민족공예사적 가치를 인정받아 무형문화재 제55호로 지정되었다.

소목장에게 가장 중요한 것은?

나무와의 만남에서 작품이 시작된다고 할 수 있을 정도로 소목장에게 나무는 중요하다. 무늬가 좋아야 하고 썩지 않는 나무여야 하며, 수율이 많아야 한다. 겉으로 좋아 보이는 나무도 속을 열어보면 쓰지 못하는 나무일 때가 많다. 부피가 큰 나무는 켜봐야 사용 가능 여부를 알 수 있기 때문에 소목장에게도 좋은 나무를 고르는 일은 쉬운 과정이 아니다. 또한 우리나라는 겨울에는 무척 건조하고 여름에는 습하기 때문에 나무가 수축하고 이완하는 과정을 반복한다. 이 과정에서 나무가 휘어지게 되는데 가구를 만드는 데 사용하기 위해서는 적어도 원목상태로 2년, 판재형태로 실외에서 3년, 실내에서 2년 정도 말린 뒤에야 가구를 만들 수

* 국가무형문화재 제55호(지정일: 1975. 1. 29. 보유자: 엄태조, 박명배, 소병진)

있다. 소목장들이 선호하는 나무는 느티나무, 참죽나무, 오동나무다.

나무를 다루는 소목장의 도구

소목장은 작은 목가구들을 제작하므로 무엇보다 정밀도가 중요하다. 그 때문에 소목장은 대체로 용도와 필요에 따라 도구를 직접 만들어 쓴다. 자, 톱, 대패, 끌, 인두, 송곳 등의 도구가 쓰인다.

자: 나무의 치수를 잰다.
톱: 나무를 켜거나 자르는 데 사용한다.
대패: 나무의 면을 매끄럽게 다듬는다.
끌: 구멍을 파거나 다듬는다.
인두: 낙동*할 때 사용하는 도구
송곳: 구멍을 뚫을 때 사용한다.

소목장 장인 박명배의 '장인정신'

박명배 장인은 작품을 만들기 전에 설계도부터 그리는 것으로 알려져 있다. 모눈종이에 실제 작품의 4분의 1가량의 축소형 도면을 제작하고 다시 실제 크기와 같은 설계도를 그린다. 작품은 그런 과정들을 거쳐 처음의 구상에서 조금씩 달라지며 모습을 찾아간다. 이 촘촘한 설계도 덕분에 그가 만든 가구는 틀어지는 법이 없고 매우 정교하다.

박명배 장인은 후학들을 양성하는 데 큰 힘을 쏟고 있는데 그의 제자가 되면 도구를 만드는 데만 1년, 결구를 제작하는 데만 1년이 걸린다고 한다. 기초를 중시하는 그의 신념을 알 수 있으며, 소목일은 어떤 것보다 섬세해야 하는 작업이므로 긴 기초 수련 과정을 통해 나무를 대하는 정성 어린 태도를 가르치고자 하는 그 마음을 헤아려볼 수 있다.

---

* 인두로 나무판을 지지는 것. 이 과정을 거치면 나무의 무늬가 자연스럽게 살아난다.

마름질*

결구**

완성된 사방탁자

* '대패질'이라고도 불리는 마름질은 각재로 만드는 과정으로, 마름질을 마무리한 후 결구를 적용시켜 가구를 만든다.

** 인가구를 만들 때 못을 사용하지 않고(부득이한 경우 접착제 또는 대나무못만 사용) 짜임새와 이음새를 이용해 가구를 제작하는 방식. 100여 가지가 넘는 방식이 있으며, 이음의 기법이 치밀해야 가구가 견고하다.

대목장*

2016년 한국관광공사가 외국어 여행정보사이트에서 외국인 대상으로 "한국여행을 온다면 어떤 체험을 하고 싶은가?"라는 조사를 실시한 결과 한옥체험이 2위로 나타났다. 또한 외국인이 한국여행을 오면 가장 많이 찾는 관광지로는 '경복궁'을 꼽을 수 있다. 한옥과 경복궁의 공통점이 있다면 모두 목조건축이라는 점이다. 한옥과 경복궁을 비롯하여 창덕궁, 불국사 등 궁궐이나 사찰 가옥 등도 모두 목조 건축물이며, 이런 전통 건축물을 담당하는 목수를 '대목장'이라고 부른다. '큰 나무를 다루는 사람'이라는 뜻이다. 실내의 가구나 생활용품 등을 세밀하게 작업하는 목수를 '소목장'이라고 하는 것과 연관지어 생각해볼 수 있다.

영화감독과 같이

영화 한 편을 만들어내는 것은 연출자 한 사람의 힘만으로는 힘들다. 좋은 극본을 쓰는 작가가 있어야 하고 세트를 잘 꾸며줄 수 있는 디자이너가 있어야 하며 시대와 배경에 맞는 옷을 구상하고 만드는 의상담당자도 있어야 한다. 한 편의 영화를 만들어내기 위해 수백 명의 스태프가 일하게 된다. 그 수백 명의 방향을 이끌어가고 틀을 잡는 것이 영화감독의 몫이다. 대목장을 영화감독에 비유하면 매우 적절하다. 어떤 목조건축물을 만들 때 대목장이 혼자서 할 수는 없다. 기와를 올리는 번와장이 있어야 하고, 목조건축이 더욱 빛나고 오래가도록 단청을 하는 단청장이 있어야 한다. 사찰 같은 경우에는 불화를 새기는 불화장도 있어야 하

* 국가무형문화재 제74호(지정일: 1982. 6. 1. 보유자: 전흥수, 신응수, 최기영)

고, 가옥의 경우에는 실내의 가구나 생활용품을 만드는 소목장이 있어야 한다. 그 많은 이들은 대목장이 만들어놓은 목조건축물의 뼈대를 기초로 일을 한다. 건축물의 기획과 설계, 시공을 담당하고 있으므로 같이 일하는 목수들은 물론이고 이후에 올려질 번와장이나 단청장과도 소통이 잘되어야 한다. 그렇지 않으면 건축물을 입지와 용도에 맞게 설계하여 설계도를 그려냈음에도 불구하고 멋진 건축물을 만들어낼 수 없다. 목조건축물은 못을 사용해서 집을 짓지 않고 모두가 이음새를 이용한다. 테트리스게임을 하듯 꼼꼼히 이어 붙인 목조건축물은 천 년을 견딘다. 조금의 틈도 없이 완벽히 맞아 들어가고 벌어진 틈새가 없다. 아래위로 꽉 끼워진 이음새가 없다면 기와의 무게도 견디기 어려울지 모른다.

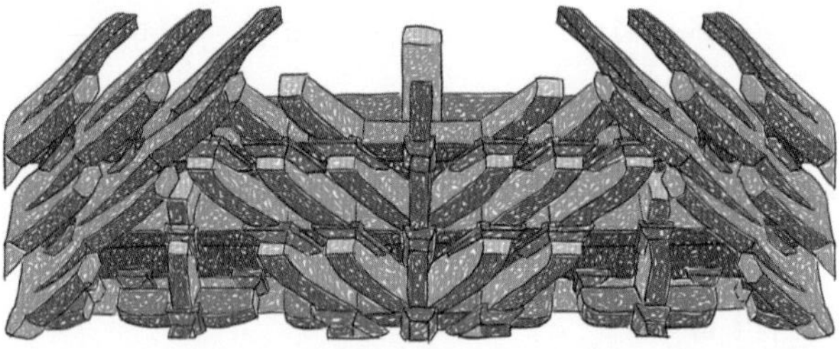

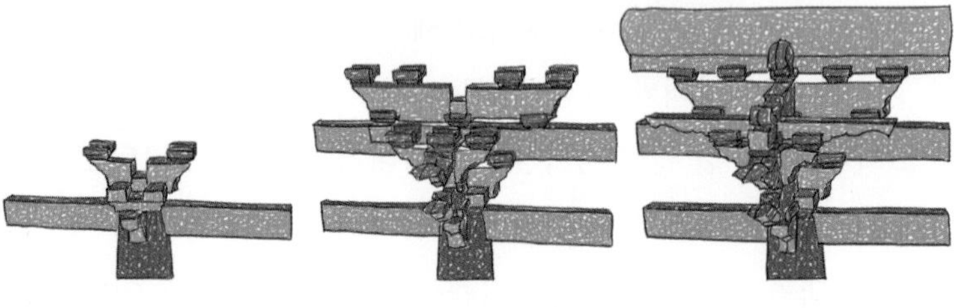

우리나라의 목조건축물을 보면 그 모습이 매우 우아하고 소박하다. 간결하고 얌전하다. 그래서 매우 부드럽게만 보인다. 그러나 그 안을 들여다보면 대목장의 손을 거쳐 단단히 쌓인 견고하고 강한 모습을 볼 수 있다. 우리의 목조건축물에서 찾아볼 수 있는 '외유내강' 모습이다.

바디장*

보유자가 없는 종목

시대는 변한다. 베틀로 옷을 짜 입던 시절에는 베틀에 꼭 필요한 바디를 만드는 기술을 가진 사람들이 필요했다. 많은 이들이 이 기술을 배웠고 그 명맥을 이어왔다. 하지만 시대가 변하면서 점점 그 수요가 줄어들었고, 끝내 바디장은 2006년 보유자 고(故) 구진갑이 타계한 후 10년간 공석인 상태다. 구진갑 보유자 밑에서 사사한 두 전승자가 있었으나 전수조교는 교통사고로 사망했고 이수자는 생활고로 건설 현장으로 떠나면서 보유자 후보조차 없는 상태다. 가르쳐줄 사람도 없지만 배우고자 하는 사람도 없는 안타까운 우리의 무형문화재 바디장. 그래도 우리는 그것을 잊어서는 안 된다.

바디장, 꼭 알아야 할 것들

바디장을 잊지 않고 기억하기 위해 알아야 할 것들이 몇 가지 있다. 바디장의 정확한 의미와 제작과정 등이 그것이다. 바디는 베를 짜는 베틀의 한 부분으로, 이를 만드는 기술과 그 기술을 가진 사람을 '바디장'이라 한다. 베를 짤 때 수만 번의 날실이 바디를 스쳐 지나간다. 그래서 날실들이 덜컹거리는 움직임에도 잘 버틸 수 있게 하는 튼튼한 바디가

---

* 국가무형문화재 제88호(지정일: 1988. 8. 1.)

필요하다.

튼튼한 바디를 만들기 위해 3~4년이 지난 대나무를 주재료로 사용한다. 대나무는 껍질이 단단하고 두터워 재료로서 적합하다. 제작과정은 크게 바디살 만드는 과정, 날대 만드는 과정, 마구리를 끼우는 과정, 그리고 갓 붙이는 과정으로 나뉜다. 고(故) 구진갑 보유자는 이 과정에서 모든 도구와 과정들을 철저히 본래의 원형을 유지하여 사용했다. 그가 쓰던 석칼과 각종 도구, 그리고 만들어낸 바디는 조선시대의 것과 비교해봐도 다름이 없을 정도로 원형보존에 있어 완벽하다. 바디의 종류는 짜는 옷감의 종류에 따라 다르기도 하고, 같은 종류를 짜는 바디라 할지라도 베의 바탕 올 굵기에 따라 9새에서부터 18새까지 제각기 다르다.

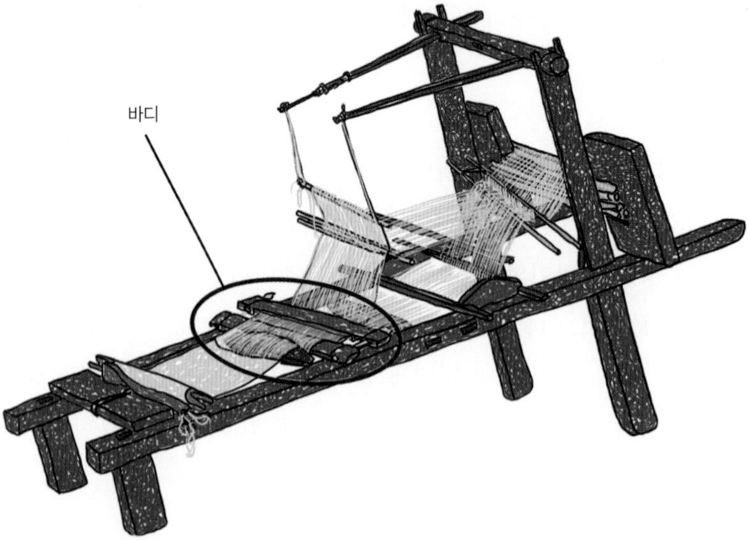

① 바디틀: 바딧살의 위아래를 고정시키는 버팀목 구실을 하는 날대를 끼워 고정시킨 다음 얇고 가느다란 바딧살 수백 개를 엮어나가는 공구
② 실꾸리: 대나무로 만든 바딧살과 날대, 마구리대를 엮기 위해 각각을 연결하여 동여맬 때 사용하는 공구
③ 전지미대: 바딧살을 일정한 길이로 꺾는 데 사용하는 공구
④ 바딧살과 날대: 대나무의 마디를 적절하게 이용해 알맞은 길이와 두께로 자르고 쪼갠 다음 피죽과 속대를 갈라서 종잇장처럼 얇게 뜰 때 쓰는 공구
⑤ 석칼: 조름칼에서 훑어나온 바딧살을 더욱 얇고 정밀하게 훑어내는 역할을 하는 공구

전통문화를 하는 것은 배고픈 일이라고 말한다. 실제로 생계에 위협을 받을 때가 많다. 또한 그것이 현재 많은 이들이 찾고 관심을 갖는 일이 아니라면 그 불안감은 더 커질 수밖에 없다. 그렇게 하나 둘씩 우리 전통문화의 명맥이 끊어져간다. 시대가 변하기 때문에 붙잡아둘 수도 없는 것이 현실이다. 그럼에도 불구하고 누군가 이 끊어진 바디장의 명맥을 이어 후대에 전수할 수 있었으면 한다.

고(故) 구진갑 보유자도 타계하기 전까지 같은 생각을 했을 것이다.

완초장*

자연으로부터

우리 조상들은 자연을 일상생활로 가져왔다. 소뿔로 화각공예를 탄생시켰고 자연의 색을 그대로 옮겨오는 천연염색을 고안했다. 전복과 조개껍데기의 반짝이는 부분은 '나전'이라는 예술로 새로 태어났고, 흙을 빚어 만든 옹기는 우리의 발효음식들이 제대로 숨 쉬고 익어갈 수 있는 역할을 한다. 완초장인도 자연으로부터 가져온 재료로 전혀 상상하

* 국가무형문화재 제103호(지정일: 1996. 5. 1. 보유자: 이상재)

지 못했던 것들을 만들어낸다. '완초(왕골)'라는 식물을 가져다가 가로세로로 엮으면 돗자리가 탄생하고, 물건을 담아둘 수 있는 삼합이 만들어진다. 김춘수 시인의 「꽃」이라는 시를 보면 이런 구절이 있다.

> 내가 그의 이름을 불러주기 전에는
> 그는 다만 하나의 몸짓에 지나지 않았다.
> 내가 그의 이름을 불러 주었을 때
> 그는 나에게로 와서 꽃이 되었다.

완초장인의 손길이 없었다면 그냥 식물로 남아 있을 왕골이 장인의 손을 거쳐 한땀한땀 끼워진 예술품으로 거듭난다. 하나의 몸짓에 지나지 않았던 왕골이 꽃으로 탄생하는 경이로운 순간이다. 미운 오리새끼가 백조로 변하듯 왕골로 만들어진 완초공예품은 예측하지 못했던 놀라움과 아름다움을 가지고 있다.

왕골이 꽃이 되는 과정

왕골이 하나의 완초공예품으로 거듭나는 과정은 김춘수의 「꽃」에서처럼 '불러주는 것'만으로는 부족하다. 부지런히 손길이 닿아야 한다. 왕골을 재배하고 수확하는 것부터가 완초공예의 시작이다. 식물을 그대로 가져다 쓰기 때문에 건강하게 잘 자라야 한다. 표면이 매끄럽고 광택이 있어야 하고 탄력도 좋아야 한다. 그래서 그 좋고 나쁨을 판단할 수 있는 장인들이 직접 키우고 재배한다. 수확한 왕골의 불순물을 제거하는데, 이 과정을 '정련'이라 한다. 불순물을 제거하지 않으면 썩기 때문에 오래 보관하려면 이 과정이 꼭 필요하다. 정련을 한 후에 색을 입히는 과정이 필요하다. 색을 더 잘 입히기 위해 표백을 먼저 한다. 미용실에 가서 머리를 염색할 때 색이 더 잘 나오기 위해 먼저 탈색하는 것과 같은 원리다. 염색을 할 때는 천연염색을 할 것 같지만 완초공예는 화학염료를 써서 염색한다. 왕골이라는 재료 특성상 천연염색을 하면 금방 스며들어

겉에는 색이 안 들고 속만 색이 입혀진다. 색을 입힌 후에는 씨줄과 날줄을 엮어서 형태를 만든다. 생활에서 볼 수 있는 완초공예품을 보면 가끔 올이 빠져서 튀어나와 있는 경우가 있다. 이는 엮어놓았기 때문에 시간이 지나면 올이 풀릴 수도 있다.

꽃도 예뻐해주고 돌봐주는 사람이 없으면 금방 시든다. 그 가치를 알아봐주는 사람이 있어야 더 향기롭다. 땅에서 태어나고 장인의 수백 번 손길을 통해 만들어진 완초공예는 그것을 알아주는 사람이 많아야, 그리고 그 손길의 아름다움을 인정해주어야 더 빛이 난다. 사람의 손길을 거치지 않아도 엄청난 물건들을 손쉽게 만들어내는 시대이지만 느림의 정신을 꼭 기억해야 할 것이다.

각자장*

* 국가무형문화재 제106호(지정일: 1996. 11. 1. 보유자: 김각한)

각자장의 각(刻)은 '새길 각'이고 자(字)는 '글자 자'다. 한자를 바탕으로 각자장을 그대로 풀이하면 '글씨를 새기는 장인'이다. 우리는 보통 글씨를 '쓰다'라고 표현한다. 종이에 펜 혹은 연필로 글씨를 써 내려가는 것에 익숙하다. 그러나 각자장은 글씨를 흘려 쓰지도, 썼다가 지우개로 손쉽게 지우지도 않는다. 한 글자, 한 글자 꼼꼼하게 두드리고 쳐내서 새긴다. 종이가 없던 시절에는 돌, 나무, 청동기 등에 글자를 새길 수밖에 없었다. 종이가 사용되기 전만 해도 신기술이었던 각자는 현대사회에서는 사진이나 인쇄술, 최근에는 3D 프린터까지 최신기술에 밀려 설 자리를 잃고 있지만 우리의 과거와 역사를 담고 있는 소중한 문화유산이다. 이 유산을 열심히 지키고 있는 각자장 김각한 보유자와의 인터뷰를 통해 각자장에 대한 이해의 시간을 가져보았다.

Q. 각자장이 무엇입니까?

인쇄문화가 발달하기 전 글씨를 목판에 거꾸로 새겨가지고 그것을 인출해서 책으로 엮어내는 일을 하는 사람을 '각자장'이라고 합니다. 해인사 대장경이나 훈민정음 등이 예가 될 수 있습니다.

Q. 그렇다면 요즘은 주로 어떤 일을 하십니까?

얼마 전까지 고인쇄박물관에서 발주를 받아서 『직지심체요절』을 복원했습니다. 금속활자도 있고 목판도 있는데 그걸 복원했고 경복궁 현판 복원할 때도 있는데, 이런 것도 각자에 다 포함됩니다. 저는 그런 일들을 주로 하고 있습니다.

Q. 선생님은 어떤 기회에 이 일을 배우게 되셨습니까?

군대 갔다 와서 우연한 기회에 고 오옥진 선생님 전시하는 데 구경 갔다가 완전히 마음이 끌려서 그때부터 배우기 시작했습니다. 그때 제 나이가 스물여섯 살이었는데, 그때부터 지금까지 전업으로 하고

있습니다.

Q. 각자 일을 하면서 가장 보람되었을 때는 언제입니까?

제 손으로 문화재 복원을 했을 때가 아닐까 합니다. 예를 들어 숭례문 현판이나 또 얼마 전에 『직지심체요절』을 복원해서 책으로 엮어 낸 일 그런 것 등이 가장 보람이 있죠.

Q. 오욱진 선생님하고 같이 일하셨으면 현판 작업을 많이 하셨겠어요.

네, 선생님하고 현판 작업을 많이 했고요. 선생님하고 했던 거는 사찰보다는 경복궁 등의 문화재 복원일을 많이 했습니다.

Q. 이 일을 하면서 가장 힘들었을 때는 언제인가요?

혼자 있을 때는 괜찮았는데요. 결혼하고 나서 남의 식구 데려와서 같이 살고 애도 생겼는데 수입이 별로 없잖습니까? 그래서 그것 때문에 한두 번 정도 고민했지요. 이걸 해야 하나 말아야 하나. 그런데 이 일을 전업으로 하다 보니까 그냥 이 일이 제 일인 것 같더라고요. 완전히 그만둔 적 없고 계속해서 이 일만을 위해 정진했습니다. 제가 요즘 제일 걱정하는 것은 지금은 저 같은 바보가 없어요. 조금 미련하더라도 한 길로 갈 수 있는 사람이 있어야 하는데, 요즘 젊은 사람들은 그렇게 하는 사람이 많이 없는 것 같아요. 생활이 어려우니까 그러겠죠? 지금 전승자가 없어요. 배우는 사람들은 많이 있는데 나이가 많아요. 취미로 배우는 사람은 많지만 업으로 하려는 사람은 없어요. 지금 배우는 사람 중에 50대 후반이 젊은 사람이에요. 일 시키기가 좀 힘든 부분이 있지요.

Q. 작업 과정에서 가장 힘든 부분은 무엇인가요?

우선 제일 어려운 것은 적합한 나무를 구입하는 겁니다. 문화재를 복원하려고 하면 좋은 나무가 중요한데, 우리나라 나무는 구하기가 쉽지 않아서 조금 힘듭니다. 나무를 구해도 금방 쓸 수 없고 몇 년씩 묵혀놓고 삭혀서 써야 하니까요. 목판, 책판은 돌배나무가 좋고 삼나무, 벚나무, 대추나무도 좋은데 그런 나무들은 큰 나무가 없고 구하기도 조금 어렵습니다. 현판은 소나무, 은행나무도 쓰는데 큰 현판은 수입 나무도 간혹 써요. 큰 나무들은 옹이나 갈라짐이 없으니까 현판 만들기에는 참 좋습니다.

Q. 숭례문을 기준으로 현판을 만드는 작업과정을 간단하게 설명해주실 수 있을까요?

숭례문은 완전히 불탄 게 아니고 떨어지면서 다 깨졌잖아요. 알판(글씨 새김 부분)가에 틀이 있는데 틀은 몇 번 수리를 했고 안에 글씨가 새겨진 알판 부분도 옆은 수리를 했지요. 6.25를 겪으면서 총알자국도 나 있었고 원래는 한 판이었는데 두 판으로 되어 있었어요. 상처난 부분과 깨지거나 총알 맞은 부분을 다 분리하니까 서른여섯 쪽인가 그렇게 됩디다. 심하게 깨진 부분은 불났을 때 조금 덜 탄 나무들을 선정해서 그 나무로 복원을 하죠. 크기는 가로가 1m 80cm, 세로는 2m 50cm에서 3m 정도 되는데, 높이 매달려 있고 멀리서 보니까 작게 보입니다. 네 명이 들어야 겨우 들어요. 복원 기간은 4개월 정도 소요됐어요. 거기서 먹고 자고 했죠.

Q. 특별히 아끼는 작품이 있으세요?

내가 제일 처음에 했던 것이 아마 가장 아끼는 작품일 겁니다. 아차산에 기원정사라는 절이 있는데, 1986년에 절 후불탱화를 가지고 금강 관세음보살 법문을 가지고 글씨를 가고를 해서 후불로 세웠어요. 우리나라에서 그렇게 한 사례는 아마 처음일 겁니다. 나무에 새겨서 법당 후불로 했죠. 그게 처음 한 것인데 참 좋았습니다. 처음 작업 중에 제일 컸습니다. 그게 높이가 한 2m 되고 넓이가 한 5~6m 됐을 겁니다. 그렇게 큰 나무가 없다 보니 나무 여러 판을 붙여서 작업을 했죠. 작업시간이 한 1년 걸렸습니다.

Q. 각자의 미래에 대해 어떻게 생각하십니까?

각자장이 할 일이 참 많습니다. 지금은 교재, 문헌이 너무나 부족합니다. 각법 같은 것도 정리된 것이 없어서 좀 정리할 필요가 있죠. 이게 정리되어야 후진들이 학교에서 배울 적에 강의도 할 수 있고 과도 만들 수도 있고 대학전공도 개설할 수 있겠지요. 실기 배우는 사람들에게 길잡이 역할을 해줄 수 있는 책을 만들고 싶고 젊은이들에게도 많이 알리고 싶습니다. 지금은 이걸 '각자'라고 하지만 선생님이 보유자가 되기 전에는 '서각'이라고 했습니다. 1980년부터 '철제각연회'라고 해서 오옥진 선생님의 호(철제)를 따 각으로 연을 맺은 사람이라고 해서 활동하다가 1982년도에 한국각서협회를 만들었어요. 처음에 각서협회로 시작해서 1985~86년도에 동호인들이 많아지면서 협회도 만들고 해서 한국서각협회가 됐죠. 1980년 말부터 컴퓨터가 발달하기 시작하면서 당시에 한국서각협회라는 이름이 많이 알려졌죠. 그래서 각자라고 하는 걸 모르는 사람이 많아요. 그러다가 오옥진 선생이 1990년 후반에 문화재로 지정받으면서 문화재청에서 서각은 맞지 않다고 얘기하더군요. 『동국통감』인가 거기서 각자, 각서, 각수 등의 말이 나오기 때문에 각자가 맞다고 하고 중국, 일본에서도 각자로 쓰기 때문에 우리도 각자로 쓰게 되었죠.

Q. 마지막으로 각자에 대해 한 말씀 더 부탁드립니다.

이 일을 하면 잡생각을 안하고 여기에 푹 빠지게 돼요. 정신 집중을 하게 되고 아플 때도 아픈지 모르고 했던 것 같아요. 단 한 번도 하기 싫다는 생각을 한 적이 없었고요. 작업할 때는 재미있고 좋지만 돈을 많이 버는 직업은 아니기 때문에 힘들 때는 있지요. 그래도 보람된 직업입니다.

화각장*

2005년 최고의 흥행작 「왕의 남자」는 조선시대를 배경으로 하고 있다. 영화 시작 부분에 나오는 광대의 놀이가 국가무형문화재 제3호 남사당패놀이라는 것은 많은 사람들이 이미 알고 있는 사실이지만, 이 영화에 또 하나의 무형문화재가 등장한다는 것을 아는 사람은 많지 않은 듯하다. 연산조의 애첩인 녹수의 방을 가득 메우고 있는 가구들은 모두 화각공예품이다. 화각공예품은 조선시대에 왕족들의 열렬한 사랑을 받으며 화려함의 극치를 보여주었다.

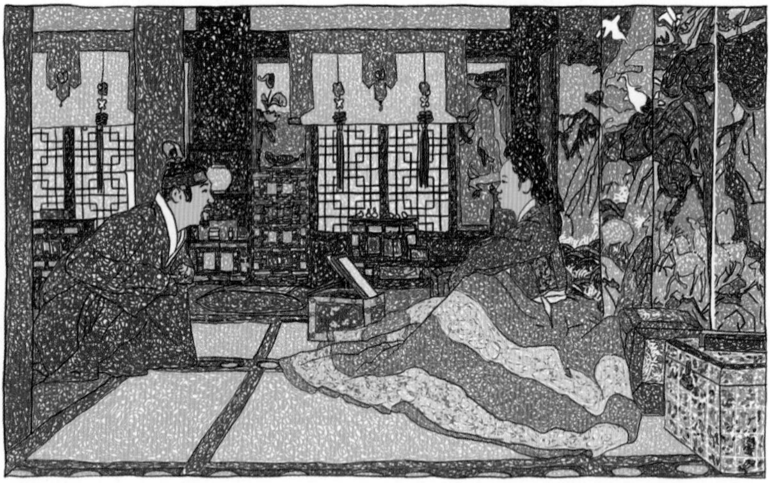

영화 「왕의 남자」 중 한 장면

---

* 국가무형문화재 제109호(지정일: 1996. 12. 31. 보유자: 이재만)

소뿔이 공예품이 된다고?

화각은 소뿔을 얇게 펴서 채색 그림을 그린 후 이것을 목물 위에 붙여 장식하는 공예다. 화각은 뼈대를 만드는 소목장 일, 소뿔을 펴서 얇게 만드는 각질장 일, 그 위에 그림을 그리는 일의 세 가지 과정으로 나눌 수 있다. 최근에는 소목장 과정의 경우 화각장이 직접 하지 않고 소목일을 하는 사람들과 협업으로 진행하는 경우도 많다.

소목 부분을 생략하고 각질장 과정부터 소개하면 다음과 같다. 구해온 소뿔은 바로 삶아낸다. 소뿔을 삶으면 고기가 녹으면서 뼈만 가려낼 수 있게 된다. 이때 검은 부분이 많은 뿔은 가려내고 투명한 뿔만 다시 골라낸다. 삶아낸 소뿔은 꼭지를 자르고 박을 타서 편다. 이 상태에서 구운 후 식히면서 펼 수 있도록 위에 무거운 것을 올려놓는다. 편 소뿔을 재단하고 갈아내는 과정을 거치면 화각판을 만들어낼 수 있다. 그 위에 도안한 그림들을 그리고 채색 과정을 거친 후 소목에 접목하여 화각 작품을 만들어낸다.

우리나라에 아파트 문화가 들어오면서 집안이 건조해지고 전통가구들이 숨을 쉬기가 어려워지면서 화각공예 역시 등한시되어 그 수요가 많지 않다. 어떤 문화재보다 관심과 지원이 필요한 종목이다. 이재만 선생님의 목소리를 통해 그 이야기를 직접 들어보고자 인터뷰를 진행했다. 인터뷰를 통해 화각장의 전승 문제와 지원제도 등에 대해 생각해볼 수 있는 계기가 되었으면 한다.

Q. 선생님은 어떤 계기로 화각을 배우기 시작하셨습니까?

저는 고등학교 때 만화를 그렸습니다. 그러던 중에 같은 학교 친구들이 음일천 선생께 저를 소개시켜주었습니다. 선생님 작업실에 한 번 구경을 갔는데, 사실 처음 봤을 때는 화각장이라는 일이 그렇게 마음에 들지 않았습니다. 그때까지만 해도 화각장을 할 생각은 없었습니다. 저는 할아버지가 단청을 그리는 일을 하셨고 아버지가 대목장이셨습니다. 어머니 또한 자수를 하시던 분이었습니다. 어릴 때부터 전통문화를 가까이서 익히고 접해서 화각장이라는 일도 생소하진 않았습니다. 그렇지만 어릴 때는 그 일이 그저 썩 내키지 않았습니다. 그러나 음일천 선생께서 어머니를 설득하셨고, 어머니의 말씀에 따라 저는 선생님 밑에서 화각장 일을 배우기 시작했습니다.

Q. 스승 음일천 선생에 대해 알고 싶습니다.

저희 선생님은 굉장히 엄하시고 풍채가 좋으신 분이었습니다. 또한 신분 역시 왕족에 관련된 분이었던 듯합니다. 왕족들이 화각공예품을 즐겨 사용했다는 사실도 선생님을 통해 알게 되었습니다. 저는 선생님께 화각장 일만 배운 것이 아닙니다. 그때는 정말 어떤 일이든 다 하고 배웠습니다. 금동사리탑도 만들어봤고 나전도 했습니다. 옻칠, 소목장 일도 마다하지 않고 열심히 했습니다. 선생님께서 화각장이 되기 위해 필요한 많은 것을 가르쳐주셨습니다.

Q. 현재 화각을 배우고 있는 전수자는 누가 있습니까?

현재 아들 둘(이종문, 이종민)이 배우고 있습니다. 아직 전수교육조교는 없습니다. 외부에서 신청해서 왔다간 친구들이 8명 정도 되는데 배우다가 중간에 포기하고 나갔습니다. 아무래도 외부에서 오는 사람들은 이 일을 직업으로 삼으려는 생각보다는 취미로 생각하기 때문에 길게 가지 못했던 것 같습니다. 아들들은 어렸을 때부터 제가 하는 일을 가까이에서 도우며 배웠습니다. 그래서 자연스럽게 이 길로 들어섰다고 생각합니다.

Q. 젊은이들이 화각장에 쉽게 도전하지 못하는 이유는 무엇이라고 생각하십니까?

사실 이 일이 직업으로 삼기에는 무척 어려운 일입니다. 나 역시 무형문화재이지만 부유한 삶을 꾸리고 있지 않습니다. 돈이 안 되고 언제까지 할 수 있을지 모른다는 막연함이 젊은이들로 하여금 망설이게 하고 있을 것이라 생각합니다. 또 요즘 젊은이들은 인내심이 부족한 것 같습니다. 이 작품이라는 것이 만드는 시간과 기다림이라는 인고의 시간을 통해 만들어지는 것입니다. 조금씩 천천히 한 작품, 한 작품 끝내야 합니다. 젊은이들이 하기에는 어려운 일이 아닐까 생각합니다.

Q. 화각 작품을 만드는 데 있어 주재료인 소뿔을 잘 고르는 것이 중요할 듯한데, 어떤 기준을 통해 좋은 소뿔과 나쁜 소뿔을 골라내십니까?

저는 오랫동안 소뿔을 고르는 작업을 했기 때문에 육안으로 보면 대충 알지만 처음에는 선별하는 것이 무척 어렵습니다. 일단 풀을 많이 먹은 소의 뿔이 좋습니다. 암소도 안 되고 젖소도 안 됩니다. 오로지 한우 황소의 뿔만 사용합니다. 나이는 3~4세의 것이 가장 좋습니다. 5~6세 소의 뿔은 늙어서 각질이 일어나는 경우가 많아 부러질 수 있습니다. 소뿔 위에 그림을 그리려면 뿔의 투명도가 좋아야 하고 광택도 좋아야 합니다. 지역으로 따지면 북부지방의 소가 좋습니다. 그러기 위해서는 좋은 소뿔을 골라내는 것이 정말 중요합니다.

Q. 소뿔 하나당 만들어지는 화각판의 크기가 어느 정도 됩니까?

소뿔 하나에 만들어지는 화각판은 한 장입니다. 재단과정을 통해 사각은 7×9mm, 직사각형은 6×13mm으로 규격화합니다. 또한 소뿔은 유기질이기 때문에 기기가 들어가는 순간 타버립니다. 그래서 손으로만 갈아야 합니다. 0.04mm까지 손으로 깎아냅니다. 종이 정도의 두께입니다. 이 때문에 화각공예를 위해서는 엄청나게 많은 소뿔이 필요합니다.

Q. 작업을 하면서 가장 어려운 점은 어떤 것입니까?

판매가 잘 안 돼서 돈을 투자한 만큼 이윤을 뽑을 수 없습니다. 새로운 작품을 만들고 싶은 의욕이 많지만 자금적인 부분이 어려워 생각만 많이 하고 실천하지 못할 때가 많습니다. 홍보, 판매전략은 장인들이 하기가 어려운 부분입니다. 우리 전통문화에 대한 관심이 많아졌으면 하는 바람입니다.

윤도장*

방향이 중요한 나라

한국의 현재 주거형태는 아파트가 중심이다. 아파트 단지 내에 편의시설과 학교가 위치해 있다. 경비시스템이 잘 갖추어져 있고, 관리인도 있어 안전 문제도 어느 정도 보장된다. 그래서 많은 이들이 아파트에 살기를 원한다. 최근 광고에는 "요즘 아이들에게는 아파트가 고향이다"라는 말까지 등장했다. 그래서 한국의 아파트 값은 떨어질 줄을 모른다. 불법으로 청약통장이 거래되고 엄격한 법적 제제에도 불구하고 부동산 투기도 여전하다. 그중에서도 '동남향'의 아파트는 같은 단지에 있는 아파트들보다 훨씬 더 비싼 값에 팔린다. 이유는 동남쪽을 향한 집이 '전저후고(前低後高)'와 '배산임수(背山臨水)'의 지형으로 좋다고 알려졌기 때문이다. 자연의 지형과 산맥이 흐르는 방향이라는 말이다. 집앞이 평탄하고 원만해서 물이 모이는 것을 선호하고, 앞이 경사지면 물이 곧장 빠지므로 재물도 빠져나간다고 믿기 때문에 앞이 낮고 뒤가 높아야 한다. 아파트를 결정할 때뿐 아니라 사무실을 옮길 때, 조상님의 묘자리를 볼 때 이 '풍수지리'가 꼭 필요하다. 조상님 묘자리를 잘못 써서 일이 잘 안 풀렸다는 이야기들이 있고 조상님을 좋은 자리에 모신 덕분에 만석꾼이 되었다는 설화인 '와우안목설(臥牛眼目說)'도 있다.

풍수지리는 고려시대부터 유행하던 사상으로, 예부터 지금까지 우리 생활에 많은 영향을 미쳤다. 현재는 땅의 형세를 볼 수 있는 도구들이 많지만, 과거의 풍수가들은 '윤도(輪圖)'를 가지고 다니며 집터 또는 묘자리

---

* 국가무형문화재 제110호(지정일: 1996. 12. 31. 보유자: 김종대)

를 살폈다. 그들에게 없어서는 안 될 중요한 도구였다. 윤도는 24방위를 원으로 그려넣은 풍수지남침으로 풍수가뿐만 아니라 천문학자와 여행가들도 두루 사용했다. 음양오행, 팔괘, 십간, 십이지 및 24절후 등이 배치되어 있는 윤도는 동양인이 우주를 이해하는 방식을 담고 있다.

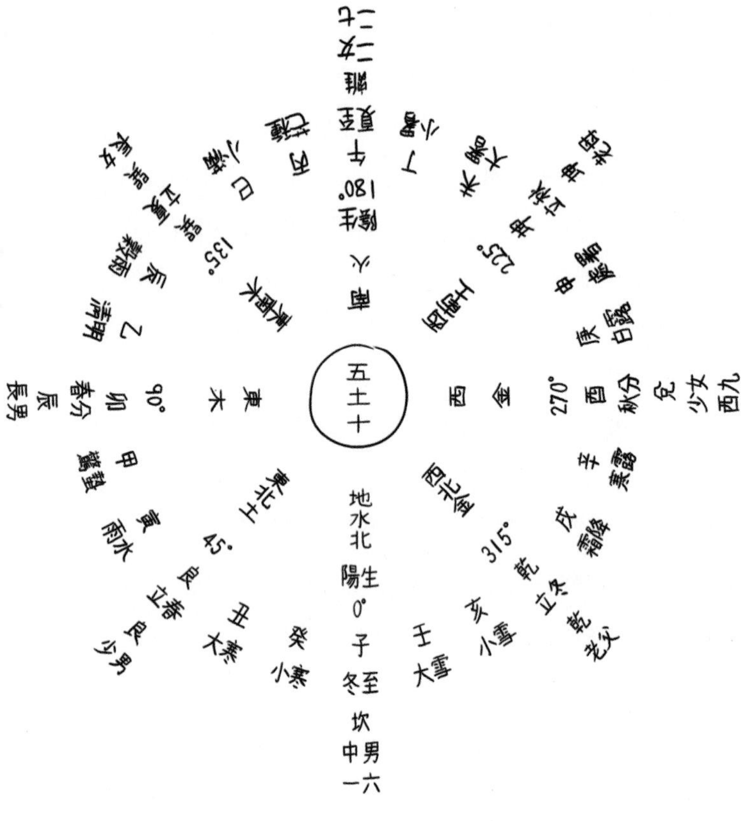

윤도 제작과정

윤도는 대추나무로 많이 만들어진다. 나무의 면을 확인해서 상처가 없는 부분에 분도기로 원을 그린 후 그 선을 따라 잘라낸다. 도구를 이용해 둥글게 모양을 다듬고 나서 이 두꺼운 원형의 나무토막에 금을 그어 몸체와 뚜껑으로 분리한다. 분리한 후에는 면을 밀어서 다듬는다. 그 후

나무 위에 정간(定間)을 한다. 정간이란 중심을 잡고 각 층별로 원을 그린 후에 분금을 하는 것을 말한다. 중심점을 정한 후에 몇 층으로 정간을 할 것인지 정하고 그 위에 글씨를 새겨야 하므로 글자수를 고려해 전체적으로 균형이 맞도록 조절해야 한다. 분금은 윤도가 제 역할을 하는 데 큰 영향을 미치므로 작업 중에서 가장 중요하다고 할 수 있다. 분금에서 글자를 새겨넣는 각자작업을 할 때에는 틀릴 경우 처음부터 다시 해야 하는 수고를 해야 하기 때문에 집중하고 몰입해야 한다. 그 후 색을 입히고 다듬고 나면 기본이 완성된 것이다. 여기에 자력을 입혀야 한다. 침을 자연자석에 붙여놓으면 자성이 생기게 된다. 침까지 붙이고 나면 거의 완성된 것이나 다름없다. 여기서 설명한 과정은 몇 가지 중요한 과정을 중점적으로 설명한 것으로, 전 과정은 이보다 더 길고 복잡하며 인내와 정성을 필요로 한다. 사람들에게 길을 알려주고 좋은 장소를 알려주는 길잡이인 만큼 그것을 만드는 장인의 어깨가 무겁다.

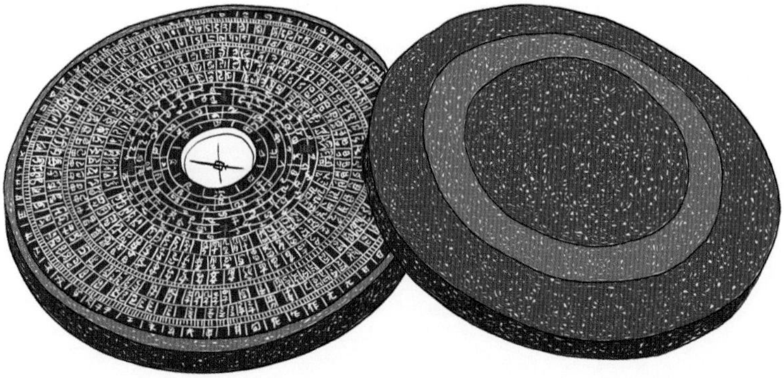

과거에는 윤도의 수요가 많았다. 작은 길안내부터 크게는 조상의 묘자리까지 알 수 있는 만능이었다. 하지만 지금은 찾는 사람이 없다. 스마트폰이 그 자리를 대체하고 있다. 모르는 길도 내비게이션 어플리케이션을 통해 쉽게 찾을 수 있고, 해와 달이 뜨고 지는 날과 그 모습을 인터넷과 TV를 통해 생생하게 볼 수 있다. 윤도와 같이 과거에 머물러 있는 물건들은 지금의 시선으로 보면 한없이 낡았다. 그러나 우리가 기억하고 보존해야 할 것은 그 정신이다. 매사에 경거망동하지 않고 느리고 천천히 알아보며 돌다리도 두들겨보고 건넌 조상들의 지혜가 담겨 있는 것이 윤도다. 그 안에는 온 우주가 담겨 있다.

백동연죽장*

호랑이 담배 피우던 시절과 양반들만 담배를 피우던 시대

우리는 '호랑이 담배 피우던 시절'이라는 말로 먼 옛날을 표현한다. 호랑이가 실제로 담배를 피웠을 리 만무한데 어떻게 이런 말이 나오게 되었을까? 담배가 처음 우리나라에 전래되었을 당시 사람들은 담배를 약초라고 생각했다. 그래서 남녀노소 불문하고 담배를 피웠다. 담배 앞에서 신분이나 나이는 없었다. 사회에 당연하게 흡연이 만연해 있었던 때를 호랑이마저 담배를 피웠던 시대라는 말로 비유한 것이다. 그러나 조선시대에 이르러서는 신분이 낮은 자가 높은 자 앞에서 담배를 피우지 못하게 되어 담배를 피우는 것은 양반들의 특권이 되었다. 양반들의

* 국가무형문화재 제65호(지정일: 1980. 11. 17. 보유자: 황영보)

특권이 되면서 담뱃대가 화려해졌다. 그들만의 특별한 기호가 된 만큼 그것을 아끼고 꾸미는 데 투자하기 시작했다.

백동연죽

연죽은 '담뱃대'를 지칭한다. 백동연죽은 백동으로 만든 담뱃대를 뜻하는 셈이다. 담뱃대의 밑바탕이 되는 백동은 구리, 니켈, 아연을 적당한 비율로 섞어 녹인 뒤 두드려서 만든다. 만들어진 백동에 상감기법으로 무늬를 새겨넣는다. 양반들은 소나무, 학, 대나무, 매화, 태극문양 등을 선호했다. 담뱃대는 입에 물고 연기를 빨아들이는 '물부리', 담배를 담아 태우는 '대꼬바리', 니코틴을 걸러주는 '설대'로 이루어져 있다. 양반들은 길고 화려한 백동연죽을 자랑스러워했다. 그래서 일반적인 담뱃대보다 백동연죽을 찾는 이들이 많았다. 현재 백동연죽장 전수회관이 있는 남원 강정몰마을은 옛날만 해도 동네 주민 대부분이 담뱃대를 만들어 생계를 이어갔다고 하니 그 수요가 얼마나 많았을지 짐작된다.

호랑이가 담배 피우던 시절이라고 말하던 그 옛날에는 담배가 약초인 줄 알았다. 실제로 담배가 약이 될 수는 없을까? 매일같이 흡연 문제가 대두되는 이유는 그 안에 들어 있는 니코틴 때문이다. 니코틴에 중독되면 심폐나 혈관계에 문제가 된다고 하니 가능하면 건강을 생각해서 끊어야 하는 게 맞다. 그래서 전자담배가 등장했지만 흡연자들은 담배를 피울 때의 손맛과 해방감을 놓지 못한다. 담뱃대가 심리적 효과는 잃지 않도록 도와주고 그 안에 담배 대신 몸에 좋은 한약재들을 넣어서 건강까지 챙기는 건 어떨까? 그리고 그 담뱃대가 백동연죽이라면 건강에 멋까지 챙길 수 있으니 그야말로 일석이조다.

칠장*

칠장이란?

옻을 가지고 칠을 하는 장인을 '칠장'이라고 한다. 그렇다면 옻칠장이라고 하는 것이 옳지 않을까? 그 궁금증은 나전장과 칠장의 문화재 지정역사에서 답을 찾아볼 수 있다. 옻칠은 예부터 중국과 한국에서 많이 사용했던 기술로, 금속이나 나무에 주로 사용되어왔다. 한국에서는 옻칠이 나전칠기의 형태로 발전해왔다. 나전칠기류에 옻칠을 하는 결합의 형태로 지속되어왔기 때문에 1975년 이전에는 '나전칠기장'이라는 통합적인 문화재로 지정되어 있었다. 1975년 나전장이 독립적인 문화재로

* 국가무형문화재 제113호(지정일: 2001. 3. 12. 보유자: 정수화)

인정되면서 이후 2001년도까지 칠장에 대한 연구와 그 개별적 가치에 대한 논의들이 진행되었고, 2001년 3월 칠장 문화재 지정 당시 옻칠장이라는 이름 대신에 본래 나전칠기장에서 써왔던 이름을 그대로 차용해 '칠장'이라는 이름으로 등록하게 된 것이다.

변하지 않는 색을 칠하다

칠장이 사용하는 '옻'이라는 재료는 옻나무에서 나오는 액체를 말한다. 옻은 방수성, 내구성, 접착력이 매우 뛰어나다. 독한 약품에 담궈도 색이 변하지 않을 만큼 점성이 높아서 예부터 우리 선조들은 옻칠을 통해 변하지 않는 오랜 색을 가구, 장신구 등에 담아냈다. 박물관에서 과거의 가구들을 흔히 볼 수 있는데, 옻칠을 해놓은 것들은 막 만들어낸 것처럼 광택을 뿜어내고 있는 경우가 많다. 옻은 작업 당시에는 건조속도가 매우 느리지만 광택도, 부착력 등이 다른 도료에 비해 월등하기 때문에 시간이 지나고 나서도 은은한 빛을 잃지 않고 고고한 자태를 뽐낸다. 게다가 옻은 심미적 효과뿐 아니라 해독작용, 항암작용 등 신체적으로도 이로운 효능들이 있기 때문에 그야말로 금상첨화, 일석이조의 건강하고 아름다운 재료라 할 수 있다.

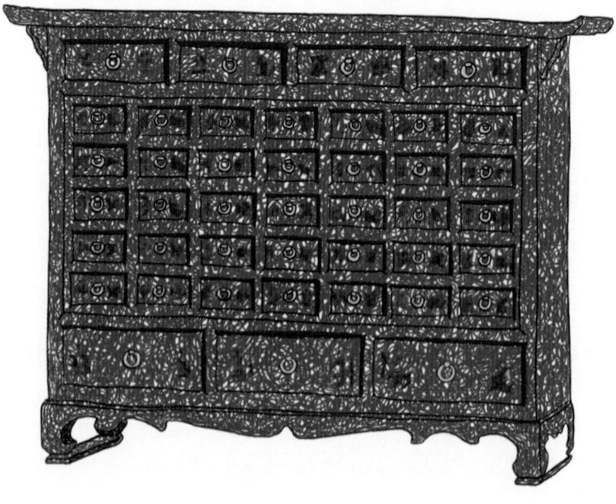

제작과정

옻은 본래 그 성분이 매우 좋아서 칠의 재료로 쓰이고 있지만, 사람의 손을 거치지 않으면 그 효능을 제대로 발휘할 수 없다. 손이 백 번 가는 한지만큼이나 여러 번 정제과정을 거쳐야만 칠을 할 수 있는 옻으로 변모한다. 옻은 옻나무에서 채취하는 것인데 나무 속에는 나뭇잎, 벌레 등이 들어 있다. 정제과정을 거쳐 이물질과 불순물을 걸러내 천연 생칠(정제하지 않은 옻나무의 진)을 만든다. 이 천연 생칠을 솜과 섞어 숙성시키는 등의 과정을 거쳐 고무래질을 한다. 고무래질은 생칠의 수분을 증발시키는 과정으로, 이 과정을 마치면 원래 나무색을 띠던 옻의 생칠이 포도색으로 바뀌게 된다. 이 포도색 칠에 여러 가지 첨가제를 투입해 용도에 맞게 정제용 칠을 만들게 되는 것이다. 이때 쓰는 첨가제는 장뇌유(녹나무를 찌면 발생하는 수증기를 굳힌 장뇌에 테레빈유를 섞어 녹인 것), 송현(소나무를 태워 그을음을 모은 것), 치자(남색 염료), 꼭두서니, 울금, 등황, 활성탄, 자황, 아마인유, 동백유 등이 사용된다. 이상의 첨가제들은 적절하게 첨가되어야 정제칠로서의 기능을 다할 수 있다. 비율과 시간 등을 적절히 배분하여 알맞은 정제칠을 만들어내는 것이 장인의 역할이다. 이렇게 만들어진 정제칠로 작품에 칠을 하게 되고, 옻칠을 통해 많은 작품들이 새로운 모습으로 다시 태어나게 된다.

어떠한 물체가 색을 입는다는 것은 생기를 부여받는 것과 다름없다. 어둡던 것이 빛을 얻고 반짝일 수 있는 것은 그 물체가 에너지를 갖게 된다는 것임과 동시에 보는 사람에게도 에너지를 전달할 수 있는 힘을 갖게 된다는 말이다. 게다가 그 색이 변하지 않고 오랫동안 반짝이는 아름다움을 간직한다는 것은 참 멋있다. 모두에게 전해질 수 있는 긍정의 에너지를 선물하는 칠장, 우리가 더 소중하게 생각해야 할 이유가 여기에 있다.

궁중채화*

죽지 않는 꽃, 궁중채화

궁중채화는 조선시대 궁궐을 장식했던 꽃을 말한다. 특징이 있다면 다른 꽃들과 달리 영원히 죽지 않는다는 것이다. 궁중채화는 우리가 흔히 볼 수 있는 살아있는 꽃이 아닌 장인의 손을 거쳐 한땀한땀 정성으로 만들어진 꽃이다. 이 꽃은 국가의 중요한 의례가 있을 때마다 궁궐을 아름답게 수놓았다. 조선시대 궁궐은 그 자체로도 멋스럽지만 이 꽃이 없었다고 상상해보면 어딘지 모르게 심심하고 부족한 느낌이 든다. 궁중채화는 자연스럽게 궁궐에 스며들어 전체 분위기를 이끌어온 분위기 메

* 국가무형문화재 제124호(지정일: 2013. 1. 14. 보유자: 황을순)

이커 역할을 톡톡히 해왔다. 과거 왕족들은 영원한 삶에 대한 꿈이 있었다. 경복궁 자경전 굴뚝에 그려진 십장생을 보면 그들의 불로장생에 대한 꿈을 알 수 있다. 그렇게 죽지 않는 것을 염원했기에 궁궐 안에서는 소멸과 죽음이 허락되지 않았다. 살아있는 꽃은 시간이 지나면 죽을 수밖에 없다. 죽음을 마주하기 싫어한 조선왕조를 위해 궁중채화는 꽃이자 영원함의 상징으로 두 가지 역할을 충실히 해왔다.

벌과 나비가 날아드는 궁중채화

궁중채화는 생화를 바탕으로 만든 꽃으로, 실제로는 꽃이 아니다. 그래서 한 가지 아쉬운 점이 있다면 살아있는 꽃만큼 향기를 머금고 있을 수 없다. 사람들에게는 매력적이지만 꽃의 향기와 꿀을 찾아 떠도는 벌과 나비에게는 궁중채화는 썩 매력적이지 못할 것이다. 그러나 황수로 보유자의 궁중채화는 다르다. 그의 궁중채화에는 생화와 같이 벌과 나비들이 날아든다. 그 이유는 황수로 보유자의 비법 때문이다. 황수로 보유자는 일단 천연재료로 꽃잎을 만든 후에 이를 밀랍처리해서 보존성을 높인다. 자연염색을 한 후 명주에 물을 들이고 다듬이질을 해 이것을 가

지고 꽃을 만드는 것이니 사실은 그 기초에 생화가 있다고 할 수 있다. 그러니 벌과 나비가 날아드는 것도 이상한 일이 아니다.

궁중의 분위기를 돋우고 생기를 불어넣는 역할을 했던 궁중채화를 통해 현재를 살아가는 우리는 당시의 왕실문화를 다시금 돌아볼 수 있다. 궁중채화는 비교적 늦은 2013년에 무형문화재로 지정되었다. 열정적인 황수로 장인의 뒤를 이어 많은 이들이 궁중채화를 전승하여 우리의 후손들도 조선시대의 궁중채화를 잊지 않아야 할 것이다.

자수장*

자수장, 이것만은 알고 가자

자수란 바늘에 실을 꿰어 천에 무늬를 수놓는 것을 의미한다. 자수의 기본 재료로는 바늘, 천, 실의 세 가지가 있다. 실은 평사, 합사, 연사의 색실이 있다. 주요 기법에는 돗자리의 표면처럼 촘촘하게 엮는 자릿수, 땀새가 장단으로 교차되게 수놓는 자련수, 수면을 수평 · 수직 · 경사 방향으로 메워가는 평수, 선을 조성하는 이음수, 수가 놓여진 윗부분에 군데군데 길게 고정시켜 수면이 흩어지지 않게 하는 징검수, 각종 꽃의 술이나 석류 등 작은 씨앗을 표현할 때 쓰이는 매듭수, 사슬고리 모양의 사슬수가 있다. 보통 자수장은 금남의 영역이라고 알고 있지만 전문적으로 자수를 놓는 장인에는 여성들만이 아니라 남성들도 있었다. 조선시대에 들어와서는 수요층이 더욱 확산되어 궁수와 민수로 대별되는 계층간의 뚜렷한 특징을 보이면서 발전했다.

수를 놓는다는 것은?

별이 쏟아질 듯 가득한 밤하늘을 떠올려보자. 그것을 표현할 만한 미사여구를 찾을 때 '별이 밤하늘을 수놓았다'라는 표현을 흔히 떠올리게 된다. 별이 수놓은 밤하늘을 가만히 떠올려보면 그 모습이 그려진다. 아마도 '수를 놓다'는 촘촘히 엉겨붙어 무언가 아름다운 형상을 만들어놓은 별들의 아름다움을 표현하는 가장 적절한 표현일 것이다. 이 밖에도 우리는 아름다운 풍경 또는 누군가 남기고 간 소중한 기억에도 '수를 놓

* 국가무형문화재 제80호(지정일: 1984. 10. 15. 보유자: 최유현)

는다'고 표현한다. '수를 놓다'라는 표현은 바로 자수에서 비롯된 것이다. 자수는 아무것도 그려지지 않은 깨끗한 천에 한땀한땀 정성으로 무늬를 만들고 새로운 예술작품으로 탄생시키는 행위다. 이 경이로운 예술행위는 누가 봐도 아름답고 소중한 것이었기에 이 말을 빌려 아름다움을 표현하기 시작하지 않았을까 하고 추측해본다.

삶을 살아가는 진지한 태도

우리에게 잘 알려진 십자수는 15년 전 즈음부터 정신수양에 좋다며 현재까지 꾸준히 사랑받고 있다. 십자수는 디자인이 도안된 면사에 열십(十) 자 형태로 수를 놓아가며 완성하는 유럽식 생활 수예다. 십자수는 만들어진 바탕에 수를 놓아가는 방식으로, 우리나라 전통자수에 비하면 비교적 쉬운 수예다. 그러나 이 간단한 십자수도 제대로 완성을 못 시키는 사람이 많다. 이를 통해 이미 만들어진 도안도 없이 부드러운 면사도 아닌 뻣뻣한 천에 일반 바늘보다 작은 바늘로 촘촘히 작업을 이어가는 자수장의 작업과정이 더욱 위대하게 느껴진다. 최유현, 한상수의 작업

자수장 보유자 최유현

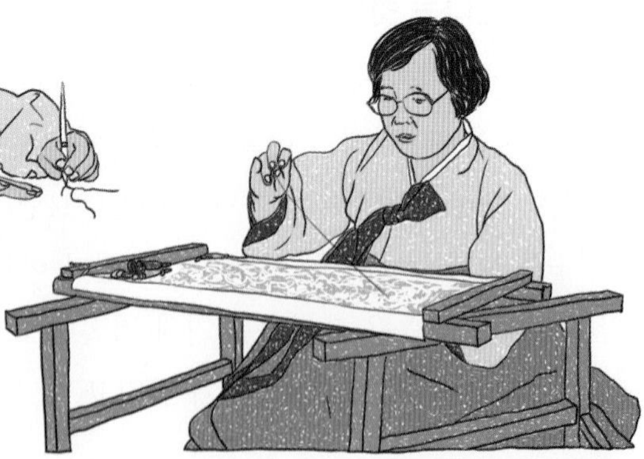

자수장 보유자 고(故) 한상수

과정을 지켜보면 그 온화하고 진지한 태도와 서두르지 않고 꼼꼼히 해나가는 모습에 삶을 살아가는 태도를 돌아보게 된다.

두 보유자가 만드는 자수 작품이 한 사람의 인생이라면, 그 긴 레이스를 같은 페이스를 유지하며 그렇게 진지하고 흔들림 없는 담대한 모습으로 살아갈 수 있을까 하는 생각을 하게 된다. 두 보유자는 작업을 할 때에도, 실제의 인생에 있어서도 평정심을 잃지 않고 늘 자수를 하는 본분을 잊지 않으며 매사에 최선을 다해 자수장의 길을 걸어왔다. 두 보유자가 만들어낸 작품을 가만히 살펴보면 비단 하나의 피조물이 아닌 우리의 삶을 반영하고 반성하게끔 하는 소중한 문화유산임을 금방 알게 될 것이다.

명주짜기*

보일 듯 말 듯 가늘어도
질긴 향내 가득한 연민으로 뽑아낸 실
쑥 마늘 향기 진한 인고의 언어로
끝없이 더듬어 이어온 사랑
누에의 입을 거쳐 나온 지순한 고백
오래 이어가다가
조금 멈추다가 드디어
죽어도 좋을 만큼 여문 동통을 안고 살며시 웅크리면
아, 죽어야 산다는 희망이 하이얀 고치로 부풀어 오르는 것이었어요

이상훈 「명주」 중

누에의 입을 거쳐 나온 지순한 고백

누에가 번데기가 되는 과정에서 자기의 몸을 보호하기 위해 끊임없이 실을 토하고 토한 실로 몸 바깥둘레를 둘러싸며 만든 집을 '누에고치'라고 한다. 알에서 깨어난 누에는 20여 일 동안 허물을 벗으며 성장한다. 성장이 끝날 무렵 누에는 집을 짓기 시작해서 약 60시간 동안 타원형의 고치를 완성한다. 누에의 입을 거쳐 인고와 정성으로 만들어진 누에고치는 명주실의 원료가 된다. 보통 누에고치 하나에서 풀려나오는 명주실의 길이는 1,200~1,500m 정도다. 무게 2.5g의 작은 고치에서 만들어진 긴 명주실은 그런 이유로 돌잡이에서 장수를 상징한다.

* 국가무형문화재 제87호(지정일: 1988. 4. 1.)

직녀의 기다림

견우와 직녀 이야기는 대한민국에 전통적으로 내려오는 설화다. 직녀와 견우가 신혼의 즐거움에 빠져 게을러졌고 이에 노한 옥황상제가 둘을 은하수 가운데 두고 떨어져 살게 했다. 그리고 한해 한 번 칠월칠석에만 같이 지내도록 허락했다. 하루의 즐거운 날이 지나고 다음 해의 칠월칠석이 올 때까지 직녀는 베틀에 앉아 다시 그리움을 견딘다. 견우를 그리워하는 마음으로 움직였을 베틀은 지금까지 전해져 내려와 명주를 짜는 데 쓰인다. 또한 베틀로 명주를 짜는 일을 하는 사람을 '직녀'라고 부른다.

누에고치에서 옷감재료로 탄생하기까지

동그란 타원형의 누에고치가 옷감재료가 되기까지의 과정은 크게 제사, 정경, 직포로 구분할 수 있다. 제사는 끓는 물에 고치를 넣어 거기서 뽑아낸 실을 물레를 이용해서 타래실로 만드는 과정이다. 정경은 실내리기, 경사날기, 벼매기 작업으로 제사과정에서 만들어진 타래실을 명주가락에 감아 해사한 다음 베틀에서 작업할 수 있도록 만들어주는 과정이다. 직포는 직녀가 이 실로 베틀질을 하는 과정으로, 이 과정을 거치면 짜인 명주가 탄생하게 된다.

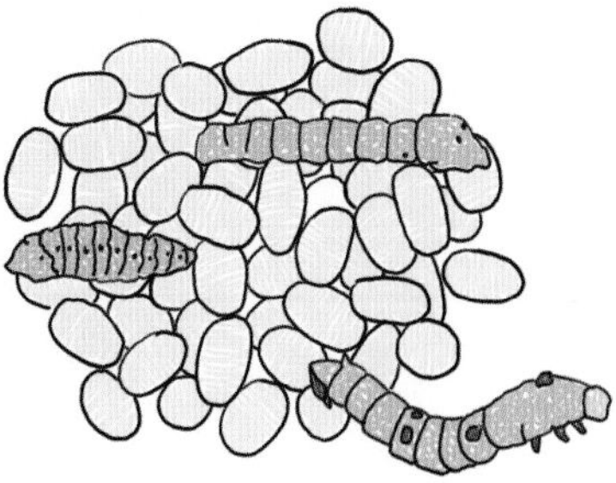

알에서 갓 깨어난 누에를 보면 개미와도 같다. 개미처럼 작고 얇은 물체가 끊임없이 꿈틀대는 모습을 보면 그것이 자라 사람의 손길을 거쳐 옷 한 벌이 탄생할 것이라고 상상하기 힘들다. 누에가 견딘 인고의 시간, 그리고 그 인고의 시간을 존중이라도 하듯 그 시간보다 더 긴 시간을 묵묵히 베틀 앞에서 보내는 직녀. 오랜 시간과 정성이 가득한 명주짜기가 아무도 찾는 사람이 없어 오랜 시간 보유자 없이 전해만 내려오는 바디장처럼 사라지지 않기를 바란다.

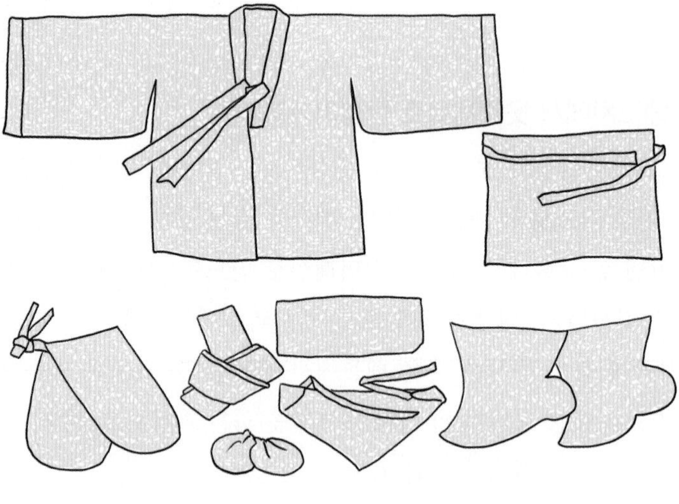

침선장*

바느질하는 여인

침선은 바늘에 실을 꿰어 꿰매는 것을 말하며, 한마디로 '바느질'이라고 할 수 있다. 바느질 장인 침선장은 대대로 여자 보유자들이 그 명맥을 이어왔다. 아마도 암묵적으로 바느질이 여성스러움을 대표해서가 아닐까? 실제로 과거부터 현재에 이르기까지 동서양을 막론하고 고흐, 메리 커샛 등 인상주의 화가들부터 페르난도 보테로 등 현대 작가에 이르

* 국가무형문화재 제89호(지정일: 1988. 8. 1. 보유자: 구혜자)

기까지 바느질을 하는 여인의 모습을 그림의 소재로 많이 사용해왔다. 바느질을 하는 여자의 모습은 경건하고 얌전하며, 그 자체로 여자의 향기가 물씬 느껴진다. 손으로 한땀한땀 정성을 들여야 하기 때문에 자세나 태도, 마음가짐 등이 특히나 중요하다. 그것을 알고 있기 때문인지 실제로 바느질을 하는 이를 옆에서 지켜볼 때면 행여 흐트러질까 부산스럽던 움직임도 멈추고 숨을 죽이게 되곤 한다.

국가무형문화재 전수회관 공방에 가면 늦은 저녁시간까지 늘 같은 모습으로 바느질을 하고 계신 분이 있다. 바로 무형문화재 제89호 구혜자 선생이다. 공방이 열리고 현재까지 거의 빠짐없이 매일같이 나와 늦게까지 늘 같은 모습으로 작업하시는 선생의 모습을 창밖에서 바라볼 때마다 그 엄숙함에 절로 고개가 숙여지곤 한다. 그런 선생 곁에 늘 같이 계시는 분이 있다. 바로 전수교육조교 박영애 선생이다. 구혜자 선생이 시어머니께 배운 바느질을 박영애 선생께 전수하며 그렇게 두 분은 매일같이 흐트러짐 없이 공방을 채우고 있다.

한복을 짓는 장인, 침선장

2014년에 종영한 시청률 40%의 「장보리」는 두 주인공이 침선장이 되기 위해 경합을 벌이는 내용이다. 침선장이 되고 싶다며 눈물을 뚝뚝 흘리는 민정(이유리 분)에게 한복을 짓는 일이 그렇게 쉬운 일이 아니라는 말을 하며 돌려보내는데, 여기서 나오는 것처럼 한복은 '만든다'고 하지 않고 '짓는다'고 한다. 집을 짓는 것처럼 한복을 만드는 과정이 간단치 않다는 것을 나타내주고 있다. 침선장이 되기 위해서는 많은 시간을 거쳐야 하고 그 시간을 무던히 견뎌낼 수 있는 인내가 필요하다. 보유자가 되기 위해 거쳐야 할 과정들은 무엇인지, 어떤 마음가짐으로 임해야 하는지 공방에서 늘 구혜자 선생과 공방에 함께하는 박영애 전수교육조교 선생을 만나 이야기를 나누어보았다.

Q. 언제부터 무슨 계기로 침선을 배우게 되셨습니까?

1992년 석조전에서 처음 강좌가 열렸을 때 정정완 선생님 강의를 들으며 입문을 했습니다. 일반전수생, 전수자를 거쳐 1994년 10월에 이수자가 됐습니다. 하다 보니 전수교육조교까지 됐습니다. 그렇게 25년이 지났습니다. 한복을 배우기 전에는 안정된 직장 비서실에서 일하였습니다. 그 당시 여동생이 한국무용 전공자였는데 살풀이 작품 의상이 너무 비싸다고 생각했고 직접 만들어주고 싶은 생각도 있어서 일하는 틈틈이 짬을 내서 한복을 배우기 시작했습니다. 당시 제 나이가 26~27세 정도였는데, 어린 친구가 배운다고 하니 어른들이 예뻐해주시고 도와주셔서 더 빨리 배우게 되었습니다.

Q. 수행과정이 꽤 긴 듯한데 중간에 포기하실 생각은 안 하셨습니까?

힘들기도 하지만 좋으니까 포기하지 않고 계속 재미있게 하고 있습니다. 또 결혼 후에는 남편의 적극적인 지지가 있었기 때문에 더 그런 생각을 안 했던 것 같기도 합니다. 다만 전시 등 작품 준비 때는 시간적 여유가 없어 가족들을 많이 돌보지 못해 미안한 마음이 들기도 합니다. 그러나 바느질을 하면 마음이 편안해지고 자세도 바르게 되어 저한테도 도움이 많이 되고 늘 즐겁고 행복합니다.

Q. 구혜자 선생님께 침선을 배우면서 어떤 점이 가장 존경스럽고 배우고 싶으십니까?

구혜자 선생님은 기술연마뿐 아니라 항상 문헌조사를 하시고 끊임없이 연구하십니다. 늘 공부하는 자세와 겸손한 태도, 그런 점이 정말 존경스럽습니다.

Q. 침선을 배우기 시작하는 사람들에게 해주고 싶은 말이 있으십니까?

시작하는 대부분의 사람들이 하는 착각은 금방 될 거라고 생각하는 것입니다. 바느질은 그 발전속도가 매우 더디게 나타납니다. 옷을 짓는 일은 인내도 있어야 하고, 좋아하기도 해야 하고, 또 그 기술을 익히기 위해 끊임없이 수련을 거쳐야 하는 외로운 과정입니다. 그런데 한복의 화려한 면만 보고 너무 쉽게 생각하는 사람들이 많아 안타깝습니다. 구혜자 선생님은 칠순이 넘으셨지만 아직도 공방 문을 닫을 때까지 끊임없이 바느질을 하고 또 합니다. 그런 자세와 열정이 있어야 침선장이 될 수 있습니다.

Q. 구혜자 선생님이 말씀하시는 박영애 전수교육조교는?

굉장히 양심적이고 주어진 일에 최선을 다하는 사람입니다. 내가 왜 전수교육조교로 했냐 하면 사람이 변덕스럽지 않고 인성이 아주 높습니다. 기술은 연마하면 되지만 인성이 기술보다 더 중요하다고 생각합니다. 주변에 잘하는 사람도 많지만 나를 도와서 일을 잘해줄 수 있는 사람은 박영애밖에 없다고 생각합니다.

인터뷰를 마치신 두 분은 한번도 서로에게 이런 말을 해본 적이 없다며 수줍어하셨다. 늦은 밤까지 공방을 지키시는 두 분이지만, 늘 묵묵히 옷을 지으며 보냈던 많은 시간들 속에서 두 분의 인내와 사랑이 오랜만에 언어로 전달되는 순간이었다.

누비장*

정성과 집념

2015년에 출판된 김숨의 소설 『바느질하는 여자』는 손가락이 뒤틀리고 몸이 삭도록 3cm의 누비바늘로 0.3mm의 바늘땀을 끊임없이 놓는 수덕과 그녀의 딸들이 살아가는 이야기다. 바느질을 하루도 거르지 않으면서 자신과 끊임없이 싸우며 그 경지를 일구어가는 수덕은 바느질로 가족들을 뒷바라지한 우리의 옛 어머니의 모습을 담고 있고, 재봉틀이 등장하면서 상대적으로 시간이 오래 걸리는 누비에 대해 많은 사람들이 관심을 갖지 않지만 꿋꿋하게 그 일을 이어나가는 장인의 모습을 담고 있다. 누비는 천을 포개놓고 줄이 죽죽 지게 박는 바느질을 말한다. 재봉틀이 지나간 자리보다 더 정교한데, 사람의 손이 기계보다 나으려

---

* 국가무형문화재 제107호(지정일: 1996. 12. 10. 보유자: 김해자)

면 정성과 집중력이 훨씬 더 필요하다. 김해자 장인은 누비에 대한 자부심으로 그 인고의 시간들을 묵묵히 견뎌내고 있다. 누비옷 하나를 만드는 데 한 달의 시간이 걸린다. 그것도 매일같이 부지런히 바느질을 이어갔을 때 가능하다. 그렇게 장인의 정성 어린 손길 아래 탄생한 누비옷은 장인의 집념과 인내의 산물이라 할 수 있다.

따뜻한 우리 누비옷

고등학생들이 찾는 고가의 패딩 의류가 사회 문제로 떠오른 적이 있었다. 교복을 입고 다니는 학생들이 추위를 견디기 위해 위에 걸쳐 입는 두터운 패딩이 고가의 브랜드에서 출시되면서 더 비싸고 좋은 패딩을 입기 위해 서로 경쟁하고 그것으로 인해 다툼이 발생하고 그것을 입지 못하는 아이들이 상대적으로 위축되고 심하게는 따돌림까지 당한다는 충격적인 뉴스가 이어졌다. 교복을 입고 다니는 아이들의 특성상 유일하게 멋을 낼 수 있는 요소가 외투였기에 이런 현상은 더욱더 안타깝게 느껴졌다. 여러 대안이 이어졌지만 지금까지도 길거리에 많은 고등학생들이 비슷한 패딩을 입고 다니며 서로의 모습을 뽐내기 바쁜 듯하다. 그때 대안으로 누비옷이 등장했다면 어땠을까? 안에 솜을 박아두었기 때문에 보온성이 좋으며 촘촘이 누벼 만든 까닭에 아무리 자주 빨아도 옷의 형태가 처음 모양을 버리고 틀어지는 일도 없으니 매일같이 등교하는 학생들에게 이보다 더 좋은 옷이 있을까?

우리 문화에는 배내옷과 수의가 있다. 아이가 태어나면 무병장수를 기원하며 만들었던 옷이 배내옷이고, 부모가 세상을 뜨면 좋은 곳에 가서 편히 쉬시라는 의미를 갖고 수의를 만들었다. 그리고 그 옷들은 우리 어머니들의 바늘 끝에서 탄생했다. 실용성과 보온성을 갖추고 게다가 아름답기까지 한 우리 누비옷은 태어나서 죽을 때까지 함께할 수 있는 아름다운 문화유산이다.

염색장*

하늘빛 바다, 감색치마

하늘처럼 맑고 푸르른 바다를 보았을 때 '하늘빛이 난다'고 한다. 치마의 색이 적색도 아닌 푸른색도 아닌 오묘하게 아름다운 빛깔을 지니고 있을 때 그 치마의 색이 감 같다 하여 '감색치마'라고 표현한다. '하늘'과 '감'은 우리가 주위에서 흔하게 찾아볼 수 있는 자연이다. 그 자연의 색은 어떤 인공의 색보다 아름답다. 가끔씩 그 하늘을 담고 싶을 때가 있다. 아름다운 자연의 색을 간직하고픈 인간의 욕망이 천에 물을 들이게 했고 이것이 발전하여 염색으로 발전했을 것이다. 합성염료가 나오기 전까지는 염료의 모든 재료는 자연에서 얻어왔다. 치자, 오배자 등 한방약재에서부터 주위에서 흔히 볼 수 있는 진달래와 감나무에 이르기까지 다양하게 존재한다. 천연염색에서 '천연'의 뜻은 사람의 힘을 가하지 않은 상태를 말한다. 사람의 손을 통해 인위적으로 색을 바꾸는 것이 아니라 자연에서 얻은 재료로 자연스럽게 그 모습을 변화시키는 것이다.

한 가지 중요한 사실은 재료 본연의 색이 염색을 하고 나서 나오는 색과 반드시 같지 않다는 점이다. 예를 들어 포도껍질로 물을 들였을 경우 천의 색깔이 청록색이 되기도 하고 보라색이 나올 때도 있다. 또한 같은 재료라 해도 그것을 채취한 장소와 시기에 따라 혹은 어떻게 보관했는지에 따라 색이 다르게 나타날 수 있어 재료들의 특성을 잘 이해하고 그것을 잘 다룰 줄 알아야 한다. 그렇기 때문에 염색에도 장인이 존재하는데, 이를 '염색장'이라고 부른다.

---

* 국가무형문화재 제115호(지정일: 2001. 9. 6. 보유자: 정관채)

샛골나이와 염색장

현재 염색장 보유자는 정관채다. 그가 염색을 하는 공방은 전라남도 나주, 바로 샛골나이의 고장에 위치해 있다. 무형문화유산을 보면 많은 문화재들이 악어와 악어새처럼 서로 연결되어 있다. 나전장과 칠장이 그렇고, 궁시장과 전통장이 그렇다. 샛골나이와 염색장도 그렇게 발전해왔다. 나주지역에 좋은 목화가 나고 그중에서도 샛골지역의 여인들이 특히 이 목화로 무명천을 잘 만들어내어 '직녀'라는 호칭까지 얻으면서 이 백색의 천을 자연의 색으로 물들일 염색장이 당연하게 필요했던 것이다. 그래서 예부터 샛골지역에는 무명천을 짜는 직녀들과 직녀들이 짜놓은 천에 갖가지 색을 들이는 염색장인들이 존재해왔다. 그러나 나일론과 면이 등장하면서 무명옷을 찾는 이가 없어졌듯 합성원료가 들어오면서 염색장도 쇠퇴의 길을 걸었다. 정관채 보유자는 쇠퇴의 길이 이미 시작됐을 때 염색을 배우기 시작했다. 아무도 하지 않으려 했을 때 기꺼이 쪽씨 하나를 들고 시작했다. 그는 어릴 때부터 샛골 근처에서 자라며 보아온 어머니들의 길쌈의 가치를 그때 이미 알았던 것이다.

색을 품은 색

우리나라에는 청, 홍, 백, 적, 흑의 오방색이 있다. 염료도 기본적으로 다섯 색을 바탕으로 만들고, 이외의 색을 만들 때는 이 다섯 가지 색을 적절하게 섞어 간색을 만든다. 이때 반드시 순서를 지켜서 만들어야 한다. 백-청-황-적-흑 순서다. 이 순서를 지키지 않으면 간색이 만들어지지 않는다. 수채화물감의 경우 팔레트에 합치고자 하는 두 가지 색을 짜내어 붓으로 섞으면 되지만 염색의 염료는 그렇게 간단히 섞이지 않는다. 한 예를 들어 염료의 색 중에 '쪽색'이라는 것이 있다. 쪽색의 빛깔이 고와서 쪽빛 같은 하늘, 쪽빛 같은 바다 같은 말도 생겨났다. 쪽색은 본래 잎에 인디고(Indigo)를 지니고 있는 쌍떡잎식물로 남색에 가깝다. 쪽빛을 내려면 황색 → 회색 → 보라색 → 연두색 → 녹색 → 초록색 → 청

록색 → 청색 → 남색의 과정을 거쳐야 한다. 바로 남색을 낼 수 있는 것이 아니라 몇 가지 색을 품고서야 비로소 남색이 되는 것이다. 천연염색을 거친 옷이나 보자기가 더 우아하게 보이는 이유도 이 때문이다. 이렇게 여러 색을 조금씩 묻혀가며 비로소 탄생한 쪽빛을 흰 천에 물들여 그것을 말리기 위해 실외에 걸어두면 그야말로 장관이다. 바람에 나부끼는 하늘의 모습을 가까이서 만날 수 있다.

여행을 가면 사진을 찍는다. 그 순간을 오래 기억하기 위함이다. 도시생활에서는 보기 힘들었던 푸르른 바다와 흐드러지게 핀 꽃을 어떻게 하면 더 잘 간직할 수 있을까 셔터를 끊임없이 눌러댄다. 그러나 카메라가 담아내지 못하는 색감이 못내 아쉬울 때가 많다. 혼자 다녀오는 여행길에 아름다웠던 자연의 색을 누군가에게 전하고 싶을 때 혹은 그때의 감정을 떠올리고 싶을 때 그 해답은 바로 '천연염색'이다. 자연을 온전히 담아낼 수 있는 최고의 대안이 아닐까 한다.

금박장*

황실의 품격

사극드라마에서 혹은 박물관에서 왕과 왕비가 입었던 의복을 보게 되면 무언가 현재의 한복과 다른 화려함과 우아함이 느껴진다. 범접할 수 없는 기품과 설명하기 힘든 아우라의 비밀은 바로 그 의복에 고이 올려진 금박에 있다. 본래의 의복 자체로도 아름다움은 충분하지만 그 의복이 더욱더 빛을 내기 위해서는 배가적인 요소가 필요하다. 금박이 바로 그 역할을 담당한다.

금박을 쉽게 이해하면 의복 위에 '금'으로 새겨진 무늬다. 그리고 그 일을 담당하는 장인을 '금박장'이라 한다. 황실의 권위와 품격을 제대로 살리는 금박 일이 쉬울 리 없다. 허리 한 번 못 펴고 고도의 집중력으로 완성해야 하는 금박작업은 어떤 과정들이 있는지 더 깊이 있게 알아보자.

---

* 국가무형문화재 제119호(지정일: 2006. 11. 16. 보유자: 김덕환)

시간과 집중력의 싸움

금박작업은 크게 네 가지로 나뉜다. 옷에 금을 올리기까지 사전에 많은 과정을 거치게 된다. 박물관에 가서 고려시대 때부터 조선시대까지의 여성 당의나 사규삼 등을 살펴보면 각기 다른 문양과 글씨가 새겨져 있음을 알 수 있다. 장수하라는 의미에서 '수(壽)' 자가 새겨져 있기도 하고 예쁜 꽃문양이 그려져 있기도 하다. 여러 문양을 배치하고 만들기 위해서는 그 문양의 기본인 금박판을 자르고 그 위에 도안을 그리는 작업을 거친다. 그렇게 만들어진 판에 풀을 먹이고 옷에 찍은 후에 손으로 두드리며 금을 올리게 되는 것이다.

① 금박판 자르기: 보통 금박판은 돌배나무로 제작된다. 돌배나무는 성질이 매우 유연해서 금박판으로 쓰기 적합하다. 돌배나무를 자른 후에 바로 쓰는 것이 아니라 물에 끓이고 건조시키고 콩기름을 발라 목판면 작업을 마친다.

② 금박판 도안 작업: 금박판에 그림을 그리는 과정이다. 어떤 나무든 밑바탕은 나무색이다. 나무색의 경우 그림을 그리면 선이 잘 보이지 않으므로 작업을 하기에 어려움이 많다. 선 하나하나가 중요한 도안 작업이니 만큼 선과 면을 잘 보이게 하기 위해 목판의 면을 붉게 칠한다. 붉은 것은 경면주사 가루다. 이 가루를 물에 개어 붓으로 칠하고 말리면 붉은 면의 금박판이 완성된다. 그러고 나서 그 위에 그림을 그린다. 이미 있는 문양의 경우 먹지를 대고 그림을 옮기기도 한다. 도안을 다 그리거나 옮긴 후 그려지지 않은 부분은 조각칼로 판다.

③ 민어부레풀 만들기: 민어부레는 젤라틴을 가지고 있어 점성이 매우 좋다. 그 이유로 민어부레는 금박 작업을 할 때 접착제 역할을 한다. 물에 민어부레를 풀어넣고 민어의 단백질 성분이 나올 때까지 중불에 계속해서 끓인다. 갈색을 띠면서 풀이 졸아들면 풀로 사용할 수 있게 되었다는 뜻이다. 사용할 때는 불에 녹이면서 농도를 조절한다.

④ 금 올리기: 금박을 올릴 의복 위에 풀을 칠한 금박판을 먼저 찍는다. 풀

> 이 골고루 묻도록 힘 조절을 잘하는 것이 중요하다. 풀이 너무 많이 묻어도 안 되고 너무 조금 묻어도 안 된다. 풀이 먹으면 굳기 전에 금을 올린 후에 손으로 살짝살짝 두드려주면 풀 먹은 자리만 금이 남는다. 풀은 5초 만에 굳으므로 빨리 금을 올려야 한다.

이러한 과정들을 거쳐 평범했던 의복이 매우 화려하고 품격 있게 변한다. 예전 왕족들도 언제나 금박이 새겨진 옷들을 입을 수 있었던 것은 아니고 생일, 결혼 등 궁에서 큰 행사가 있을 때만 입었다. 그만큼 소중하게 생각하고 아꼈다는 의미다. 황실이 사라지면서 수요가 없어 사라질 뻔했던 금박장은 그 가치를 알고 이어온 김덕환 보유자의 집안에 의해 대대로 전승되었다. 현재는 그의 아들이 북촌에 위치한 금박연을 운영하며 5대째 가업을 이어가고 있다. 이제는 필요없다고 여겨진 기술을 소중히 지켜왔기에 지금도 그 아름다움을 여전히 가까이에서 볼 수 있다.

한산모시짜기*

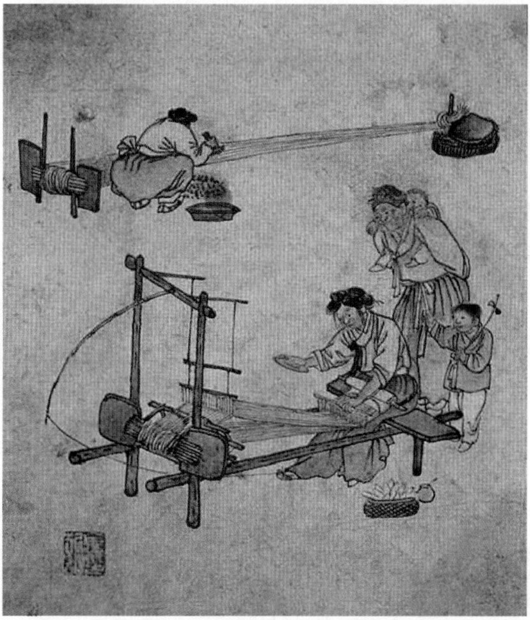

김홍도, 「길쌈」 18세기 후반, 종이에 옅은 채색, 27×22.7㎝
소장처: 국립중앙박물관

미술은 시대를 반영한다. 당시의 미술작품을 통해 민족성, 역사, 문화 등을 유추하고 시대 상황을 짐작할 수 있게 한다. 18세기 후반에 그려진 김홍도의 「길쌈」 작품을 통해 길쌈문화가 일반가정에서 흔히 볼 수 있었던 광경이었다는 사실을 추측할 수 있고, '시어머니' 혹은 '어머니'로 짐작되는 사람이 뒤에 서 있는 상황으로 미루어봤을 때 길쌈문화

* 국가무형문화재 제14호(지정일: 1967. 1. 16. 보유자: 방연옥)

가 어머니에게서 딸에게로, 시어머니에게서 며느리에게로 이어져오는 부녀자들의 문화였다는 것을 알 수 있다.

길쌈이라는 것은 정확히 말하면 한국의 전통적인 직조공정을 뜻한다. 삼, 누에, 모시, 목화 등의 전통섬유원료로 베, 명주, 모시, 무명 등의 피륙을 짜내기까지의 모든 과정을 통틀어 말한다. 여기서 소개하고자 하는 한산모시짜기는 길쌈 중에서 모시, 특히 서천 한산면 지역의 우수한 모시를 짜는 기술이다.

한산모시짜기, 무엇이 다를까?

기본적으로 모시짜기는 모시풀을 원료로 직물을 만들어내는 것을 말한다. 모시풀이 자라는 곳이 서천뿐만이 아니고 짜는 기술이 한산에서만 전수된 것도 아닌데, 어떤 이유로 한산모시짜기는 국내뿐 아니라 유네스코 세계문화유산으로도 지정되며 그 가치를 인정받게 되었을까?

첫 번째: 좋은 기후조건

서천군 한산면을 중심으로 한 이 지역은 해풍에 소금기가 담겨 그 영양분이 풍부하고 그로 인해 토지가 매우 기름지다. 모시풀이 자라기에 적합한 환경을 가지고 있다. 즉, 좋은 원료가 탄탄한 바탕이 되어주는 것이다.

두 번째: 한산 여인들의 인내와 지혜

한산 여인들은 각자의 가정에서 베를 짜는 일을 했지만, 건조된 모시풀 줄기를 입으로 째고(길이로 가늘게 찢어 실로 만드는 작업), 그렇게 만든 실을 무릎에다 대고 침을 묻혀 잇는 모시삼기는 동네 여인네들이 모여서 함께했다. 입으로 모시를 째는 과정은 처음 하는 사람은 혀와 입술에서 피가 날 정도로 고통스럽다고 한다. 모시삼기를 위해 무릎 한쪽을 내놓고 끊임없이 침을 묻혀 비비는 작업 역시 나중에 굳은살이 배길 만큼 쉬운 과정이 아니다. 이러한 인고의 시간을 거쳐 탄생하는 것이 한산모시다. 2011년 모시짜기가 유네스코 인류무형유산에 등재된 데에도 이런 공동체 문화 속에서 전승돼온 기술이라는 점이 큰 강점으로 부각되었다.

모시짜기의 중요한 포인트 몇 가지

① 모시는 원료가 식물 껍데기여서 끊어지기 쉬워 일정한 습도를 유지해야 한다. 예전엔 습기를 유지하려고 솥가마를 베틀 밑에 깔고 물을 팔팔 끓여 김이 올라오도록 했는데, 지금은 가습기를 사용한다.

② 매기과정

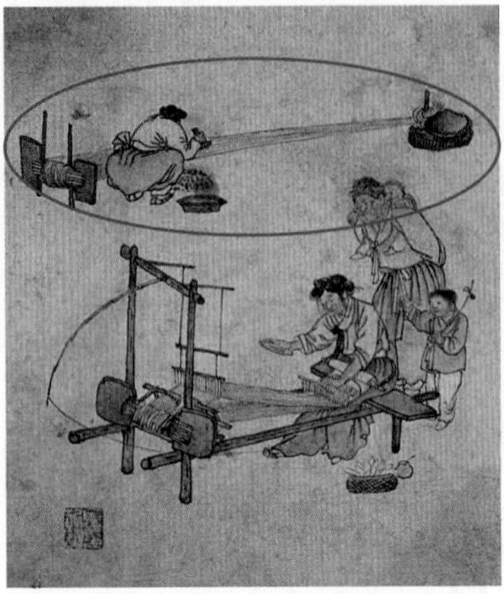

김홍도 그림의 상단 부분을 보면 매기과정을 하고 있는 여자의 모습을 볼 수 있다. 메주콩을 곱게 빻아 건조해지지 말라고 소금을 조금 넣고 물과 섞어서 만든 풀을 모시실에 바르는 과정으로, 이 과정을 거치지 않으면 끊어진다.

한산모시짜기를 직접 보고 싶다면?

서천군 한산면에 가면 한산모시관*이 있다. 그곳에는 방연옥 보유자의 공방이 있는데, 관람시간에 가면 언제든 들어가서 제작과정을 볼 수 있다. 공방 문을 수줍게 두드리면 방연옥 보유자 선생님께서 매우 소탈한 모습으로 맞이해주신다. 선생님과 도란도란 이야기도 나누고 전수관과 전시관을 관람하며 한산모시의 직조과정을 한눈에 볼 수 있는 곳이다. 미처 설명하지 못한 많은 과정들을 이곳에 방문하여 실제로 배워보는 것은 어떨까?

---

* 한산모시관에 가면 한산소곡주, 한산저산팔읍놀이라는 두 가지 무형문화재도 볼 수 있는데, 이들은 충청남도 무형문화재로 지정되어 있다.

나주의 샛골나이*
곡성의 돌실나이**

1930년대 기울어져가는 전라북도 양반집의 며느리 3대 이야기를 담은 소설 『혼불』은 총 10권에 이르는 장편소설로 한국, 특히 호남지방의 세시풍속, 관혼상제 등 민속문화를 생생하게 담고 있다. 소설이지만 철저한 고증과 사실 연구가 바탕이 되어 당시 우리의 문화를 돌아볼 수 있는 귀중한 연구자료로 쓰이기도 한다.

> "'농자천하지대본(農者天下之大本)'의 농기 깃발을 호기롭게 펄럭이며 농악대가 동네 모정 앞에 모였을 때……"

라는 구절을 통해 그 당시 마을을 오간 농악대의 모습을 떠올려볼 수 있고,

> "효원은 이런 생각들을 진정시키기라도 하려는 듯 밀어놓은 반짇고리를 다시 끌어당긴다. 오동나무 바탕에 화각을 입힌 화려한 반짇고리다. 시누대 죽장에 우골장식이 붉은 바탕색 위에 꽃같이 곱다. 그리고 노랑과 연두 빛깔이 현란하다."

라는 대목을 보고 화각공예품이 조선시대뿐 아니라 근대까지 많은 사랑을 받았다는 점을 알 수 있고, 묘사를 통해 화각공예품의 아름다움

---

* 국가무형문화재 제28호(지정일: 1969. 7. 4. 보유자: 노진남)

** 국가무형문화재 제32호(지정일: 1970. 7. 22.)

을 느낄 수 있다. 책 속에 농악과 화각 등 많은 민속문화들이 등장하지만 그중에서도 특히 눈에 띄는 것은 바로 길쌈이다.

> "그날부터 이십여 년의 세월을 하루같이 인월댁은 베틀에 앉아 살아왔다. 동무라면 오로지 속으로 나직이 흥얼거리는 베틀가 한 자락. 천상에서 놀던 각시가 세상으로 귀양을 왔더라오. 배운단게 질쌈이요 부르나니 베틀가라…… 베틀놓세 베틀놓세…… 옥난간에 베틀놓세……"

베틀은 20년 넘게 혼자 살아온 인월댁의 시름을 잊게 해주는 치료의 매개체 역할을 하기도 했지만, 동시에 여자로서 떠날 수 없는 보이지 않는 굴레였다. 당시의 여성들은 이 베틀로 가족들의 옷을 만들었다. 요즘처럼 단출한 가족이 아니었던 시절 그 많은 식구들의 옷을 철마다 만든다는 것은 끊이지 않는 노동을 상징했다. 누구의 집에나 있었던 베틀, 그리고 그 베틀로 한땀한땀 쓰인 가족의 생활과 역사들 속에서 소중한 문화재가 탄생했다. 바로 나주의 샛골나이와 곡성의 돌실나이다. '베틀'이라는 도구를 사용한다는 점이 같지만, 지역이 다르고 또 사용한 재료가 다른 샛골나이와 돌실나이를 구분해서 알아보면 이해하기가 더 쉬울 듯하다.

샛골나이와 돌실나이

'샛골'과 '돌실'은 나주와 곡성지역의 지명이다. 현 나주시 다시면을 이전에는 '샛골'이라고 불렀고, 현 곡성군 석곡면의 이전 지명이 '돌실'이었다. '나이'는 길쌈을 뜻한다. 샛골지역에서 행해지는 길쌈이 '샛골나이'이고, 돌실지역에서 행해지는 길쌈이 '돌실나이'라고 이해하면 쉽다. 나주와 곡성은 행정구역상 전라남도에 속하고 자가용으로 이동했을 때 1시간 정도 소요될 만큼 가까운 곳에 위치하고 있다. 이 두 지역은 볕이 잘 들고 물이 풍부하기 때문에 샛골나이에 필요한 '목화'와 돌실나이에 필요한 '삼베'를 얻기에 매우 좋은 자연조건을 가지고 있다.

목화와 삼베는 무엇일까? 목화는 무명의 원료다. 혹시 문익점이 기억이 날지 모르겠다. 그는 원나라에서 목화씨 10개를 붓통 속에 넣어 고려로 돌아온 사정관이다. 그는 숨겨온 목화씨를 한국에서 심고 재배하는 데 성공했고, 이를 통해 한국도 목화를 생산할 수 있게 되었다. 이는 겨울에도 삼베옷을 입고 추위에 떨던 백성을 추위로부터 해방시키는 데 큰 역할을 했다. 반대로 삼베는 여름에 꼭 필요하다. 올이 굵어 통풍이 잘되고 땀이 잘 배출된다. 여름에는 삼베만 한 것이 없다. 오랜 시간 샛골나이는 겨울을, 돌실나이는 여름을 만들어왔다. 베틀을 짠다는 것은 가만히 앉아 베틀만 움직이는 것을 의미하는 것이 아니다. 베틀에 삼베와 목화를 올리기까지 사전작업도 만만치 않다. 고되고 긴 작업이 끊이지 않고 이어져온 이유는 바로 그것이 우리네 '어머니'들이 하는 일이었기 때문이다. '어머니'라는 이름으로 인내하고 견뎌온 시간이 만들어낸 예술이다.

어머니라는 이름으로

나주의 샛골나이의 노진남 보유자는 3대째 무명짜기를 이어오며 열넷이나 되는 식구를 먹여살렸다. 이틀에 베 한 판을 짤 정도로 베틀에서 떠날 줄을 모르고 평생을 보냈다. 『혼불』에 나오는 인월댁처럼 때로는 시름을 잊으려고 앉았고, 때로는 가족들에게 옷을 해 입히고자 앉았다. 베틀에서 만들어지는 사랑과 열정은 때로는 옷으로 탄생했고, 때로는 생계수단인 밥줄이 되고 생활이 되었다. 돌실나이의 보유자였던 고(故) 김점순 선생 역시 고집스럽게 삼베를 짜며 평생을 보냈다. 역시 베틀로 가족들을 먹였고 가족들은 더없이 시원한 여름을 보냈다. 또한 고급삼베를 전문적으로 다루면서 부녀자의 기술에서 벗어나 기능적으로 매우 우수한 단계에까지 도달했다. 그러한 고집스러움이 있었기에 현재까지도 돌실나이의 명맥이 끊어지지 않고 이어올 수 있었던 것이다.

현재는 무명천이나 삼베천으로 옷을 만들어 입는 사람을 찾아보기 힘들다. 삼베의 뭔가 모를 누런 느낌 때문일까, 어딘지 모르게 까칠해 보이는 외관 때문일까, 혹은 답답해 보이는 무명천의 무거움 때문일까? 그러나 이것들에는 '나일론'과 '면'이 대체할 수 없는 '영혼'이 존재한다. 만드는 사람의 땀이 묻어 있고, 입는 사람을 떠올리며 보낸 시간이 존재한다. 공장에서 찍어내는 기성품들이 갖지 못하는 정성스러움의 가치를 알아야 한다. 영혼 가득한 우리의 옷, 그리고 그것을 만드는 돌실나이와 샛골나이 장인. 한국사람이라면, 그리고 누군가의 아들 혹은 딸이라면 꼭 기억해야 할 문화유산이다.

갓일*

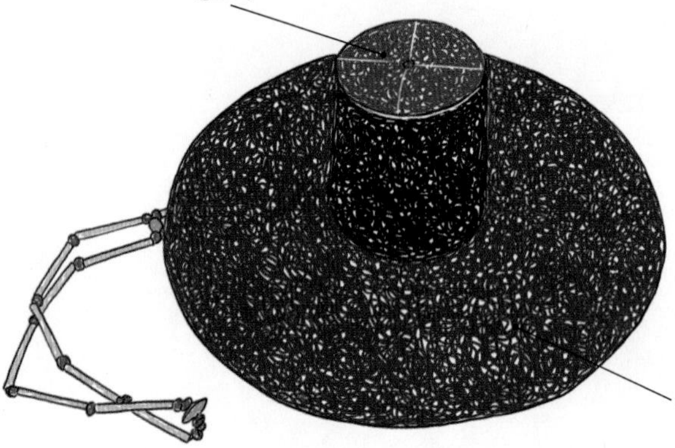

선비의 필수품, 갓

조선시대 선비라면 반드시 갓을 써야 했다. 갓은 챙이 커서 그것을 쓰면 함부로 누울 수도 기대어 앉을 수도 없다. 늘 바른 자세로 앉아야 한다. 바른 자세로 앉고 걸으면 말투나 행동도 자연스레 조심스러워지기 마련이다. 갓을 쓰고 남에게 경망스러운 말을 하거나 누군가에게 거친 행동으로 다가서는 일은 어울리지 않는다. 갓은 꼿꼿하게 앉아 책을 읽고 뒷짐을 지고 걸으며 사색하는 것에 그 기능을 충분히 발휘할 수 있다. 선비의 정신과 자세를 늘 바르게 할 수 있었던 갓은 만드는 과정이 복잡하고 시간이 많이 소요된다. 그래서 갓은 한 사람이 이 과정을 다 맡아서 하지 않고 나누어 분업하는 형태로 발전해왔다.

갓의 윗부분에 해당하는 총모자를 만드는 총모자장, 아래 챙 부분(양

---

* 국가무형문화재 제4호(지정일: 1964. 12. 24. 보유자: 정춘모, 장순자, 박창영, 강순자)

태)을 만드는 양태장, 총모자와 양태를 합쳐 하나의 갓으로 탈바꿈시키는 입자장 이렇게 세 분야의 장인이 갓일장으로 지정되어 있다.

갓의 구분

우리가 흔히 떠올리는 갓은 까만 흑립이다. 보통 갓의 종류가 하나밖에 없다고 생각하지만 갓은 생산지, 재료, 색상에 따라 여러 갈래로 구분된다. 갓의 주재료는 말총과 대나무다. 촘촘히 짜인 실은 말총에서 얻은 것이고, 단단한 대는 대나무로 만들었다. 말이 많이 서식하는 제주도, 대나무가 많은 통영 이 두 도시가 갓으로 유명하다. 통영에서 만들어진 갓을 '통양'이라 하고, 제주에서 만들어진 갓을 '제양'이라 한다. 재료에 따라 진사립, 죽사립, 포립으로 나뉘는데 양태위를 덧씌울 때 명주실을 쓰면 진사립이고 대나무살을 쓰면 죽사립이고 명주천을 쓰면 포립이다. 진사립은 갓 중에서 최상품에 속해 왕을 비롯하여 신분이 높은 사대부가 착용했다. 색상은 검은색만 있는 것이 아니라 흰색과 붉은색의 갓도 있다. 보통 때에는 검은색의 흑립을 쓰고, 임금이 돌아가셔서 국상을 치르게 되면 백색의 갓인 백립을 착용한다. 또한 군사 시에는 융복(군복의 하나로, 주로 싸움할 때 입음)을 입고 주립(붉은 옻칠을 한 갓)을 착용했다. 사극드라마의 전쟁 장면을 유심히 보면 주립을 쓴 군사들의 모습을 볼 수 있을 것이다.

선비의 자존심이자 문화였던 갓은 일제강점기 때 단발령으로 상투를 자르게 되면서 쇠퇴의 길을 걸었다. 선비의 정신을 잃지 않기 위해 무형문화재 장인들이 어렵게 그 명맥을 이어가고 있다. 그중 한 분인 갓일 보유자 정춘모 선생과의 인터뷰를 통해 이야기를 들어보았다.

Q. 언제부터 무슨 계기로 갓일을 배우게 되셨습니까?

1958년부터 배우기 시작했는데, 그때 나이가 22~23세 정도였을 겁니다. 그 당시 통영에 살던 많은 사람들이 대구에 가서 갓일을 했습니다. 그때 저는 갓일 중에서도 입자를 배웠습니다. 가르쳤던 선생님들이 1964년도에 인간문화재로 지정을 받았습니다. 저는 1970년에 문화재관리국에 전수장학생으로 등록한 후 그분들의 정식제자로 배우기 시작했습니다. 1973년부터 1979년까지 선생님들께서 별세하셨는데, 그때는 그분들께서 돌아가시니 막막했습니다. 당시에 갓일은 배우려 하는 사람들도 없었고 문화재 전승이 굉장히 어려운 시기였습니다. 그러나 저는 통영갓에 대한 자부심이 있었고 그 역사를 유지하고 싶은 마음이 있었습니다. 그러나 생계 문제 등 여러 고민으로 3~4년을 보내면서 몸도 마음도 많이 약해졌습니다. 그러다가 1985년 서울에 무형문화재 전수회관이 생기면서 가건물을 지을 때부터 입주해서 작업하기 시작했고, 1991년도에 입자장으로 인간문화재 지정을 받기에 이르렀습니다.

Q. 갓일을 하는 것에 있어 중요한 태도나 마음가짐이 있습니까?

꾸준히 하는 것입니다. 갓일이라는 것이 꼼꼼한 일이라서 얼마 동안이라도 일을 안하다가 다시 하려고 하면 잘 안 됩니다. 다시 시작하고 이틀이 지나도 감이 돌아오질 않습니다. 다시 작업을 시작하고 닷새 정도가 흘러야 합니다. 이게 마음가짐인지는 몰라도 계속해서 꾸준하게 집중해서 하는 것, 그래서 몸의 균형을 늘 맞추어놓아야 하는 것이 가장 중요할 것 같습니다.

Q. 기술적으로 가장 어려운 부분은 무엇인가요?

진사립을 만드는 것입니다. 진사립은 총사실로 만듭니다. 총사실이라 하면 누에의 껍질을 까서 뽑아내는 실인데, 이 실은 뚜렷하고 광채가 납니다. 이 총사실을 아주 가늘게 뽑아서 양태 위에다가 한가닥한가닥 입히는데 몇만 가닥을 입혀야 합니다. 실 넣는 것만 한두 달 걸립니다. 시간이 아주 많이 걸리는 작업입니다. 이 과정이 길기 때문에 진사립 하나 만드는 데 적어도 3~4개월은 걸립니다.

Q. 미국 스미소니언박물관에서 제작시연을 하셨다고 들었는데 그 과정에 대해 듣고 싶습니다.

한미수교 100주년에 열린 스미소니언박물관의 큰 행사에 초청을 받았습니다. 미국 48개주에서 매주 돌아가면서 박물관에 방문했는데, 제가 시연을 할 때에는 오클라호마 주 사람들이 방문을 했습니다. 그 사람들에게 한국의 갓을 만드는 시범을 보였습니다. 옹기장도 가고 서해안별신굿의 김금화 선생, 양주별산대 이렇게 예기능 보유자들이 다 같이 가서 행사했습니다. 미국에서 직접 종목을 지정해서 초청했습니다. 에피소드가 있다면 매일 LA갈비를 많이 먹은 것이지요.(웃음) 그냥 그때는 나이가 많지 않을 때라 그런 에피소드만으로도 충분히 재미있고 좋았습니다. 한 가지 사건을 말씀드리면 미국에 살고 계시는 한국 예능인 중에 은방초라는 분이 계셨습니다. 아마 이매방 선생님보다 한 대 더 위일 겁니다. 춤에 있어선 권위자라고 들었습니다. 아마 한국에 계셨으면 틀림없이 무형문화재로 인정받으셨을 분이지요. 그런데 그분이 아주 재미있게 여성이 추는 춤을 추고 그랬습니다. 당시에 선생님이 이상한 자세로 저에게 접근해오시는데 제가 어찌할 바를 몰라 당황했던 기억이 납니다.

Q. 앞으로의 목표가 있으시다면?

우선 저 외에도 많은 인간문화재 선생님들이 모두 건강하게 제자들에게 다 전승할 수 있기를 바랍니다. 그것이 제 목표이자 꿈이자 책무이기도 합니다. 제가 한평생 해온 것을 제자들에게 마음껏 가르쳐서 이 정도 가르쳤으면 죽어도 명맥이 끊기지 않겠다 하는 생각이 들어야겠지요.

Q. (사모님께 질문) 평생 갓일을 하신 장인을 옆에서 지켜보시면서 늘 감회가 새로우실 것 같습니다. 장인에 대한 한 말씀 부탁드립니다.

일단 장인이 나이가 많으니 걱정되는 게 많습니다. 남편이 아직까지도 열정이 넘칩니다. 주말마다 통영에 가서 제자들을 가르칩니다. 사실 이렇게 하는 거 젊은 사람도 하기 힘들다고 생각합니다. 언제까지 그 일을 이어서 할 수 있을지 모르니 더 걱정이지요. 저는 처음부터 이런 남편의 열정이 맘에 들었던 건 아닙니다. 그러나 나이가 들면서 그런 정신을 배우게 되고 존경심도 생기고 그랬지요. 또 나도 이 일을 같이 배우게 되면서 재미있고 긍지도 생기고 해서 지금은 많이 이해합니다. 지금 바라는 것이 있다면 우리 같이 가늘고 길게 건강하게 오래 같이했으면 좋겠습니다. 저는 현재 양태와 총모자를 만들고 있고 아들은 입자를 배우고 있습니다. 아들이 엄마하고 분야는 다르지만 둘이 같이 배워나가는 과정이기 때문에 협동하는 마음이 필요합니다. 엄마 곁에서 잘 보살펴주고 하니까 마음이 더 놓이고 그래요.

위대한 사람 옆에는 어김없이 현모양처가 존재한다. 위인이 홀연히 제 일에 집중할 수 있도록 도와주고 삶의 평행을 맞춰가는 것에 아낌없는 지원을 하기에 평범한 사람도 위인으로 거듭날 수 있었다는 스토리가 많다. 정춘모 장인 옆에도 물심양면으로 그를 돕고 사랑하는 현모양처가 있었기에 어려운 고비도 넘기며 함께 그 길을 걸어올 수 있지 않았을까? 무형문화재 전수회관 갓일 공방에 가면 늘 정춘모 장인 옆에 얌전히 앉아 그의 작업을 돕고 말동무가 되어주는 사모님이자 제자를 뵐 수 있다. 같은 길을 걸어가는 사람이며 같은 방향을 바라보는 것에 이견이 없는 사람이 있기에 정춘모 보유자가 더 빛이 난다.

망건장*
탕건장**

일반적으로 조선시대의 선비들은 상투를 틀고 머리카락이 흘러내리지 않도록 하기 위해 망건을 썼다. 그 위에 다시 탕건을 썼고 탕건 위에 갓을 썼다. 탕건과 망건은 한마디로 갓 속에 쓰는 속모자인 셈이다. 갓의 깔끔하고 정제된 느낌은 바로 이 망건과 탕건이 만들어냈다고 해도 과언이 아니다. 망건과 탕건의 다른 점이 있다면 망건은 머리를 정리하는 일종의 머리띠 개념이고, 탕건은 실내에서 가볍게 착용하는 독립적인 모자의 기능도 가지고 있다는 것이다.

망건

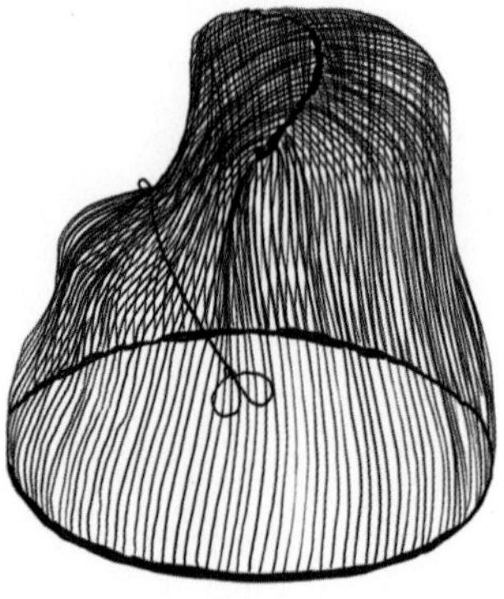

탕건

---

* 국가무형문화재 제66호(지정일: 1980. 11. 17. 보유자: 강전향)

** 국가무형문화재 제67호(지정일: 1980. 11. 17. 보유자: 김혜정)

천공(天工)을 만나다

2014년 여름 한국문화재재단에서 국가무형문화재 21인의 시연과 전시가 「천공(天工)을 만나다」라는 제목으로 열렸다. 망건장과 탕건장도 그중 하나로 전시기간 동안 강전향, 김혜정 보유자가 전시장에서 직접 망건장과 탕건장을 만드는 시범을 보였다. 관람객의 시선을 사로잡은 것은 다름아닌 그것을 만드는 장인들의 자세였다. 말총에서 뽑아낸 실을 촘촘하게 엮어가며 만들어야 하는 어려운 작업에서도 의연한 표정과 꼿꼿한 자세는 흡사 그것을 착용하는 선비를 생각나게 했다. 흐트러짐 없는 집중력으로 작업을 이어나가는 모습에 관람객은 감탄을 금치 못했다. 많은 사람들이 '갓'이라는 존재에 대해서는 익숙하게 잘 알고 있지만 망건과 탕건에 대해서는 잘 모르고 있었다. 갓 안에 머리를 고정시키는 부분이 있을 것으로 짐작은 했지만 그것이 갓과 일체형으로 되어 있을 것이라고 생각했다는 사람들이 많았다. 한 관람객은 제작시연과정을 통해 장인의 숨결과 당시 선비들의 정신을 조금이나마 느낄 수 있게 되어 감동이라는 말을 전했다.

말총이 장인의 바늘을 통해 하나의 작품으로 거듭나는 과정을 빠짐없이 지켜보며 이 가느다란 말총을 다루는 장인의 섬세함에 대해 다시 한 번 생각하게 되었다. 이 섬세함을 지켜내기 위해 지나왔을 많은 인고의 시간과 그 시간 동안 장인들을 지켜온 소소한 도구들이 오늘날의 장인을 만든 것은 아닐까? 망건과 탕건을 실제로 사용하는 이는 조선시대에 비해 많지 않지만 누구도 하지 않은 일, 그리고 꼭 하지 않아도 되는 일을 이어받아 우리의 아름다운 전통을 이어온 두 여성 장인은 올해도 어김없이 기능보유자 시연과 전시를 준비하고 있다. 늘 묵묵히 제 길을 가는 두 보유자가 이번에도 그 의연함과 담대함으로 누군가를 감동시킬 수 있기를 기대한다.

화혜장*

이 신발들의 이름은 무엇일까?

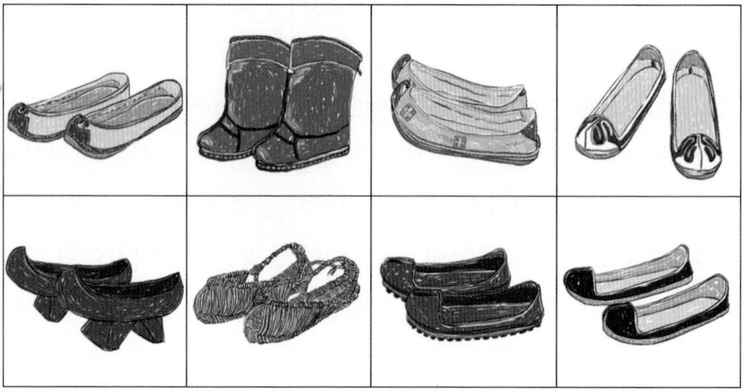

위에 가지런히 나열된 신발들은 모두 한국의 전통신발이다.

정답은 위에서부터 당혜(당초문이 그려진 여성의 신), 목화(문무백관들이 관복에 착용한 목이 긴 신), 여성용 운혜(신발코와 뒤축에 구름무늬가 있어 '운혜(雲鞋)'라 부름. 상류층 여성들이 많이 신었으나 남성용 운혜도 있었음), 태사혜(사대부 사이에서 크게 유행했던 남성 신), 목극(나막신, 비 오는 날 진땅에서 신기 위해 덩어리 목재로 깎아 만든 굽이 높은 신), 짚신(볏짚으로 만든 서민의 신발), 유혜(생가죽을 기름에 절여서 만든 것으로 진땅에서 신는 신), 흑혜(사대부 남자들의 신으로, 검은 가죽으로 만들었고 편복에 신었던 신)다. 이름을 가만히 살펴보면 목극(나막신)을 제외하고는 '화' 혹은 '혜'가 붙어 있음을 알 수 있다. 전통신발은 크게 두 가지로 나누어진다.

* 국가무형문화재 제116호(지정일: 2004. 2. 20. 보유자: 황해봉)

신발의 목이 긴 것을 '화(靴)'라고 하고 신발의 목이 낮은 것을 '혜(鞋)'라고 구분한다. 그리고 전통신발을 만드는 장인을 바로 '화혜장'이라고 한다.

김홍도, 「그림감상」(『단원풍속도첩』 중)
국립중앙박물관

김홍도, 「타작」(『단원풍속도첩』 중)
국립중앙박물관

신윤복, 「사시장춘」
국립중앙박물관

위 그림들은 김홍도, 신윤복 등 조선시대의 유명한 화가들의 작품이다. 김홍도의 「그림감상」에서 아래쪽에서 그림을 잡고 있는 남자가 신고 있는 신발은 무엇일까? 김홍도의 「타작」에서 신분차이를 나타내주는 것에는 어떤 것들이 있을까? 신윤복의 「사시장춘」에서 방안에 있는 두 사람이 어떤 성별을 가졌는지 추측해볼 수 있을까?

정답은 흑목화, 양반과 노비의 신발, 남자 신발인 흑혜와 여자 신발인 당혜로 보아서 남녀이다. 신발에 주목해서 그림을 보면 여러 단서를 찾을 수 있다. 발만 보고도 그 사람의 신분이라든지 성별 등을 파악할 수 있었던 이유는 조선시대에는 이렇게 용도와 상황에 따라 다른 신발들을 신었기 때문이다.

한 사람의 시간을 기억하는 신발의 장인, 화혜장

우리는 여러 물건을 가지고 살아간다. 그중에서 신발만큼 성격이나 상황을 오롯이 드러내는 것은 없을 것이다. 뒤축이 접힌 신발을 보고 그 사람이 평소에 어떻게 신발을 신는지 습관을 추측해보고, 황급히 벗어 놓고 간 신발을 보며 그 사람의 다급했던 순간이나 심정을 헤아려본다. 많이 닳아버린 발레리나의 신발 앞코는 그 사람의 인내와 힘겨웠던 시간들을 대변이라도 하는 듯하다. 그렇게 신발이 그 사람의 시간을 기억해주듯 화혜장은 한땀한땀 정성스레 누군가의 신발을 만든다. 그 신발을 신고 누군가가 걷고 만나며 시간을 만들어낼 것이다. 그렇게 화혜장은 신발뿐 아니라 사람들의 시간을 수놓고 있다. 기성화가 많아지면서 전통신발을 찾는 이가 많이 없어졌다. 공장에서 무한대로 빠르게 찍어낼 수 있는 기성화와 달리 화혜장은 하나의 신발을 만들기 위해 40가지의 과정을 손으로 해낸다. 천천히 자르고 붙이고 다듬으면서 그렇게 완성된 '화' 혹은 '혜'를 찾는 사람이 갈수록 없어지고 있다고 한다. 그렇지만 보유자 황해봉 선생님은 5대째 모든 전통신의 제작을 담당하는 유일한 기능자로 꾸준하게 전통신을 제작하며 대가로 자리매김하고 있다.

배첩장*

암각화를 보면 알 수 있듯이 인간이 생각을 도상으로 표현하기 시작한 것은 꽤 오래되었다. 식물에서부터 전쟁, 춤, 사냥 등에 이르기까지 생활과 밀접한 주제들로부터 신을 숭배하는 내용까지 여러 내용을 담고 있다. 이들은 벽, 암석, 도자기, 석굴 등에 주로 그려졌고 종이와 천이 일상화되고부터는 그림을 그리는 재료로 많이 쓰였다. 특히 서양에서는 캔버스천에 유화물감으로 그리는 형태가 많았고, 동양에서는 종이에 먹으로 채워가는 서화가 발달했다. 재료가 일반화되면서 과거에 비해 대량 양산된 그림들의 보관 문제 역시 중요하게 대두했다. 또한 실내에 장

* 국가무형문화재 제102호(지정일: 1996. 3. 11.)

식적으로 그림을 걸어두는 것이 보편화되면서 그림의 장식적 효과 역시 고려하게 되었다. 이를 위해 회화의 성격에 따라 서양에서 발달한 것은 '액자'이고, 동양은 서화를 돋보이게 하기 위한 '배첩'을 발전시켜왔다. 액자는 이탈리아 르네상스시대부터 프랑스의 루이 왕조에 걸쳐 가장 많이 발달했는데, 루이 왕조에 이르러서는 루이 13세 식, 루이 14세 식, 루이 15세 식, 루이 16세 식으로 변천하면서 각각 특징 있는 양식이 만들어졌다. 동양, 특히 한국에서는 한국미술사상 회화가 가장 활발하게 발전한 시기인 조선시대에 배첩이 눈에 띄게 발전했다. 조선시대에는 나라에 도화원을 설치한 후, 회원들과 더불어 그 안에 배첩장 2명을 두어 궁중의 포장물들을 전담케 했다.

작품의 내용과 분위기를 결정하는 배첩

배첩이란 글씨나 그림에 종이와 비단을 붙여 족자·액자·병풍 등의 형태로 만들어서 아름다움은 물론 실용성 및 보존도를 높여주는 전통적인 서화처리법을 가리키며, 오늘날은 일제강점기에 들어온 '표구'라는 말이 보편화되어 있다. 필자가 미술관에서 일할 때 근처의 화방에 서화의 배첩을 맡긴 일이 있다. 배첩을 하지 않고 낱장으로 넣어두었던 그림의 끝부분이 찢어지고 낡아서 보존이 걱정되었고, 하반기 전시에 그 작품을 선보이고자 하는 욕심도 있었다. 알아서 해달라는 말에 화방에서는 대충 기계로 만든 비단에 초스피드로 작업을 해서 가져왔다. 빨갛게 익은 홍시와 그 옆에 쓰인 멋있는 붓글씨가 촌스럽게 보였다. 답답하고 어울리지 않는 누런색의 비단에 종이가 들뜨도록 어설프게 해온 배첩 솜씨가 영 마음에 들지 않아 결국 다시 그림을 떼어내고 소문난 전문가를 찾아가 그림에 여러 비단을 올려보고 규격을 맞추어보며 상의한 끝에 홍시의 탐스러움을 살려낼 수 있었다.

배첩은 서화를 보관하기 위한 작업이기도 하지만 작품성격에 맞게 돋보일 수 있도록 하는 장식적 효과가 있기 때문에 특히 배색에 신경 써야 하고 내용과 분위기를 고려해 만들어야 한다. 반드시 '미적 조화'를 고려해야 한다. 그렇지 못하면 탐스러운 홍시 대신 누렇고 답답한 촌스런 홍시가 전시장에 걸려 관람객에게 외면받을지도 모를 일이기 때문이다. 집안 대대로 내려오는 병풍은 보통 방안을 막거나 무엇을 가리기 위해 혹은 장식을 하기 위해 쓰는 물건이다. 병풍은 나무틀에 종이를 바르고 그 위에 그림이나 자수, 글씨 등을 붙여 펴거나 접을 수 있었다. 병풍의 한 폭이 배첩 과정을 거쳐 완성되는 것이다. 지금은 많이 사용하는 물건은 아니지만 어느 집에나 대대로 이어받은 병풍이 하나 둘쯤 있을 것이다. 병풍이 제대로 된 배첩 과정을 거치지 못했다면 몇 대를 이어서 내려오는 것은 불가능하다. 이처럼 배첩은 보존과 장식적인 면을 동시에 만족시키며 발전해왔다.

시간을 되돌리는 작업

배첩은 문화재 복원에도 쓰인다. 지류로 된 문화재는 시간이 지나면 자연스레 부식되고 그로 인해 소중한 유산들이 사라질 위기를 맞기도 한다. 배첩은 그런 위기에서 문화재들을 살려내고 다시 그것들이 에너지를 얻고 더 오랜 시간 후손들에게 보여지고 사랑받으며 우리 민족의 긍지로 살아남게 한다. 배첩장인의 손을 거쳐 심한 부식으로 한 장을 넘겨보기도 힘들었던 고서들의 내용을 다시금 탐독할 수 있게 되고, 훼손으로 인해 수장고에서 영영 나오지 못할 것 같은 작품들이 관람객을 맞으러 전시장에도 나온다. 그로 인해 우리는 많은 것이 변한 현대에도 선조들의 숨결을 느낄 수 있고 그들의 미적 감각을 엿볼 수 있다.

배첩은 오랜 시간 동안 우리의 문화재를 지켜왔고 누군가의 작품을 더 빛나게 하는 역할을 해왔다. 배첩장인들의 손길로 인해 잃어버릴 뻔한 우리의 소중한 문화유산들이 다시금 생명력을 얻었고 앞으로 몇백 년은 더 지속시킬 수 있는 강인함을 갖게 되었다. 또 누군가가 추구한 미적 산물이 배첩장인의 기술과 만나 더욱더 돋보이게 되었다. 보이지 않는 곳에서 묵묵히 힘써주는 든든한 지원군인 셈이다. 이제 우리의 문화재 혹은 전시장에 걸린 서화작품을 볼 때 작품을 보는 것도 좋지만 그 이면의 배첩장인의 땀을 헤아려보는 것은 어떨까?

한지장*

읽고 있는 책, 결재해야 할 서류, 매달 날아오는 고지서, 하루를 기록하는 일기장, 주고받는 명함 등 우리의 일상생활에서 종이를 보는 일은 어렵지 않다. 매일같이 쓰이는 종이. 우리나라의 종이 소비량은 연간 900만 톤에 이른다고 한다.

그러나 종이도 다 같은 종이가 아니다. 닥나무로 만들어서 '닥종이'라고도 불리는 우리나라의 전통한지는 점성이 뛰어나고 한 번 만들면 그 수명이 천 년을 간다. 세계의 어느 종이들과 비교해봐도 손색이 없다. 백 번 손이 간다 하여 '백지'라고 불리기도 하는 한지의 국내 소비량은 얼마나 될까? 과거에는 사람들이 한지를 선호해서 한지 만드는 집에서 인부를 열 명씩 불러 밥을 먹이고 닥나무를 삶고 벗기는 작업들을 함께했다고 한다. 그러나 요즘에는 값싼 수입종이가 사용되고, 기계로 일괄 제작할 수 있는 종이들이 많아서 많은 종류의 한지들이 자취를 감추고 창호지, 화선지, 배접지 정도가 겨우 명맥을 이어오고 있다.

종이가 넘쳐나는 이 시대에도 여전히 느리고 차분한 마음으로 닥나무를 베고 찌고 삶고 말리고 벗기고 다시 삶고 두들기고 고르게 섞고 뜨고 말리는 일련의 과정을 반복하며 한지를 만들어내는 장인들이 있다. 우리는 이들을 '한지장'이라고 부른다.

한지의 고장, 전주!

특히, 전주산 종이는 전국적으로 종이의 질이 좋기로 유명하다. 그

* 국가무형문화재 제117호(지정일: 2005. 9. 23. 보유자: 홍춘수)

이유는 전주 지방의 신리를 중심으로 고산·봉동 등 산간지방에서 닥이 많이 생산되기 때문이다. 전주는 이런 지리적 조건을 바탕으로 일찍부터 한지 생산이 발달하여 전국에 보급하고 있다. 전주에는 한지의 우수성을 알리기 위해 전주페이퍼에서 운영하는 전주한지박물관이 자리하고 있다.

작업과정

일반적으로 닥나무 채취-껍질 벗기기-백피 만들기-헹궈내기-잿물에 삶기(증해)-헹궈내기-표백-두드리기(고해)-섬유 풀기(해리)-닥풀 만들기-닥풀과 섞어내기-물질하기-둥글통으로 밀어 탈수하기-습지에서 발분리하기-압착하여 탈수하기-이릿대로 떼어내기-판에 붙여 말리기-도침하기 등의 과정을 거친다. 한지를 만들 때 가장 중요한 것은 물과 닥풀이다. 한지는 닥나무를 닥솥에 삶아 껍질을 분리한 다음 붙어 있는 이물질들을 깨끗하게 제거한 뒤 남은 부분만으로 만들어지기 때문에 삶고 헹구는 물이 좋아야 한다. 닥풀은 닥섬유에 점성을 만들어내는 것인데, 점성이 좋아야 종이 질이 좋아지므로 닥풀의 점액질이 매우 중요한 요소라고 할 수 있다.

TIP

한지와 비슷한 일본의 '와시'(和紙: 日本の手漉和紙技術, Washi, craftsmanship of traditional Japanese hand-made paper, 일본 전통 수제 종이 제작 방식)가 2014년 유네스코 인류무형문화유산으로 등재되었다.

닥나무 채취

껍질 벗기기

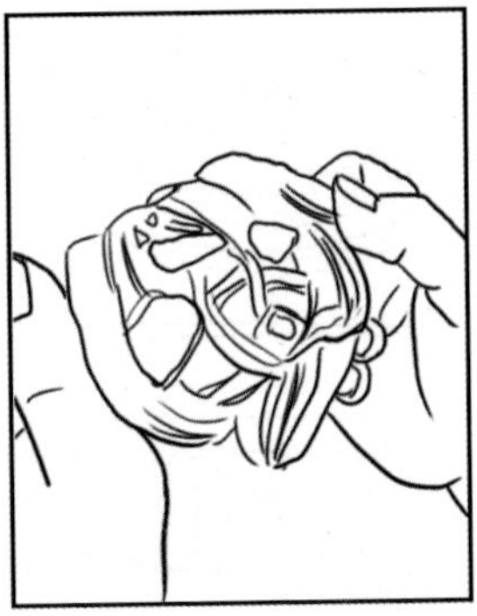

백피 만들기

헹궈내기

잿물에 삶기(증해)

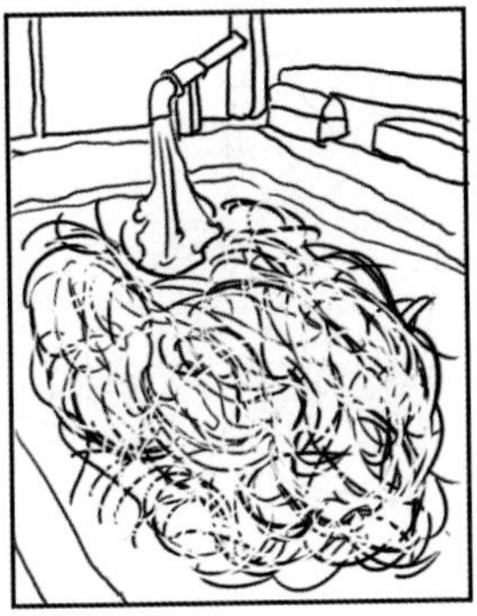

헹궈내기

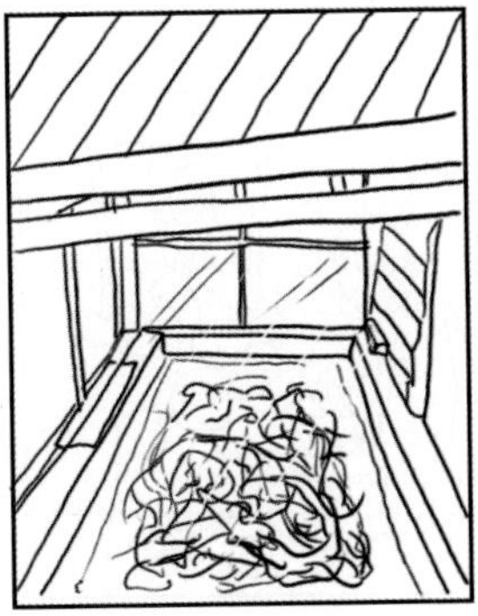

표백

두드리기(고해)

섬유 풀기(해리)

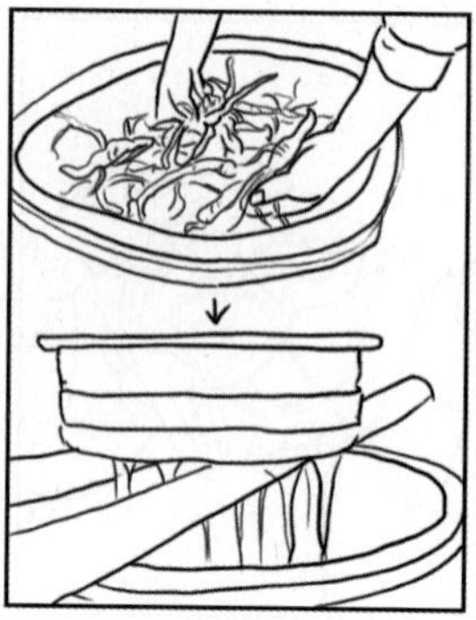
닥풀 만들기

닥풀과 섞어내기

물질하기

둥글통으로 탈수

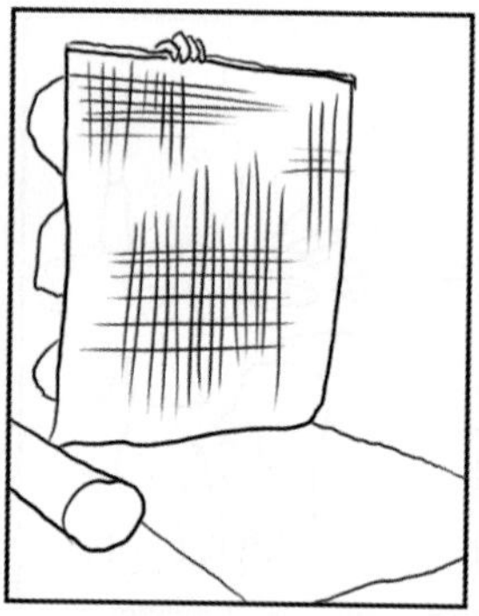
습지에서 발 분리하기

압착하여 탈수하기

아릿대로 떼어내기

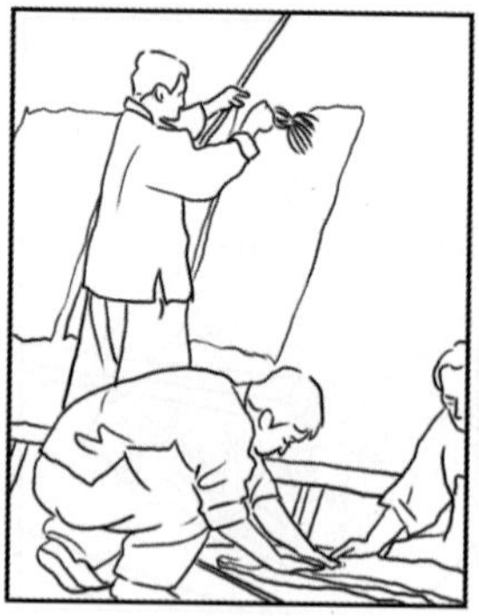
건조하기

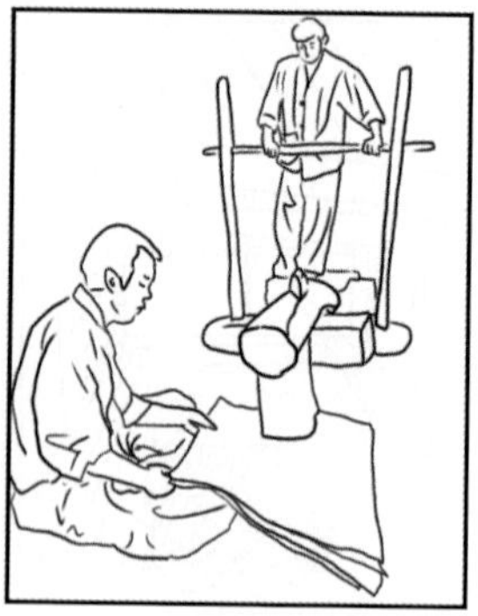
도침하기

옥장*

아름다움의 대명사, 옥

섬섬옥수는 '아름다운 손'을, 옥구슬은 '맑고 청아한 목소리'를 뜻하는 말이다. 예부터 옥은 고귀한 것으로 여겨져 아름답고 소중한 것에 대표적인 비유로 사용되어왔다. 흔히 말하는 '옥의 티'라는 것은 옥은 티없이 맑고 고귀한 것인데, 그것에 흠이 생기면 선명하게 보여 티가 난다는 말이다. 옥을 완벽한 결정체로 가정했음을 알 수 있다.

또 군자들의 만남을 '비옥취사(比玉聚沙)'라 표현한다. '만날 비(比)'와 '구슬 옥(玉)'을 써서 "군자의 만남은 옥이 서로 만나는 것처럼 서로를 밝혀주고 자신의 빛을 유지한다"는 뜻이다. 이런 비유들을 통해 과거부터

---

* 국가무형문화재 제100호(지정일: 1996. 2. 1. 보유자: 장주원)

현재까지 옥이 가지고 있는 위치를 파악해볼 수 있다. 실제로 옥은 과거에 사회적 신분이 높은 소수계층만 착용할 수 있었다. 과거의 사람들뿐 아니라 현대인에게도 옥은 충분히 매력적이다. 그 대표적인 예로 드라마 『선덕여왕』에 옥가락지가 잠깐 등장했는데, 그 때문에 옥가락지 붐이 일었을 만큼 그 맑고 영롱한 빛의 힘은 대단했다. 서양의 다이아몬드와 비교해도 절대 뒤지지 않는 은은한 옥은 장인의 기술을 만나면 그 아름다움이 더해진다. 옥을 다루는 장인을 '옥장'이라고 한다. 옥은 원석의 가격이 높고 다루기 어려운 특성을 가지고 있어 옥을 가지고 정교한 작품을 만들어내기란 매우 어렵다. 현재 장주원이 무형문화재 보유자로서 옥의 아름다움에 정교함과 섬세함을 더하는 일에 앞장서고 있다.

기술과 예술의 만남

일반적으로 옥 작품을 만들기 위해서는 채석-디자인-절단-성형-세부조각-광택의 6가지 공정을 거치게 된다. 고가의 원석으로 만들기 때문에 채석, 밑그림 그리기 등의 기초단계부터 정밀하게 예측하고 접근해야 한다. 기술성과 예술성이라는 기능을 모두 갖춘 자만이 옥을 세밀하고 섬세하게 다룰 수 있다. 장주원 선생은 금은세공가이신 부친 밑에서 보석류 가공을 배웠고 고등학교 때까지는 미술에도 뛰어난 재능을 보였다. 장주원은 27세 되던 해 보석전문공예사로 옮겨 옥공예를 다루게 되면서 옥을 접하게 된다. 이때 어린 시절 부친에게 배운 금은세공 기술이 기초가 된다. 41세 때는 서울에 조그만 공방을 차리고 옥공예 제품을 수선하는 일에 종사했으며, 목포로 다시 돌아갔을 때는 공방을 열어 창작품들을 제작하기 시작했다. 그가 창작한 작품들을 보면 고리를 달고 화려한 장식들을 가미해 예술성을 한층 끌어올렸음을 알 수 있다. 그는 옥장이 갖춰야 할 예술성과 기술성을 끊임없이 연마하며 옥장으로서의 자질을 갖추고 또한 본인만의 세계를 구축했다.

백옥 봉황 연 향로

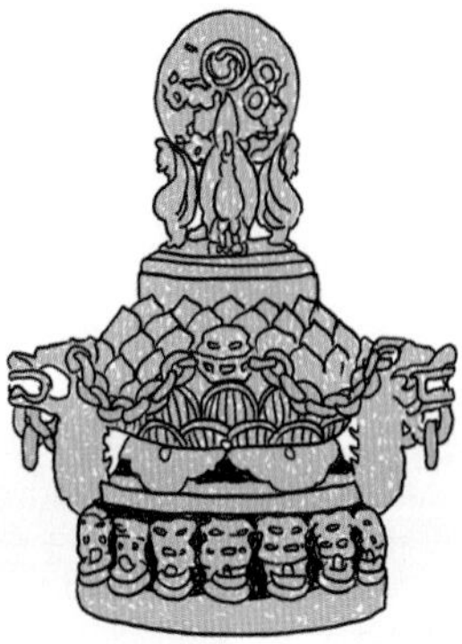

녹옥 봉황 연 향로

옥제품으로 용이 여의주를 물고 있는 형상이다. 용의 입안에 있는 옥구슬은 따로 만들어 넣은 것이 아니다. 옥 하나를 붙임 없이 만들어낸 것이다. 여기에 붙어 있는 옥목걸이 역시 쇠사슬 모양의 하나의 옥으로 만들어냈다. 이러한 '고리연결기법'은 장주원이 개발하고 발전시킨 독창적인 것이다.

문양의 형태를 칼로 도려내는 투각기법은 도자기에 많이 쓰이는 기법인데, 장주원이 이를 옥공예에 적용하여 향로, 주전자 등을 섬세하게 조각한다.

중국은 오랫동안 옥의 종주국이라 불려왔다. 우리나라와 마찬가지로 중국에서 옥은 과거에는 일반사람들이 쉽게 얻을 수 없는 귀한 것이었다. 현재까지도 많은 중국인이 분신처럼 빨간 줄에 옥을 매달아 걸고 다니며, 옥을 수집하여 진열하는 취미를 가진 사람들이 넘쳐나는 나라가 중국이다. 그런 중국에서 장주원에게 옥공예 1급대사 칭호를 주기 위해 준비하고 있다. 장주원의 기술 앞에 중국이 종주국 자리를 내놓아야 할지도 모르겠다.

TIP

옥은 백색, 황색, 적갈색 등 여러 색이 있다. 그중에서 비취는 옥 중에서 녹색 부분의 돌을 말한다. 옥으로 된 장신구 중에는 특히 비취로 만들어진 녹색의 것들이 많아서 흔히 옥을 녹색의 원석이라고 생각하는 사람들이 많다. 장주원 보유자의 작품을 보면 흑색의 반가사유상이나 백색의 주전자도 있다. 옥의 많은 색과 매력을 장주원 보유자의 작품을 통해 느껴보기 바란다.

매듭장*

매듭을 짓다

매듭은 본래 나무껍질, 짐승의 가죽부터 시작해 현재의 명주실에 이르기까지 다양한 재료로 만들어져왔다. 재료를 꼬아서 엮음으로써 새로운 조형적 가치를 만들어내고 이 매듭을 노리개, 악기, 주머니, 쾌자띠 등에 장식으로 사용했다. 평범해 보이는 물건에도 이리저리 엮인 매듭을 달면 새로운 느낌이 든다. 무언가 부족했던 부분이 보완된 느낌도 들고 그 멋스러움이 한껏 배가 된다. 어떤 일이 마무리되었을 때 흔히 '매듭을 지었다'고 표현한다. 매듭을 통해 물건들이 다시 태어난 모습을 보면 왜 매듭이 '완성'을 뜻하게 되었는지 알게 될 것이다.

---

* 국가무형문화재 제22호(지정일: 1968. 12. 21. 보유자: 정봉섭)

제작과정

매듭 제작과정은 크게 두 부분으로 나눌 수 있다. 매듭을 짓기 전에 준비하는 과정과 실제로 매듭을 짓는 과정이다.

매듭을 짓기 전에 준비하는 과정은 염색부터 시작된다. 먼저 생사(실)를 비눗물에 알맞게 삶아 깨끗이 헹구어 견교질을 뺀 후 그늘에서 말려준다. 그런 다음 그늘에서 말린 생사를 천연염색 한다. 염색 후 헹굴 때에는 비틀어 짜지 않고 두 손으로 꾹꾹 눌러 짠다. 다시 통풍이 잘되는 그늘에 말린다. 이때 마르기 전까지 여러 차례 손으로 털어준다. 그래야 실에 윤기가 난다.

이제 실이 준비되었다. 이를 '타래'라고 부른다. 이 실을 매듭짓기 쉽도록 틀에 옮겨 감는 과정을 거쳐야 한다.

잘 마른 타래를 자구리에 감는다. 연날리기를 할 때 감아 쓰는 틀과 비슷하게 생겼다. 틀에 실을 돌돌 말아 감은 후 합사하기 위해 상사거리를 놓고 보유자가 왔다 갔다 하며 실을 나른다. 이는 용도에 맞는 굵기로 실을 나르기 위함이다. 이때 오른손에 자구리를 들고 왼손으로 실을 가볍게 훑으면서 나른다. 합사까지 거친 실끝을 비틋의 코에 걸어 메고 비벼 실을 꼰다. 이 과정을 '팔비비한다'고 한다. 꼬아진 끈을 일단 종이로 만든 실패에 감아두었다가 다시 토짝으로 옮긴다.

이렇게 토짝으로까지 옮겨지면 매듭을 짓기 전의 준비과정이 모두 완료된 것이나 다름없다.

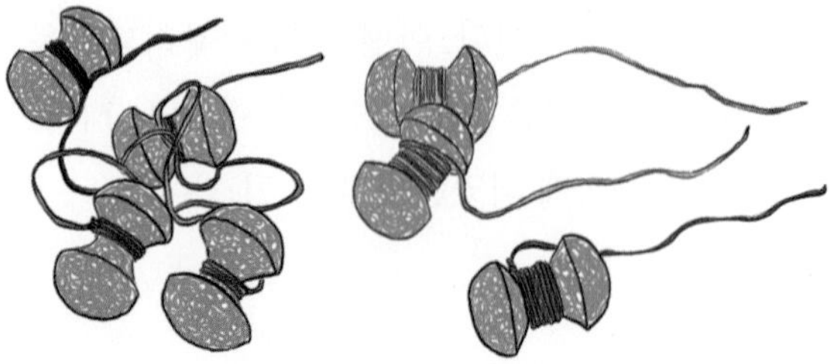

다음은 매듭맺기 과정이다. 우리나라에는 현재 30여 가지의 다른 형태의 매듭들이 존재하고 있다. 연봉매듭, 국화매듭, 잠자리매듭 등으로, 모두 가까이에서 볼 수 있는 꽃, 곤충, 동물들이다. 어떤 매듭을 맺든지 간에 공통점은 일정한 길이의 끈을 반으로 접고 그 중심을 잡는다. 두 가닥의 끈을 순서대로 엮고 나서 다시 차례로 끈의 결을 바로잡으면서 매듭을 지어간다. 이때 조이는 과정이 중요하다. 어떻게 조이는지에 따라 매듭의 아름다움이 결정되기 때문이다. 매듭은 과정 중에 한 번만 실이 잘못 꼬여도 안 되고 좌우대칭과 맺고 풂이 명확해야만 아름다운 매듭이 나올 수 있다. 그래서 질서와 균형이 필요하고 만드는 사람의 절제와 인내가 필요하다.

매화매듭 국화매듭 안경매듭 병아리매듭 연봉매듭 날개매듭

벌매듭 가지방석매듭 나비매듭 꼰디기매듭 가락지매듭 파리매듭

우리의 의식주와 함께해온 매듭이 있기에 우리의 것이 더 아름답고 우아할 수 있었다. 그 매듭을 평생 만들어온 장인 김희진 보유자 역시 하나의 매듭처럼 늘 흐트러짐 없는 모습으로 대중 앞에 서고 매듭을 짓고 있다. 모든 것이 빠르게 지나가버려 과정의 소중함을 잃고 있는 지금, 매듭장은 우리에게 꼭 필요한 인내의 시간을 알려주는 문화유산이다.

선자장*

판소리의 추임새 부분에서 창자는 합죽선을 높이 치켜 들어 폈다가 접는 동작을 하는 경우가 많다. 그 대목의 꺾어짐이 합죽선을 접었다 펴는 동작을 통해 보여지고, 이를 통해 관람객은 판소리의 추임새를 청각뿐 아니라 시각적으로도 경험할 수 있다. 두루마기에 합죽선을 들고 고수의 북 장단에 맞추어 사설을 읊어나가는 창자의 모습은 우리 민족 고유의 멋을 느끼게 한다.

전주는 판소리의 대표적인 고장이다. 한국소리문화의 전당이 있고, 2016년도에는 전주시에서 '유네스코 전주여행'으로 그중 한 테마를 판소리로 잡고 글로컬 상품을 추진하고 있다. 이 대표적인 판소리 고장을 더욱 빛나게 하는 장인이 있다. 바로 그들의 손에 쥐어진 부채를 만드는 선자장이다.

---

* 국가무형문화재 제128호(지정일: 2015. 7. 8. 보유자: 김동식)

선자장, 합죽선

선자장은 전통부채를 만드는 기술과 그 기능을 보유한 장인을 말한다. 선자는 부채의 한문 표기로, 중국에서는 부채를 '선자(shanzi)'라고 부른다. 부채는 형태에 따라 크고 둥근 모양을 한 부채와 접고 펼 수 있는 접부채로 크게 두 가지로 분류할 수 있다. 김동식 장인은 많은 부채 중에서도 특히 합죽선을 만드는 솜씨가 뛰어나다. 합죽이란 대나무의 겉대와 겉대를 붙여서 만든 것으로, 고려시대에 대나무가 울창한 전남 담양에서 처음 생산되었고, 조선시대에는 전라감영이 있던 전주의 선자청에서 관청의 장인들이 제작했다. 당시 부채를 제작할 때에는 철저한 분업이 이루어졌고, 여기서 만들어진 부채는 임금님에게 진상될 만큼 품질이 좋았다.

"여름 생색은 부채요, 겨울 생색은 달력이다"

우리 선조들은 단오에는 부채를, 동지에는 새해달력을 선물했다. 선비들의 두루마기에는 늘 부채가 함께였고, 풍류를 즐기는 선비들의 손에는 부채가 들려 있었다. 더위를 피하는 수단임과 동시에 멋을 낼 수 있는 수단이기도 했다. 부채의 고리나 자루에 '선초'라는 장식품을 달아 미적 효과를 더욱 극대화시키기도 했다. 또한 부채에 본인이 배운 것들을 써서 들고 다니며 외우기도 했고, 좋아하는 그림을 그려 늘 몸에 지니고 다니며 보고 싶을 때마다 부채를 펼쳐보았다고 하니 당시 부채가 얼마나 소중한 물건이었을지 짐작할 수 있다.

시대가 변하고 그 흐름에 따라 생활양식은 바뀐다. 그렇지만 철학이 있고 기초와 본질이 두터운 것은 시간이 지나도 살아남는다. 만약 부채가 단순히 더위를 쫓는 하나의 도구에 불과했다면 선풍기가 등장하면서 바로 사라졌을지 모른다. 하지만 부채가 가지고 있는 멋스러움, 철학 등은 현대과학이 대체할 수 없기에 부채는 여전히 많은 사람들에게 사랑을 받고 있고, 그것을 이어오는 장인이 전주의 선자청 자리를 그대로 지키며 작업을 이어가고 있다. 그런 이유로 선자장은 2015년에 새로운 국가무형문화재 종목으로 추가 지정되었다. 멋이 있는 소리의 고장 전주를 지키는 것은 비단 판소리뿐만 아니라 선자장도 존재하고 있다.

찾아보기

ㄱ

ㄴ

ㅇ

ㅈ

ㅊ